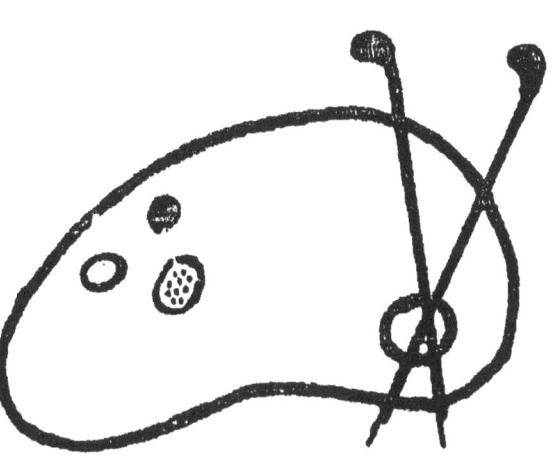

Couvertures supérieure et inférieure
en couleur

PRIX 2.25

BIBLIOTHÈQUE ROSE ILLUSTRÉE

MAYNE-REID

A FOND DE CALE

VOYAGE D'UN JEUNE MARIN

A TRAVERS LES TÉNÈBRES

TRADUIT DE L'ANGLAIS
AVEC L'AUTORISATION DE L'AUTEUR
PAR Mme HENRIETTE LOREAU

ILLUSTRÉ DE 12 GRANDES VIGNETTES

PARIS
LIBRAIRIE HACHETTE ET Cie
79, BOULEVARD SAINT-GERMAIN, 79

PRIX : 2 FRANCS 25

LE JOURNAL DE LA JEUNESSE

NOUVEAU RECUEIL HEBDOMADAIRE ILLUSTRÉ

POUR LES ENFANTS DE DOUZE A QUINZE ANS

CONDITIONS DE VENTE ET D'ABONNEMENT

Un numéro comprenant 16 pages grand in-8 paraît le samedi de chaque semaine.

Prix de chaque année, brochée en 2 volumes : 20 fr.

Chaque semestre formant un volume, se vend séparément : 10 fr.
Le cartonnage en percaline rouge, tranches dorées, se paye en sus par volume 2 fr.

Prix de l'abonnement pour Paris et les départements :
Un an 20 fr., six mois, 10 fr.

Prix de l'abonnement pour les pays étrangers qui font partie de l'Union générale des postes : un an, 22 fr. ; six mois, 11 fr.

Les abonnements se prennent du 1er décembre et du 1er juin de chaque année.

MON JOURNAL

NOUVEAU RECUEIL HEBDOMADAIRE

Illustré de nombreuses gravures en couleurs et en noir

A L'USAGE DES ENFANTS DE HUIT A DOUZE ANS

Deuxième série

MON JOURNAL, à partir du 1er octobre 1892, est devenu hebdomadaire. De mensuel qu'il était, il convient à des enfants de 8 à 12 ans.

Il paraît un numéro le samedi de chaque semaine.
Prix du numéro, 15 centimes.

ABONNEMENTS :

FRANCE : Six mois . . 4 fr. 50 | UNION POSTALE : Six mois 5 fr. 50
Un an . . . 8 fr. | Un an 10 fr.

Prix de l'année (1re série) : brochée, 2 fr. ; cartonnée en percaline gaufrée avec fers spéciaux, à froid, 2 fr. 50.

Paris. — Imprimerie Linder, rue de Fleurus, 9.

A FOND DE CALE

OUVRAGES DU MÊME AUTEUR

PUBLIÉS DANS LA BIBLIOTHÈQUE ROSE ILLUSTRÉE
PAR LA LIBRAIRIE HACHETTE ET Cⁱᵉ

A fond de cale, avec 12 vignettes. 1 volume.
Bruin, ou les Chasseurs d'ours, avec 8 grandes vignettes. 1 volume.
Les Chasseurs de plantes, avec 12 grandes vignettes. 1 vol.
Les Chasseurs de girafes, avec 10 grandes vignettes. 1 volume.
Les Exilés dans la forêt, avec 12 grandes vignettes. 1 volume.
Les Grimpeurs de rochers, avec 20 grandes vignettes. 1 vol.
Les Peuples étranges, avec 24 vignettes. 1 volume.
Les Vacances des jeunes Boërs, avec 12 grandes vignettes. 1 volume.
Les Veillées de chasse, avec 43 vignettes. 1 volume.
L'Habitation du désert, avec 24 vignettes. 1 volume.
La Chasse au Léviathan, avec 54 vignettes. 1 volume.
Les Naufragés de la « Calypso », avec 55 vignettes. 1 volume.

Prix de chaque volume, broché : **2 fr. 25 c.**

La reliure en percaline rouge se paye en sus : tranches jaspées, 1 fr.; tranches dorées, 1 fr. 25

Coulommiers. — Imp. Paul BRODARD.

Mon auditoire.

CAPITAINE MAYNE-REID

A FOND DE CALE

VOYAGE
D'UN JEUNE MARIN A TRAVERS LES TÉNÈBRES

TRADUIT DE L'ANGLAIS

AVEC L'AUTORISATION DE L'AUTEUR

PAR Mme HENRIETTE LOREAU

ET ILLUSTRÉ DE 12 GRANDES VIGNETTES

NOUVELLE ÉDITION

PARIS
LIBRAIRIE HACHETTE ET Cie
79, BOULEVARD SAINT-GERMAIN, 79

1894
Tous droits réservés

A FOND DE CALE.

CHAPITRE I.

Mon auditoire.

Mon nom est Philippe Forster, et je suis maintenant un vieillard. J'habite un petit village paisible, situé au fond d'une grande baie, l'une des plus étendues qu'il y ait dans tout le royaume.

Bien que mon village se glorifie d'être un port de mer, j'ai eu raison de le qualifier de paisible; jamais épithète ne fut plus méritée. On y trouve cependant un môle de granit, et, en général, on remarque le long de ce petit môle deux sloops [1], un

---

[1]. Sloop, qui se prononce *sloup*, est le nom d'un navire qui n'a qu'un mât, et qui, destiné au cabotage, est construit pour naviguer près des côtes.

ou doux schooners¹, et de temps en temps un brick². Les grands vaisseaux ne peuvent pas entrer dans le port; mais on y voit toujours un grand nombre de barques, les unes traînées sur la grève, les autres glissant sur l'onde, aux environs de la cale. Vous en concluez sans doute que la pêche est la principale industrie de mon village, et vous avez raison.

C'est là que je suis né, et mon intention est d'y mourir.

Malgré cela, mes concitoyens savent très-peu de chose à mon égard. Ils m'appellent capitaine Forster, ou plus spécialement capitaine, comme étant la seule personne qui dans le pays ait quelque droit à cette qualification.

Je ne la mérite même pas : je n'ai jamais été dans l'armée, et j'ai tout simplement dirigé un navire du commerce; en d'autres termes je n'ai droit qu'au titre de patron; mais la politesse de mes concitoyens me donne celui de capitaine.

Ils savent que j'habite une jolie maisonnette à cinq cents pas du village, en suivant la grève, et que je vis complétement seul, car ma vieille gouvernante ne peut pas être considérée comme me

1. Petit bâtiment ayant deux mâts et qui est gréé comme une goëlette.
2. Bâtiment ayant un grand mât et un mât de misaine, et qui porte des hunes.

tenant compagnie. Ils me voient tous les jours traverser leur bourgade, mon télescope sous le bras, me rendre sur le môle, parcourir la mer jusqu'à l'horizon avec ma lunette, et revenir chez moi, ou flâner sur la côte pendant une heure ou deux. C'est à peu près tout ce que ces braves gens connaissent de ma personne, de mes habitudes, et de mon histoire.

Le bruit court parmi eux que j'ai été un grand voyageur. Ils savent que j'ai une bibliothèque nombreuse, que je lis beaucoup, et se sont mis dans la tête que je suis un savant miraculeux.

J'ai fait de grands voyages, il est vrai, et je consacre à la lecture une grande partie de mon temps; mais ces bons villageois se trompent fort, quant à l'étendue de mon savoir. J'ai été privé des avantages d'une bonne éducation; et le peu de connaissances que j'ai acquises l'a été sans maître, pendant les courts loisirs que m'a laissés une vie active.

Cela vous étonne que je sois si peu connu dans l'endroit où je suis né; mais la chose est bien simple : je n'avais pas douze ans lorsque j'ai quitté le pays, et j'en suis resté plus de quarante sans y remettre les pieds.

J'étais parti enfant, je revenais la tête grise, et complétement oublié de ceux qui m'avaient vu naître. C'est tout au plus s'ils avaient conservé le souvenir de mes parents. Mon père, qui d'ailleurs était marin, n'avait presque jamais été chez lui ; et tout ce que je me rappelle à son égard, c'est le chagrin que je ressentis lorsqu'on vint nous apprendre qu'il avait fait naufrage, et que son bâtiment s'était perdu corps et biens. Ma mère, hélas! ne lui survécut pas longtemps; et leur mort était déjà si éloignée de nous, à l'époque de mon retour, qu'on ne doit pas être surpris de ce qu'ils étaient oubliés. C'est ainsi que je fus étranger dans mon pays natal.

Ne croyez pas néanmoins que je vive dans un complet isolement; si j'ai quitté la marine avec l'intention de finir mes jours en paix, ce n'est pas un motif pour que j'aie l'humeur taciturne et le caractère morose. J'ai toujours aimé la jeunesse, et, bien que je sois vieux aujourd'hui, la société des jeunes gens m'est extrêmement agréable, surtout celle des petits garçons. Aussi puis-je me vanter d'être l'ami de tous les gamins de la commune. Nous passons ensemble des heures entières à faire enlever des cerfs-volants, et à lancer de petits bateaux, car je me rappelle combien ces jeux m'ont donné de plaisir lorsque j'étais enfant.

Ces marmots joyeux ne se doutent guère que le vieillard qui les amuse, et qui partage leur bonheur, a passé la plus grande partie de son existence au milieu d'aventures effrayantes et de dangers imminents.

Toutefois il y a dans le village plusieurs personnes qui connaissent quelques chapitres de mon histoire; elles les tiennent de moi-même, car je n'ai aucune répugnance à raconter mes aventures à ceux qu'elles peuvent intéresser; et j'ai trouvé dans cet humble coin de terre un auditoire qui mérite bien qu'on lui raconte quelque chose. Nous avons près de notre bourgade une école, célèbre dans le canton; elle porte le titre pompeux d'*établissement destiné à l'éducation des jeunes gentlemen*, et c'est elle qui me fournit mes auditeurs les plus attentifs.

Habitués à me voir sur le rivage, où ils me rencontraient dans leurs courses joyeuses, et devinant à ma peau brune et à mes allures que j'avais été marin, ces écoliers s'imaginèrent qu'il m'était arrivé mille incidents étranges dont le récit les intéresserait vivement. Nous fîmes connaissance, je fus bientôt leur ami, et à leur sollicitation je me mis à raconter divers épisodes de ma carrière. Il m'est arrivé souvent de m'asseoir sur la grève et d'y être entouré par une foule de petits garçons, dont la bouche béante et les yeux avides témoignaient du plaisir que leur faisait mon récit.

J'avoue sans honte que j'y trouvais moi-même une satisfaction réelle : les vieux marins, comme les anciens soldats, aiment tous à raconter leurs campagnes.

Un jour, étant allé sur la plage dès le matin, j'y

trouvai mes petits camarades, et je vis tout de suite qu'il y avait quelque chose dans l'air. La bande était plus nombreuse que de coutume, et le plus grand de mes amis tenait à la main un papier plié en quatre, et sur lequel se trouvait de l'écriture.

Lorsque j'arrivai près de la petite troupe, le papier me fut offert en silence; je l'ouvris, puisque c'était à moi qu'il était adressé, et je reconnus que c'était une pétition, signée de tous les individus présents; elle était conçue en ces termes :

« Cher capitaine, nous avons congé pour la journée entière, et nous ne voyons pas de moyen plus agréable de passer notre temps que d'écouter l'histoire que vous voudrez bien nous dire. C'est pourquoi nous prenons la liberté de vous demander de vouloir bien nous faire le plaisir de nous raconter l'un des événements de votre existence. Nous préférerions que ce fût quelque chose d'un intérêt palpitant; cela ne doit pas vous être difficile, car on dit qu'il vous est arrivé des aventures bien émouvantes dans votre carrière périlleuse. Choisissez néanmoins, cher capitaine, ce qui vous sera le plus agréable à raconter; nous vous promettons d'écouter attentivement; car nous savons tous combien cette promesse nous sera facile à tenir.

« Accordez-nous, cher capitaine, la faveur qui vous est demandée, et tous ceux qui ont signé cette pétition vous en conserveront une vive reconnaissance. »

Une requête aussi poliment faite ne pouvait être refusée; je n'hésitai donc pas à satisfaire au désir de mes petits camarades, et je choisis, entre tous, le chapitre de ma vie qui me parut devoir leur offrir le plus d'intérêt, puisque j'étais enfant moi-même lorsque m'arriva cette aventure. C'est l'histoire de ma première expédition maritime, et les circonstances bizarres qui l'ont accompagnée me firent donner pour titre à mon récit : *Voyage au milieu des ténèbres*.

J'allai m'asseoir sur la grève, en pleine vue de la mer étincelante, et disposant mes auditeurs en cercle autour de moi, je pris la parole immédiatement.

CHAPITRE II.

Sauvé par des cygnes.

Dès ma plus tendre enfance j'ai eu pour l'eau une véritable passion; j'aurais été canard, ou chien de Terre-Neuve, que je ne l'aurais pas aimée davantage. Mon père avait été marin, comme son père et son grand'père, et il est possible que j'aie hérité de ce goût qui était dans la famille. Toujours est-il que j'avais pour l'eau un amour aussi passionné que si elle eût été mon élément. On m'a dit plus d'une fois combien il fut difficile de m'éloigner des mares et des étangs dès que j'eus la force de me traîner sur leurs bords. C'est en effet dans une pièce d'eau que m'est arrivée ma première aventure; je me la rappelle fort bien, et je vais vous la conter pour vous donner une preuve de mes penchants aquatiques.

J'étais, à cette époque, un tout petit garçon, juste assez grand pour courir de côté et d'autre, et à l'âge où l'on s'amuse à lancer des bâteaux de papier. Je construisais mes embarcations moi-même avec les feuillets d'un vieux livre, ou un morceau de journal, et je portais ma flotille sur la mare qui était mon océan. Je ne tardai pas néanmoins à mépriser le bateau de papier; j'étais parvenu, après six mois d'épargne, à pouvoir acquérir un sloop ayant tous ses agrès, et qu'un vieux pêcheur avait construit pendant ses moments de loisir.

Mon petit vaisseau n'avait que quinze centimètres de longueur à la quille, mais bien près de huit de large, et son tonnage pouvait être de deux cent cinquante grammes. Chétif bâtiment, direz-vous; néanmoins il me paraissait aussi grand, aussi beau qu'un trois-ponts.

La mare de la basse-cour me sembla trop étroite,

et je me mis en quête d'une pièce d'eau assez vaste pour que mon navire pût faire valoir la supériorité de sa marche.

Je trouvai bien vite un grand bassin, que je me plus à nommer un lac, et dont les ondes, aussi transparentes que le cristal, étaient ridées à la surface par une brise imperceptible, mais cependant suffisante pour gonfler les voiles de mon sloop, qui gagna l'autre bord avant que j'y fusse arrivé pour le recevoir.

Que de fois nous avons lutté de vitesse, dans ces courses où j'étais vainqueur ou vaincu, suivant que la brise était plus ou moins favorable à mon embarcation !

Il faut vous dire que ce bel étang, près duquel j'ai passé les heures les plus joyeuses de mon enfance, était situé dans un parc du voisinage, et appartenait par conséquent au propriétaire du parc. Celui-ci néanmoins était assez bon pour permettre aux habitants de la commune de se promener chez lui autant que bon leur semblait, et n'empêchait ni les petits garçons de faire naviguer leurs bateaux sur le bassin, ni les hommes de jouer à la balle dans l'une de ses clairières, pourvu que l'on ne touchât pas aux plantes qui tapissaient les murailles, et qu'on respectât les arbrisseaux qui formaient les massifs. Tout le monde était si reconnaissant de la bonté du propriétaire, que je n'ai jamais entendu dire qu'on eût fait le moindre dégât chez lui.

Ce parc existe toujours, vous en connaissez les murs; mais l'excellent homme qui le possédait autrefois est mort depuis de longues années; il était déjà vieux à l'époque dont je vous parle, et qui date de soixante ans.

Si mes souvenirs sont exacts, on voyait alors sur le bassin une demi-douzaine de cygnes, et d'autres oiseaux aquatiques dont l'espèce était rare. C'était pour les enfants un grand plaisir que de donner à manger à ces jolies créatures; quant à moi je n'allais jamais au parc sans avoir les poches pleines.

Il en résulta que ces oiseaux, particulièrement les cygnes, étaient devenus si familiers qu'ils venaient chercher ce que nous leur présentions, et nous mangeaient dans la main, sans la moindre frayeur.

Nous avions surtout une manière extrêmement amusante de leur donner la pâture: le bord du petit lac s'élevait, d'un côté, à plus d'un mètre; l'eau était profonde en cet endroit, et comme la rive se trouvait pour ainsi dire à pic, il était presque impossible de la gravir. C'est là que nous attirions les cygnes, qui, du reste, y venaient d'eux-mêmes lorsqu'ils nous voyaient arriver. Nous placions un petit morceau de pain au bout d'une baguette fendue, et tenant cette baguette au-dessus des oiseaux, à la plus grande hauteur possible, nous avions la joie de voir les cygnes allonger leur grand cou, et sauter en l'air de temps en temps pour saisir la bouchée de pain, absolument comme un chien aurait pu le faire.

Un jour, étant arrivé de très-bonne heure sur le bord du petit lac, je n'y trouvai pas mes camarades. J'avais mon petit bateau sous le bras; je le lançai comme d'habitude, et me disposai à le rejoindre sur l'autre rive, au moment où il y aborderait.

C'était à peine s'il y avait un souffle dans l'air, et mon petit sloop marchait avec lenteur; je n'étais donc pas pressé, et je me mis à flâner sur le bord du bassin. En quittant la maison, je n'avais pas oublié les cygnes; ils étaient mes favoris, et je crains bien, quand j'y pense, que mon affection pour eux ne m'ait poussé plus d'une fois à commettre de légers vols; il faut avouer que les tranches de pain qui remplissaient mes poches avaient été, ce jour-là, prises en cachette au buffet.

Quelle que soit la manière dont je me les étais procurées, toujours est-il que les tartines étaient nombreuses, et qu'en arrivant à l'endroit où la berge s'élevait tout à coup, je m'y arrêtai pour distribuer aux cygnes leur pitance quotidienne.

Tous les six, les ailes frémissantes, le cou fièrement arqué, traversèrent le bassin pour venir à ma rencontre, et furent bientôt devant la place que j'occupais. Le bec ouvert et tendu, les yeux ardents, ils épièrent mes moindres gestes, et prirent une à une les bouchées de pain que je tenais au-dessus de leurs têtes. J'avais presque vidé mes poches, quand la motte de terre sur laquelle j'étais perché se détacha brusquement et glissa dans le bassin.

Je tombai dans l'eau en faisant le même bruit qu'une pierre, et comme elle, je serais allé au fond, si ma chute ne s'était faite au milieu des cygnes, qui furent sans doute extrêmement étonnés.

Je ne savais pas nager; mais l'instinct de la conservation, qui se retrouve chez toutes les créatures, me fit lutter contre le péril. J'étendis les mains au hasard, et cherchant, comme tous les noyés, à saisir un objet quelconque, ne fût-ce même qu'un brin de paille, je rencontrai quelque chose dont je m'emparai vivement, et à laquelle je m'attachai avec la force du désespoir.

A mon premier plongeon, mes yeux et mes oreilles avaient été pleins d'eau, et je savais à peine ce qui se passait autour de moi. J'entendais le bruit que faisaient les cygnes en fuyant avec terreur; mais ce n'est qu'au bout d'un instant que j'eus conscience d'avoir saisi la patte du plus gros et du plus vigoureux de la bande. La peur avait décuplé ses forces et il me traînait rapidement vers l'autre bord, en agitant les ailes comme s'il eût cherché à s'envoler. Je ne sais pas comment aurait fini l'aventure, si le voyage que l'oiseau me faisait faire avait duré longtemps. Quand je dis que je ne le sais pas,

Je lâchai la patte de mon cygne qui s'envola immédiatement.

Il est facile de deviner quel événement tragique eût terminé cet épisode ; l'eau pénétrait dans ma bouche, elle m'entrait dans les narines, je commençais à perdre connaissance, et je serais mort en moins de quelques minutes.

Juste au moment critique où je sentais la vie m'abandonner, quelque chose de rude me froissa les deux genoux ; c'était le gravier qui se trouvait au fond du lac, et je n'avais plus qu'à me relever pour avoir la tête au-dessus de l'eau.

Je n'hésitai pas une seconde, ainsi que vous le pensez bien ; j'étais trop heureux de mettre un terme à cette promenade périlleuse, et je lâchai la patte de mon cygne, qui s'envola immédiatement, et qui s'éleva dans l'air en jetant des cris sauvages.

Quant à moi, j'étais debout, n'ayant plus d'eau que jusqu'à l'aisselle, et après un nombre considérable d'éternuments, compliqués de toux et de hoquets, je me dirigeai en chancelant vers la rive, où je remis pied à terre avec satisfaction.

J'avais eu tellement peur que je ne pensais pas à regarder où pouvait être mon sloop ; je lui laissai finir paisiblement sa traversée, et courant aussi vite que mes jambes pouvaient le faire, je ne m'arrêtai qu'à la maison, où j'allai me mettre devant le feu pour sécher mes habits.

CHAPITRE III.

Nouveau péril.

Vous croyez peut-être que la leçon que j'avais reçue, en tombant dans le bassin, était assez forte pour qu'à l'avenir je craignisse d'approcher de l'eau. Pas le moins du monde; à cet égard l'expérience ne me servit pas, mais elle me fut utile sous un autre rapport : elle me fit comprendre l'avantage que possède un bon nageur, et sous l'impression du péril que je venais de courir dans le parc, je résolus de faire tous mes efforts pour apprendre à nager.

Ma mère m'y encouragea vivement; et dans une de ses lettres, mon père, qui était en voyage, approuva cette résolution; il désigna même la méthode que je devais employer; je m'empressai de suivre ses conseils, et je m'appliquai à le satisfaire, car je savais que l'un de ses vœux était de me voir réussir. Tous les jours, en sortant de l'école, souvent deux fois dans la journée, pendant les grandes chaleur, je me plongeais dans la mer, où je battais l'eau, et me démenais avec l'animation d'un jeune marsouin. Quelques-uns de mes camarades, plus âgés que moi, me donnèrent une ou deux leçons, et j'eus bientôt le plaisir de faire la planche sans le secours de personne. Je me rappelle combien je me sentis fier lorsque j'eus accompli ce haut fait natatoire, et la sensation délicieuse que j'éprouvai la première fois que je flottai sur le dos.

Permettez à ce sujet-là que je vous donne un conseil : croyez-moi, suivez mon exemple, apprenez à nager. Vous pouvez en avoir besoin plus tôt que vous ne le pensez. Demain, peut-être, vous regretterez votre impuissance en voyant mourir le compagnon que vous auriez pu sauver; et qui vous dit que tôt ou tard cela ne vous sauvera pas vous-même?

A présent que les voyages se multiplient chaque jour, on a bien plus de chances de se noyer que l'on n'en avait autrefois : presque tout le monde s'embarque, traverse la mer, descend les fleuves; le nombre des individus qui, pour leurs affaires ou leur plaisir, s'exposent à tomber dans l'eau est incroyable; et, parmi ces voyageurs, une proportion, malheureusement bien grande, est noyée, surtout dans les années de tempête. Je ne veux pas dire qu'un nageur, même le plus fort que l'on connaisse, puisse gagner la terre s'il fait naufrage au milieu de l'Atlantique, ou seulement du Pas-de-Calais, mais on peut gagner une chaloupe, une cage à poules, une esparre, une planche ou un tonneau; les faits sont là qui prouvent que bien des gens ont été sauvés par des moyens aussi chétifs. Un navire peut être en vue, se diriger vers la scène du désastre, et le bon nageur peut l'atteindre, ou se soutenir sur les flots jusqu'à son arrivée, tandis que les malheureux qui ne savaient pas nager sont tombés au fond de la mer.

Vous savez d'ailleurs que ce n'est pas au milieu des océans que se perdent la plupart des vaisseaux; la tempête est rarement assez forte pour briser un navire en pleine mer; il faut pour cela qu'elle ait, suivant une expression de matelots, déchargé tous ses canons; c'est en général en vue du port ou sur le rivage même que les bâtiments sont détruits. Vous comprenez combien, en pareil cas, il est précieux de savoir nager; il y a tous les ans plusieurs centaines d'individus qui périssent à cent mètres d'une côte. De semblables catastrophes arrivent dans les rivières: un bateau chavire, et les gens qui s'y trouvaient sont noyés à quelques brasses de la rive.

Tous ces faits sont connus; ils se passent à la face de toute la terre, et l'on se demande comment tout le monde ne se tient pas pour averti, et n'apprend pas à nager.

On est surpris de ne pas voir les gouvernements pousser la jeunesse à acquérir un talent aussi précieux.

Il serait tout au moins facile d'engager ceux qui voyagent sur mer à se munir d'un appareil de sauvetage : ce serait une précaution à la fois simple et peu coûteuse, et qui sauverait tous les ans plusieurs milliers de personnes; je puis en donner la preuve.

Les gouvernements prennent le soin tout spécial de taxer les voyageurs, en les obligeant à se munir d'un papier inutile; mais ils se soucient fort peu, quand ils ont votre argent, que vous et votre passeport alliez au fond de la mer.

Peu importe, jeune lecteur; que ce soit oui ou non le désir de ceux qui vous gouvernent, croyez-moi, apprenez à nager; commencez dès aujourd'hui, si la saison le permet, et ne manquez pas un seul jour de vous y exercer, tant que le froid n'y mettra pas obstacle. Soyez bon nageur avant d'arriver à l'âge où vous n'aurez plus de loisirs, où tous vos instants seront consacrés aux exigences de la vie, aux devoirs d'une profession, à tous ceux qui remplissent la carrière de l'homme; vous courez d'ailleurs le risque d'être noyé, bien avant l'époque où poussera votre moustache.

Quant à moi, j'ai failli bien souvent être victime de ma passion pour la mer; les ondes que j'aimais tant semblaient désireuses de m'engloutir; et je les aurais accusées d'ingratitude, si je n'avais su que les vagues ne raisonnent pas, et sont dépourvues de responsabilité.

Quelques semaines s'étaient écoulées depuis mon plongeon dans l'étang, et j'apprenais à nager depuis plusieurs jours, lorsque je fus sur le point de terminer, par une catastrophe, mes exercices aquatiques.

Ce n'est pas dans la pièce d'eau où s'ébattaient les cygnes qu'arriva cette aventure ; car il n'était pas permis de se baigner dans l'intérieur du parc ; mais lorsqu'on vit au bord de la mer on n'a pas besoin d'un étang pour s'ébattre dans l'eau ; et c'est au sein des vagues que j'appris à nager.

La baie où les habitants de notre village avaient coutume de se baigner n'était pas précisément l'endroit qu'ils auraient dû choisir ; non pas que la grève n'y fût belle, avec son sable jaune et ses coquilles blanches ; mais on rencontrait sous le flot limpide un courant dont il était dangereux d'approcher, à moins d'être un excellent et vigoureux nageur.

Quelqu'un s'était noyé par l'effet de ce courant ; toutefois, il y avait si longtemps, que le fait était passé à l'état de légende ; et si, plus récemment, deux ou trois baigneurs avaient été entraînés vers la haute mer, ils avaient été sauvés par les bateaux qu'on avait envoyés à leur secours.

Les anciens du village, c'est-à-dire ceux dont l'opinion avait le plus d'importance, n'aimaient pas qu'on racontât ces accidents, et haussaient les épaules quand on en parlait devant eux. Je me rappelle avoir été frappé de leur réserve à cet égard; quelques-uns allaient même jusqu'à nier l'existence du courant, tandis que les autres se contentaient d'affirmer qu'il était inoffensif. J'avais remarqué néanmoins qu'ils ne permettaient pas à leurs enfants de se baigner à cet endroit.

Ce ne fut que plus tard, lorsqu'après quarante années d'aventures, je revins au lieu de ma naissance, que je devinai le motif de la réserve de mes concitoyens. Notre village est, comme vous savez, l'un des points de la côte où l'on prend des bains de mer, et il doit une partie de sa prospérité aux baigneurs qui viennent successivement y passer quelques semaines. On conçoit dès lors que si la baie avait une mauvaise réputation, on n'aurait plus personne, et il faudrait renoncer au bénéfice que nous procurent les bains. C'est pourquoi les sages de la commune vous estiment d'autant plus que vous parlez moins de leur courant.

Toujours est-il qu'en dépit des négations de nos prudents villageois, il m'arriva de me noyer dans la baie.

« Pas tout à fait, direz-vous, puisque vous n'êtes pas mort. » Je n'en sais rien; la chose est fort douteuse. Je n'avais plus ni le sentiment de la vie, ni celui de la douleur : on m'eût coupé en mille morceaux que je ne l'aurais pas senti; et je ne serais plus de ce monde, à dater de cette époque, si quelqu'un ne s'en était pas mêlé, un beau jeune homme du village, un batelier qui s'appelait Henry Blou, et qui m'a rendu à l'existence.

L'accident par lui-même n'a rien d'extraordinaire, et, si je le raconte, c'est pour vous montrer comment je fis connaissance avec ce brave Henry, dont les habitudes et l'exemple devaient tant influer sur mon avenir.

Je m'étais rendu sur la plage avec l'intention de me baigner, comme je le faisais tous les jours, et, soit méprise, soit envie d'explorer un nouveau coin de la baie, je me dirigeai précisément vers l'un des endroits les plus mauvais du courant. A peine étais-je dans l'eau qu'il me saisit et m'emporta vers la pleine mer, à une distance qu'il m'aurait été impossible de franchir pour regagner la côte. Soit, en outre, que la frayeur paralysât mes forces, car j'avais conscience du péril où je me trouvais, soit que je fusse vraiment incapable de lutter plus longtemps, je cessai mes efforts, et je coulai à fond comme une pierre.

Je me souviens confusément d'avoir aperçu un bateau près de l'endroit où j'avais cessé de nager : un homme était dans ce bateau, puis tout a disparu ; un bruit semblable aux roulements du tonnerre emplissait mes oreilles, et ma connaissance s'éteignit tout à coup, ainsi que la flamme d'une bougie qu'on a soufflée.

Je ne sais plus ce qui arriva jusqu'au moment où je me sentis revivre. Lorsque j'ouvris les yeux, un jeune homme était penché au-dessus de moi; il me frictionna tout le corps, me pétrit le ventre, me souffla dans la bouche, exécuta diverses manœuvres plus singulières les unes que les autres, et me chatouilla les narines avec les barbes d'une plume.

C'était Henry Blou qui me rappelait à la vie. Dès qu'il m'eut sauvé, il me prit dans ses bras et me porta chez ma mère, qui devint presque folle en me recevant ainsi. On me versa un peu de vin dans la gorge, on m'enveloppa de couvertures, on m'entoura de briques chaudes, de bouteilles d'eau bouillante; on me fit respirer du vinaigre et des sels; bref, on m'entoura des soins les plus minutieux et les plus tendres.

Au bout de vingt-quatre heures, j'étais sur pied, tout aussi vif, tout aussi bien portant que jamais; et cette leçon, qui aurait dû servir à me mettre en garde contre mon élément favori, fut entièrement perdue, comme vous le montrera la suite de cette histoire.

CHAPITRE IV.

En mer.

Bien loin de me guérir de mes goûts nautiques, le péril auquel je venais d'échapper ne fit qu'augmenter la passion que j'avais toujours eue pour la mer.

Ma reconnaissance pour le jeune homme qui m'avait sauvé devint bientôt une affection profonde. Henry n'était pas seulement courageux, mais aussi bon qu'il était brave; et je n'ai pas besoin de vous dire que je l'aimais de tout mon cœur. Du reste, il semblait bien me le rendre; car il agissait à mon égard comme si les rôles avaient été changés, et que ce fût moi qui l'eusse arraché à la mort. Que de peines il se donna pour me rendre bon nageur, et pour m'enseigner à faire usage d'une rame! si bien qu'en très-peu de temps j'appris à m'en servir, et que je ramais beaucoup mieux que pas un enfant de mon âge. Mes progrès furent si rapides que bientôt je pus manier les deux rames, et faire avancer ma barque sans le secours de personne. J'étais fier de ce haut fait; et jugez de mon orgueil lorsque, honoré de la confiance du maître, j'allais prendre son bateau dans une petite anse où il était amarré, afin de le conduire à quelque point de la côte, où Henry m'attendait. Il arriva bien qu'en passant près du rivage ou d'un sloop immobile, j'entendais certaines voix ironiques se récrier sur ma présomption apparente : « Un beau gaillard pour manier une paire de rames ! Ohé ! vous autres, regardez-moi ce bambin qui tette encore sa mère, et qui se mêle de conduire un bateau ! » Et les rires se joignaient aux railleries. Que me faisaient ces insultes? Au lieu de me mortifier, elles doublaient mon ardeur, et je montrais qu'en dépit de ma petitesse, je pouvais conduire ma barque, non-seulement dans la direction voulue, mais encore aussi vite que la plupart de ceux qui avaient deux fois ma taille.

Au bout de quelque temps, personne, excepté les étrangers, ne pensa plus à se moquer de mon audace; chacun dans le village connaissait mon adresse, et, malgré mon peu d'années, on me parlait avec respect. Quelquefois ils m'appelaient en riant le petit marin ou le jeune matelot; mais c'était avec bienveillance, et ils finirent par me baptiser du nom de petit Loup de mer, qui prévalut sur tous les autres

Ma famille avait d'ailleurs l'intention de me faire entrer dans la marine : je devais accompagner mon père dans son prochain voyage, et, toujours habillé en matelot, mon costume était irréprochable : vareuse de drap bleu, large pantalon du même, cravate de soie noire et collet rabattu. C'était sans doute à la manière dont je portais cet uniforme que j'avais dû mon dernier sobriquet. J'aimais ce nom de petit Loup de mer, qui flattait mon amour-propre; il me plaisait d'autant plus que c'était Henry Blou qui me l'avait donné le premier.

A cette époque, Henry Blou commençait à prospérer : il avait deux embarcations dont il était propriétaire. La plus grande, qu'il appelait sa yole[1], lui servait lorsqu'il avait trois ou quatre personnes à conduire. Il venait d'acheter l'autre, qui était beaucoup plus petite, et ne la prenait que lorsqu'il n'avait qu'un passager. Dans la saison des bains, où il y a chaque jour des parties de plaisir, la yole était continuellement en réquisition, et le petit canot restait dans la crique où il était amarré. J'avais alors la permission d'en user librement, et de le manœuvrer tout seul, ou d'emmener un camarade si la chose me plaisait. Je ne manquais pas d'en profiter, ainsi que vous le pensez bien. Dès que je sortais de l'école, je me rendais à l'endroit où se trouvait le petit canot, et je me promenais dans le port,

1. Embarcation légère, allant à la voile et avec des avirons, et qui dans la marine de l'État sert généralement aux officiers supérieurs.

que je parcourais dans tous les sens. Il était rare que je n'eusse pas un compagnon; la plupart de mes camarades partageaient mes goûts maritimes, et plus d'un parmi eux m'enviait le privilége d'être le maître d'un bateau.

Nous étions néanmoins assez sages pour ne sortir que lorsque la mer était calme; Henry me l'avait bien recommandé; nos excursions d'ailleurs ne s'étendaient pas au dehors de la baie, et je poussais même la prudence jusqu'à ne pas m'éloigner de la côte, de peur que notre esquif ne fût saisi par un coup de vent qui l'aurait mis en danger

Cependant, à mesure que j'acquérais plus d'habitude, je devenais moins timide. Je me sentais chaque jour plus à l'aise; et, voguant en pleine eau, j'allai sans y penser à plus d'un mille du rivage. Henry m'aperçut, et me répéta sur tous les tons qu'il fallait être prudent. J'écoutai ses paroles avec la ferme intention de lui obéir; mais j'eus le malheur de l'entendre, quelques instants après, dire à quelqu'un :

« Un brave enfant! n'est-ce pas, Bob? Il est sorti de la bonne souche, et sera un fameux marin, s'il vit assez pour cela. »

Cette remarque me fit penser que mon audace n'avait pas déplu à mon patron, et sa recommandation de ne pas quitter le rivage n'eut plus d'effet sur moi.

Je ne tardai pas à lui désobéir, et vous allez voir que cela faillit me coûter la vie.

Mais laissez-moi vous parler du malheur qui, à cette époque, vint changer mon existence.

Je vous ai dit que mon père était patron d'un vaisseau marchand qui faisait le commerce avec les îles d'Amérique. Il était si peu à la maison que c'est tout au plus si je me le rappelle ; je ne me souviens que de l'ensemble de son visage : une belle et et bonne figure, au teint bronzé par la tempête, mais pleine de franchise et d'enjouement.

Ma mère avait sans doute pour lui une affection bien vive, puisqu'à dater du jour où elle apprit sa mort, elle ne cessa de décliner, et mourut quelques semaines après, tout heureuse d'aller rejoindre son mari dans l'autre monde.

J'étais donc orphelin, sans fortune, sans asile. Mon père, en se donnant beaucoup de peine, gagnait bien juste de quoi subvenir aux dépenses de la famille, et, malgré son rude travail, ne laissait pas la moindre épargne. Que serait devenue ma mère ? Combien de fois, au milieu des regrets que je donnais à sa mémoire, n'ai-je pas remercié la Providence de l'avoir rappelée de cette terre, où elle n'avait plus qu'à souffrir ! Il fallait tant d'années avant que je pusse lui être utile et pourvoir à ses besoins !

Mais pour moi, qui restais seul et pauvre, la mort de mon père devait avoir les plus sérieuses conséquences. Je trouvai bien un gîte; hélas! qu'il était différent de l'intérieur auquel on m'avait habitué! Il fallut aller chez mon oncle. C'était le frère de ma mère, et cependant il n'avait rien des sentiments de sa sœur. D'un caractère morose, il était brutal, grossier dans ses habitudes, et me traita comme le dernier de ses domestiques, dont je partageai le travail.

Malgré mon âge et le besoin que j'avais de m'instruire, on ne m'envoya plus à l'école. Mon oncle était cultivateur, et me trouva bientôt de la besogne; tant et si bien qu'à soigner les moutons, à conduire les chevaux, à courir après les cochons et les vaches, à faire mille autres choses de cette espèce, j'étais occupé depuis le lever du soleil jusqu'à la fin du jour. Par bonheur, on se reposait le dimanche : non pas que mon oncle fût religieux le moins du monde, mais personne dans la paroisse ne travaillait le jour du sabbat; c'était la coutume, et il fallait bien se soumettre à la loi générale; sans cela, on aurait travaillé le dimanche à la ferme, tout comme à l'ordinaire.

Mon oncle, ayant fort peu de religion, ne m'envoyait pas à l'église, et j'étais libre d'employer le jour du Seigneur suivant mon bon plaisir. Vous pensez bien que je ne m'amusais pas à rester dans les champs; la mer, qui s'étendait à l'horizon, avait bien plus d'attrait pour moi que les nids d'oiseaux, les haies et les fossés; et dès que je pouvais m'échapper, j'allais rejoindre Henry Blou. Il m'emmenait dans sa yole, ou je m'emparais du petit canot, dont les rames étaient disposées pour moi.

Ma mère avait eu soin de m'apprendre qu'il était mal de passer le jour du Seigneur dans la dissipation; mais l'exemple que j'avais chez mon oncle changea bientôt mes idées sur cette matière, et j'en vins à trouver que le dimanche ne différait des autres jours que par le plaisir dont il était rempli.

Toutefois, l'un de ces dimanches fut loin d'être agréable; je ne crois pas même avoir passé dans toute ma vie une journée aussi pénible, et où la mort m'ait approché de plus près.

CHAPITRE V.

Le récif.

Nous étions au mois de mai, c'était un dimanche; l'un des plus beaux dont j'aie gardé le souvenir. Le soleil brillait partout, et les oiseaux remplissaient l'air de leurs chansons joyeuses. Le doux tirelire de l'alouette se mêlait à la voix plus sonore de la grive et du merle, et le coucou, volant sans cesse d'un buisson à l'autre, faisait retentir les champs de son cri d'appel, fréquemment répété. Un doux parfum d'amande s'échappait de l'aubépine, et la brise était juste assez forte pour l'entraîner dans l'air. Avec ses haies fleuries, ses champs de blé verdoyants, ses prés émaillés d'orchis et de boutons d'or, ses nids d'oiseaux, ses bruits joyeux, la campagne aurait été bien attrayante pour la plupart des petits garçons de mon âge; mais la plaine liquide, où le ciel bleu se réfléchissait comme dans un vaste miroir, et dont le soleil faisait étinceler la surface était pour moi bien autrement séduisante; ses vagues me paraissaient plus belles que les sillons où la brise courbait la pointe des blés, son murmure charmait plus mon oreille que les chants de la grive ou de l'alouette, et je préférais son odeur particulière au parfum des violettes et des roses.

C'est pourquoi lorsque, ayant quitté ma chambre, je jetai les yeux sur cette mer étincelante, je n'aspirai plus qu'à me poser sur ses ondes et à voguer sur ses flots. Pour satisfaire ce désir, dont je ne saurais vous exprimer la force, je n'attendis pas même que l'on eût déjeuné; je pris en cachette un morceau de pain, et je sortis en toute hâte pour me diriger vers la grève.

J'eus cependant assez d'empire sur moi-même pour ne quitter la ferme qu'à la dérobée; j'avais peur qu'on ne m'empêchât de réaliser mes vœux : mon oncle pouvait me rappeler, m'ordonner quelque chose, ne pas vouloir que je m'éloignasse de la maison ; car s'il me permettait le dimanche de courir dans les champs, il ne voulait pas que je me promenasse en bateau, et me l'avait défendu de la manière la plus positive.

Il en résulta qu'au lieu de suivre l'avenue et d'aller par la grande route, je pris un sentier qui me conduisit au rivage en faisant un détour.

Je ne rencontrai personne de connaissance, et j'arrivai sur la grève sans avoir été vu par aucun de ceux que mes démarches pouvaient intéresser.

En arrivant à l'endroit où les bateaux d'Henry étaient toujours amarrés, je vis tout de suite que la yole était prise ; mais il restait le petit canot qui était à mon service. C'était ce que je désirais ; car précisément, ce jour-là, j'avais formé le dessein de faire une grande excursion.

J'entrai dans l'esquif ; probablement on ne l'avait pas employé depuis quelques jours, car il y avait au fond une assez grande quantité d'eau ; mais je trouvai par bonheur un vieux poêlon qui servait d'écope à Henry, et après avoir travaillé pendant huit ou dix minutes, mon batelet me parut suffisamment asséché pour ce que j'en voulais faire. Les rames étaient sous un hangar attenant à la maison d'Henry Blou, située à peu de distance ;

j'allai les prendre, comme je faisais toujours, sans avoir besoin d'en demander la permission, que j'avais une fois pour toutes.

Revenu à mon batelet, je plaçai mes rames, je m'installai sur mon banc, et je fis en sorte de m'éloigner du rivage. L'esquif répondit à mon premier effort et glissa vivement à la surface de l'eau, dont il fendit les ondes avec autant d'aisance que l'aurait fait un poisson. Jamais mon cœur n'avait battu plus légèrement dans ma poitrine; la mer n'était pas seulement brillante et bleue, mais aussi paisible qu'un lac; à peine si elle offrait une ride, et sa transparence était si merveilleuse que je voyais les poissons batifoler à plusieurs brasses[1] de profondeur.

Le fond de la mer est, dans notre baie, d'un blanc pur, avec des reflets argentés, sur lequel se détachent les objets les plus minces, et je distinguais parfaitement de petits crabes, à peine aussi larges qu'une pièce d'or, qui se poursuivaient les uns les autres, ou qui couraient sur le sable, afin d'y trouver les menues créatures dont ils voulaient déjeuner. Puis c'étaient de larges plies, de grands

---

[1] La brasse est une ancienne mesure calculée d'après la longueur des bras d'un homme; elle n'est plus en usage que dans la marine, où l'on s'en sert pour indiquer la profondeur des eaux, les divisions de la ligne de sonde, la longueur des câbles, etc. Elle vaut, en France, un mètre soixante-deux centimètres; dans les autres pays elle est un peu plus longue. (*Note du traduct.*,

turbots, des masses de petits harengs, des maquereaux à la robe bleue et changeante, et d'énormes congres de la taille du boa, qui tous étaient en quête de leurs proies respectives.

Il est rare que sur nos côtes la mer soit aussi calme; et cette belle journée paraissait faite pour moi; car, ayant l'intention, comme je l'ai dit plus haut, de faire une assez grande course, je ne pouvais espérer un temps plus favorable.

« A quel endroit vouliez-vous donc aller? » me demandez-vous. C'est justement ce que je vais vous dire.

A peu près à trois milles[1] de la côte, où, s'apercevant du rivage, se trouvait une île excessivement curieuse. Quand je dis une île, ce n'était pas même un îlot; mais un amas de rochers d'une étendue fort restreinte, et qui dépassaient à peine la surface de la mer; encore fallait-il que la marée fût basse; car autrement les vagues en couvraient le point le plus élevé. On n'apercevait alors qu'une perche se dressant au-dessus de l'eau à une faible hauteur, et que surmontait une espèce de boule, ou plutôt de masse oblongue dont je ne m'expliquais pas la forme. Cette perche avait été plantée là pour désigner l'écueil aux petits navires qui fréquentaient nos parages, et qui sans cela auraient pu se briser sur le récif.

[1]. Le mille anglais a seize cent neuf mètres.

Lorsque la mer était basse, l'îlot était découvert ; il paraissait en général d'un beau noir ; mais parfois il était blanc comme s'il eût été revêtu d'un épais manteau de neige. Cette singulière métamorphose n'avait pour moi rien d'incompréhensible ; je n'ignorais pas que ce manteau blanc, dont la roche se parait à divers intervalles, n'était ni plus ni moins qu'une bande nombreuse d'oiseaux de mer qui s'abattaient sur l'écueil, soit pour y prendre le repos dont ils avaient besoin, soit pour y chercher les petits poissons et les crustacés que le reflux déposait sur le roc.

Depuis longtemps ces rochers étaient pour moi l'objet d'un extrême intérêt ; leur éloignement du rivage, leur situation isolée préoccupaient mon esprit ; mais ce qui surtout à mes yeux leur donnait tant de prestige, c'étaient ces oiseaux blancs qui s'y pressaient en si grand nombre. Nulle part, aux environs, leur foule n'était si grande. Il fallait que cet écueil fût leur endroit favori, puisqu'à la marée descendante je les voyais accourir de tous les points de l'horizon, planer autour de la perche, et descendre, et se poser les uns auprès des autres jusqu'à ce que le rocher noir disparût sous la masse qu'ils offraient à mes regards.

Je savais que ces oiseaux étaient des mouettes ; mais elles paraissaient être de différentes espèces ; il y en avait de beaucoup plus grandes les unes que les autres; et quelquefois il se mêlait à ces mouettes des oiseaux d'un autre genre, tels que des grèbes et des sternes, ou grandes hirondelles de mer. Du moins je le supposais, car du rivage, il était difficile de déterminer à quelle espèce ils pouvaient appartenir. A cette distance, les plus grands d'entre eux paraissaient à peine excéder la taille d'un moineau, et s'ils avaient été seuls, ou s'ils ne s'étaient pas envolés, personne, en se promenant sur la côte, n'aurait remarqué leur présence.

Ces oiseaux prêtaient donc pour moi un intérêt puissant aux rochers qui leur servaient de rendez-vous. J'ai toujours eu, dès ma plus tendre jeunesse, un penchant très-marqué pour l'histoire naturelle; c'est un goût qui est partagé par la plupart des enfants. Il peut exister des sciences plus importantes, plus utiles au genre humain[1] que l'étude de la nature, il n'y en a pas de plus séduisante pour la jeunesse et qui réponde mieux à son activité physique et morale.

L'amour des oiseaux d'une part, la curiosité de l'autre, m'inspiraient le plus vif désir d'aller visiter l'îlot. Mes regards ne se tournaient jamais dans

---

[1]. Beaucoup d'utilitaires ont l'habitude de considérer l'histoire naturelle comme une science d'agrément, propre à satisfaire une curiosité qui n'a rien de répréhensible, mais qui ne peut conduire à aucun résultat. Pourtant, si l'on y réfléchit, on voit que cette prétendue science de luxe embrasse tout ce qui nous alimente, nous désaltère et nous abrite; tout ce qui forme nos

cette direction (et mes yeux n'y manquaient pas dès que j'arrivais sur la grève) sans en avoir un désir plus vif. Je savais par cœur la forme des rochers que la mer découvrait en se retirant, et j'aurais pu en dessiner le profil sans avoir le modèle sous les yeux. Leur sommet découvrait une ligne courbe, s'affaissant de chaque côté d'une façon particulière; on aurait dit que c'était une énorme baleine, gisant à la surface de l'eau, et conservant au milieu de son échine le harpon qui l'avait fait échouer.

Cette perche ne m'attirait pas moins que le reste; j'avais besoin de la toucher, de savoir de quoi elle était faite, et quelle pouvait être sa dimension, car du rivage elle ne paraissait pas beaucoup plus haute qu'une vergue. Je voulais voir cette espèce de boisseau qui en couronnait la pointe, et apprendre comment cette perche était fixée dans le roc. Il fallait que sa base y fût solidement attachée pour résister aux vagues; plus d'une fois pendant la tempête, j'avais vu l'écume des flots atteindre une si grande élévation qu'on n'apercevait rien du récif, pas même l'espèce de boule qui surmontait la per-

---

vêtements et nos parures, la matière de nos armes, de nos ustensiles, de nos instruments, de nos meubles, tout enfin jusqu'aux mystères de la vie, et l'on ne dit plus : « à quoi bon ? » lorsqu'il s'agit d'étudier un métal, une plante ou un insecte.

(*Note du traducteur.*)

che ; et pourtant celle-ci restait debout et se revoyait après l'orage.

Avec quelle impatience j'appelais l'instant où je pourrais visiter mon îlot; mais l'occasion ne s'en présentait jamais. C'était trop loin; je n'osais pas y aller seul, et personne ne m'avait offert de m'y accompagner. Henry Blou ne demandait pas mieux que de m'y conduire, mais il n'y pensait pas; il était si loin de comprendre l'intérêt que ce récif avait pour moi! Cependant il lui était facile de combler mon désir: il lui arrivait souvent de passer auprès de ce récif; il y avait abordé plus d'une fois sans aucun doute; peut-être avait-il amarré son bateau à la perche, afin de tirer des mouettes, ou de pêcher aux abords de l'écueil; mais c'était sans moi qu'il avait fait ces excursions, et je ne comptais plus sur lui pour satisfaire mon ardente curiosité. D'ailleurs à présent je ne pouvais sortir que le dimanche, et ce jour-là mon ami avait trop de monde à promener pour qu'il pût s'occuper de moi.

J'étais las d'espérer vainement une occasion ; je résolus de ne plus attendre. Je m'y étais décidé le matin même, et j'étais parti avec la ferme intention d'aller tout seul visiter le récif. Tel était mon but lorsque, détachant le petit canot, je pris mes rames et le fis nager rapidement sur l'eau brillante et bleue.

Je pris mes rames et je me dirigeai vers le récif. (Page 38).

CHAPITRE VI.

Les mouettes.

L'entreprise, par elle-même, n'avait rien d'extraordinaire ; mais elle était audacieuse pour un enfant de mon âge. Il s'agissait de franchir un espace de trois milles, et de le faire en eau profonde, à une distance où le rivage était presque perdu de vue. Je n'avais jamais été si loin ; c'était à peine si j'avais fait un mille en dehors de la baie, à un endroit où les eaux étaient basses. J'étais bien allé avec Henry dans tous les environs, mais je ne dirigeais pas le bateau ; et confiant dans l'habileté du maître, je n'avais pas eu le moindre sujet d'inquiétude. A présent que je me trouvais seul, la chose était différente ; tout dépendait de moi-même, et en cas de péril je n'avais personne pour me donner des conseils et me prêter assistance.

A vrai dire, je n'étais pas à un mille de la grève que mon expédition m'apparut sous un jour moins favorable, et il aurait fallu bien peu de chose pour me faire virer de bord; mais il me vint à l'esprit qu'on avait pu me voir du rivage, que certains de mes camarades, jaloux de mes prouesses nautiques, avaient dû remarquer que je me dirigeais vers l'îlot, qu'ils devineraient aisément pour quel motif j'étais revenu sans avoir atteint mon but, et qu'ils m'accuseraient de poltronnerie. Bref, sous l'influence de cette pensée, jointe au désir que j'avais de réaliser mon rêve, je repris courage et poursuivis ma route.

Lorsque je ne fus plus qu'à environ huit cents mètres de l'écueil, je me reposai sur mes rames et je jetai les yeux derrière moi, car c'était dans cette direction que se trouvait mon récif. La marée était basse et les rochers entièrement hors de l'eau; toutefois la pierre avait complétement disparu sous la quantité de mouettes dont elle était couverte. On aurait dit qu'une troupe de cygnes ou d'oies s'était abattue sur l'écueil; mais je ne pouvais pas m'y tromper : un grand nombre de ces oiseaux tournaient dans l'air au-dessus du récif, allaient se reposer pour reprendre bientôt leur vol, et malgré la distance, j'entendais distinctement leurs cris désagréables.

Je repris ma course, plus désireux que jamais d'atteindre l'île rocailleuse, et d'examiner ces oiseaux. La plupart était en mouvement, et je ne devinais pas le motif de leur agitation. Afin qu'ils me permissent de les approcher de plus près, j'eus soin de faire le moins de bruit possible et de plonger mes rames dans l'eau avec autant de précaution qu'un chat, guettant une souris, pose les pattes sur le plancher.

Après avoir fait de la sorte environ six cents mètres, je m'arrêtai une seconde fois et retournai de nouveau la tête. Les oiseaux ne paraissaient point alarmés. Je savais que les mouettes sont pourtant assez farouches; mais elles connaissent parfaitement la portée d'une arme de chasse, et ne quittent l'endroit où elles sont posées qu'au moment où le plomb du chasseur peut arriver jusqu'à elles. Ensuite les miennes voyaient fort bien que je n'avais pas de fusil et qu'elles n'avaient rien à craindre. Ainsi que les pies et les corbeaux, elles distinguent à merveille un bâton d'une arme à feu, dont l'emploi meurtrier leur est parfaitement connu.

Je les regardai pendant longtemps, sans me lasser du spectacle qu'elles m'offraient; et s'il m'avait fallu repartir immédiatement pour la côte, je me serais cru suffisamment récompensé de la peine que j'avais prise.

Comme je l'ai dit dans une des pages précédentes, il y avait parmi cette bande ailée des oiseaux de plusieurs genres. Tous ceux qui étaient groupés sur les pierres étaient bien des mouettes, mais de deux espèces différentes: les unes avaient la tête noire et les ailes grises, tandis que les autres étaient presque entièrement d'un blanc pur; leur taille différait

ainsi que leur couleur, mais rien ne surpassait la
propreté de leur plumage, et leurs pattes, d'un beau
rouge, avaient l'éclat du corail. Elles étaient occupées, bien que de diverses façons ; quelques-unes
cherchaient évidemment leur nourriture composée
du fretin des crabes, des crevettes, des homards et
d'autres animaux curieux que la mer avait laissés à
nu en se retirant. Beaucoup d'autres se contentaient de lisser leurs plumes blanches qui semblaient faire leur orgueil.

Cependant, malgré le bonheur dont ces oiseaux
paraissaient jouir, ils n'étaient pas plus que les
autres créatures exempts de mauvaises passions
et de soucis. Plus d'une querelle terrible s'éleva
parmi eux pendant que je les contemplais; était-ce
par jalousie ou pour se disputer un poisson ? c'est
ce que je ne saurais dire.

Mais qu'il était amusant de regarder ceux qui
pêchaient, de les voir se lancer d'une hauteur de
plus de cent mètres, disparaître presque sans bruit
au milieu des flots et surgir un instant après,
ayant dans le bec une proie brillante.

De tous les mouvements que font les oiseaux, je
ne crois pas qu'il y en ait de plus intéressants à voir
que ceux de la mouette pêcheuse en train de chercher pâture. Le milan lui-même n'est pas plus gracieux dans son vol. Les brusques détours de l'oiseau
marin, la pause momentanée qu'il fait dans l'air

pour s'assurer de sa proie, l'écume des flots qui l'environne, cet éclair qui disparaît au sein des vagues, et le retour subit de l'oiseau blanc à la surface de l'eau transparente et bleue, sont d'une beauté incomparable. Jamais l'homme, dans ses heures d'invention les plus heureuses, ne produira de spectacle plus agréable à contempler.

Après avoir regardé les mouettes, et déjà très-satisfait du résultat de mon excursion, je repris mes rames afin d'atteindre mon but et de réaliser mon rêve en abordant au récif.

Lorsque je fus près de la rive, les oiseaux s'envolèrent; mais sans paraître me redouter, car ils restèrent au-dessus de ma tête, où ils décrivirent leurs évolutions aériennes à une si faible distance que j'aurais presque pu les frapper avec mes rames.

L'un d'eux, qui me semblait être le plus gros de la bande, avait été, pendant tout le temps, au sommet de la perche qui surmontait le récif et qui servait de signal. Peut-être m'avait-il paru plus grand parce qu'il était plus en vue; mais j'observai qu'avant le départ de ses camarades, il s'était envolé en jetant un cri perçant comme pour ordonner aux autres de suivre son exemple. Il servait apparemment de vigie ou de chef à toute la bande. J'avais déjà vu pratiquer cette tactique par les corneilles, lorsqu'elles sont en train de piller un champ de fèves ou de pommes de terre.

Le départ des oiseaux m'attrista et je me sentis découragé. Cet effet, du reste, n'avait rien que de naturel; tout s'était assombri autour de moi : à la la place du troupeau blanc dont mes yeux étaient remplis je ne trouvais plus qu'un récif désolé, couvert de galets énormes, ou plutôt de quartiers de roche, aussi bruns que si on les avait enduits de goudron. Un nuage avait obscurci le soleil, la brise s'était levée tout à coup, et la mer, jusqu'alors si transparente et si calme, était devenue grisâtre par l'action pressée des flots.

Mais j'étais là pour explorer l'écueil; et malgré son aspect effrayant, je ramai jusqu'à ce que la quille de mon batelet grinçât sur le rocher.

Une anse en miniature s'était offerte à mes yeux, j'y conduisis mon canot; puis sautant sur le récif, je me dirigeai vers la perche qui attirait mes regards depuis tant d'années, et que j'avais un si vif désir de connaître plus intimement.

CHAPITRE VII.

A la recherche d'un oursin.

Je touchai bientôt de mes mains cette perche intéressante, et j'éprouvai en ce moment autant d'orgueil que si elle eût été le pôle nord, et que j'en eusse fait la découverte. Quelle surprise en voyant les dimensions de cette pièce de bois? Combien la distance m'avait trompé à son égard! Vue du rivage, elle ne paraissait pas plus grosse que le manche d'une houe, et la protubérance dont elle était couronnée semblait à peine égaler une betterave, ou un navet de belle taille. Jugez de mon étonnement quand je trouvai mon bâton un peu plus gros que ma cuisse, et le navet ayant deux fois la grosseur de mon corps. Ce n'était ni plus ni moins qu'un baril de la contenance de quarante à cinquante litres. Posé à l'extrémité de la pièce de bois, qui le traversait dans sa longueur, ce petit tonneau était peint en blanc; ce que je savais du reste, car je l'avais vu souvent briller au soleil, tandis que la perche restait brune.

Celle-ci avait été sans doute peinte autrefois, mais lavée souvent par l'eau de mer, qui dans les tempêtes s'élançait jusqu'en haut du baril, la couleur en avait disparu peu à peu.

Je ne m'étais pas moins trompé quant à son élévation : du rivage elle me paraissait être de la taille d'un homme ordinaire, tandis qu'en réalité elle se dressait au-dessus de ma tête comme le mât d'un sloop, et devait bien avoir sept ou huit mètres de hauteur.

L'étendue de mon îlot me surprenait également. je le croyais à peine de quelques pieds carrés, la il avait au moins un demi-hectare. Presque toute et surface en était couverte de galets, depuis la grosseur d'un caillou jusqu'à celle d'une futaille; et çà et là on y voyait des quartiers de roche engagés dans les interstices du rocher fondamental. Toutes ces pierres, quel que fût leur volume, étaient revêtues d'une substance noirâtre et gluante, et supportaient, en divers endroits, un lit d'herbes marines de différentes espèces. Quelques-unes de ces algues m'étaient familières pour les avoir vues sur la côte, où elles sont déposées par le flux; et depuis quelque temps j'avais fait avec elles plus intime connaissance, en aidant à les répandre dans les champs de mon oncle, où elles fumaient les pommes de terre.

Après avoir satisfait ma curiosité à l'égard de la pièce de bois qui servait de signal, et fait mes conjectures relativement au volume du baril, je commençai l'exploration de mon île. Je voulais non-seulement reconnaître les lieux, mais encore trouver un coquillage, une curiosité quelconque, afin d'avoir un souvenir de cette excursion, aussi agréable qu'aventureuse.

Il était moins facile de parcourir cet écueil bouleversé que je ne l'avais cru d'abord : les pierres, recouvertes, ainsi que je l'ai dit plus haut, d'une espèce de glu marine, étaient aussi glissantes que si elles avaient été savonnées ; et dès les premiers pas je fis une chute assez cruelle, sans parler des efforts qu'il fallait faire pour gravir les fragments de rochers qui se trouvaient sur mon passage.

Je tournais le dos à l'endroit où j'avais laissé mon batelet, et je me demandai si je ne ferais pas mieux de revenir sur mes pas ; mais en face de moi une sorte de presqu'île s'avançait dans la mer, et il me semblait voir à son extrémité un amas de coquillages précieux qui redoublèrent mon envie d'en posséder plusieurs.

J'avais déjà remarqué différentes coquilles dans le sable qui se trouvait entre les quartiers de roche ; les unes étaient vides, les autres habitées ; mais elles me semblaient trop communes ; je les avais toujours vues depuis que j'allais sur la grève, et je les retrouvais dans les pommes de terre de mon oncle, où elles étaient apportées avec le varech. Du reste, elles n'avaient rien de curieux, ce n'étaient que des moules, des manches de couteau et des pétoncles. Il n'y avait pas d'huîtres, sans cela j'en aurais avalé une ou deux douzaines, car l'appétit commençait à se faire sentir. Les crabes et les homards étaient abondants, mais je ne voulais pas les manger crus, et il m'était impossible de les faire cuire. D'ailleurs ma faim était encore très-supportable.

Ce qui me faisait aller au bout de cette pointe rocailleuse, où j'apercevais des coquillages, c'était le désir de me procurer un oursin. J'avais toujours eu envie de posséder un bel échantillon de cette singulière coquille; je n'avais jamais pu m'en procurer une seule. Quelques-uns de ces *échinodermes* s'apercevaient bien de temps en temps près du village, mais ils n'y restaient pas; c'était dans le pays un objet assez rare, par conséquent d'une valeur relative, et qu'on posait sur la cheminée, dont il faisait l'ornement. Comme on visitait fort peu le récif, qui était assez loin de la côte, j'avais l'espoir d'y trouver cette coquille, et je regardais avec attention dans toutes les crevasses, dans toutes les cavités où mon œil pouvait atteindre.

A mesure que j'avançais, les formes brillantes qui m'avaient attiré devenaient de plus en plus distinctes, et j'étais sûr de trouver parmi elles quelque chose de précieux. Je n'en marchais pas plus vite, sachant bien qu'elles ne s'éloigneraient pas, car c'étaient d'anciennes demeures abandonnées depuis long temps ; j'avais donc la certitude qu'elles resteraient à la même place, et je ne voulais pas négliger ce qui pouvait être sur ma route. Précaution inutile ; je ne vis rien qui fût à ma convenance tant que je n'arrivai pas à l'endroit en question ; mais alors quelle découverte ! C'était le plus bel oursin qu'on eût jamais rencontré ; il était rond comme une orange, et sa couleur était d'un rouge foncé ; mais je n'ai pas besoin de vous le décrire ; quel est celui d'entre vous qui ne connaît pas l'oursin [1] ?

J'eus bientôt ramassé ma coquille, dont j'admirai avec joie les courbes charmantes et les écussons qui la rendaient si jolie. C'était la plus curieuse de toutes celles que j'avais vues, et je me félicitais d'avoir à conserver de ma promenade un souvenir aussi précieux.

Quand, après l'avoir bien examinée à l'extérieur,

---

1. L'oursin est un animal rayonné, c'est-à-dire qu'au lieu de présenter deux parties symétriques (côté droit, côté gauche), il offre un axe d'où rayonnent toutes les parties qui le composent. Sa forme est plus ou moins globuleuse, et il est de grosseur moyenne. Sa coquille présente des espèces de plaques, ou de mamelons, disposés régulièrement, ainsi qu'une infinité de petits trous. Au lieu d'être nue, comme chez les huîtres et les colimaçons, cette coquille est recouverte d'une membrane vivante, pourvue de cils vibratiles. Il en résulte que l'oursin est complétement ébouriffé ; aussi l'a-t-on nommé vulgairement châtaigne ou hérisson de mer, et scientifiquement *échinide*, faisant partie du groupe

j'eus lorgné la cavité qu'elle présentait, et qui avait servi de logette à l'oursin même, logette blanche et propre qui m'amusa par ses mille petits trous rangés en lignes, je me rappelai que j'avais vu d'autres coquilles, et je me mis en devoir d'en ramasser. Il y en avait de quatre espèces, toutes les quatre fort jolies et complétement nouvelles pour moi. J'en mis dans mes poches tant qu'elles purent en contenir, et les mains pleines je revins sur mes pas avec l'intention de me rembarquer.

Mais, ô stupeur! les coquilles m'échappèrent des mains, et peu s'en fallut que je ne les suivisse dans leur chute. O mon bateau, mon bateau!

_{des *échinodermes*, c'est-à-dire ayant la peau hérissée d'épines. Pourvu d'un certain nombre de pieds tubuleux, rétractiles, pouvant se fixer comme des ventouses à l'endroit où il veut s'attacher, l'oursin a la faculté de se mouvoir, mais assez difficilement; et nous croyons que s'il existait des échinides sur la côte où demeurait notre petit marin, ils devaient y rester, car ils sont d'une nature peu ambulante. On les trouve sous les pierres, entre les rochers, parmi les plantes marines dont ils paraissent se nourrir, et sur le sable, où quelquefois ils s'enfoncent. Très-communs dans les régions chaudes, ils sont assez rares dans les mers tempérées. (*Note du traducteur.*)}

O mon bateau! mon bateau! (Page 52).

CHAPITRE VIII.

Perte du petit canot.

Vous jugez de ma surprise, ou plutôt de mon alarme.

« Qu'est-ce que c'était ? demandez-vous ; est-ce que l'esquif avait disparu ? Non ; mais pour moi cela n'en valait guère mieux, il s'était éloigné.

La crique où je l'avais mis était vide ; en jetant les yeux sur la mer, je vis mon canot voguant à l'aventure et déjà loin du rocher. Ce n'était pas étonnant, j'avais oublié de l'amarrer ; dans ma précipitation, je n'avais pas pris le cordage qui devait me servir à le fixer au bord de l'écueil ; la brise, en fraîchissant, l'avait poussé hors de la crique, et bientôt en pleine mer.

Vous comprenez ma position : comment ravoir mon canot, et sans lui comment revenir à la côte ? Je ne pouvais pas franchir à la nage les trois milles qui me séparaient de la grève Personne ne viendrait à mon secours. Il était impossible que l'on pût me voir du rivage, ou que l'on connût ma position. Le petit canot, lui-même, ne serait pas aperçu; je savais maintenant combien le volume des objets est diminué par la distance: le récif que je croyais s'élever à peine à trente centimètres au-dessus de l'eau, y était à plus d'un mètre; et mon batelet devait être invisible à tous les flâneurs qui se promenaient sur la grève, à moins qu'on ne fût armé d'un télescope; mais quelle improbabilité !

Plus j'y réfléchissais, plus j'étais malheureux; plus je comprenais le péril où m'avait placé ma négligence. Que faire, quel parti prendre? je n'avais pas d'autre alternative que de rester où j'étais. Si je pouvais néanmoins regagner mon canot à la nage? Il n'était pas encore assez loin pour que je ne pusse pas l'atteindre; mais il s'éloignait toujours, et je n'avais pas une minute à perdre, si je voulais mettre ce projet à exécution.

Je me dépouillai de mes habits en toute hâte, et les jetai derrière moi, ainsi que mes souliers, mes bas et ma chemise, afin d'avoir toute la liberté de mes mouvements.

Une fois à la mer je me dirigeai vers mon bateau, sans me détourner de la ligne droite; hélas ! j'eus beau redoubler de vigueur, je ne voyais pas diminuer la distance qui me séparait de l'embarcation. Je finis par comprendre qu'il me serait impossible de la gagner de vitesse, et que mes efforts étaient complétement inutiles. J'eus un instant de désespoir; si je ne pouvais ressaisir mon canot, il me faudrait revenir à l'écueil ou tomber au fond de la mer, puisqu'il m'aurait été aussi difficile d'atteindre le rivage que de traverser l'Atlantique. J'étais assez bon nageur pour ne pas m'inquiéter d'avoir un mille à franchir; mais le triple était au-dessus de mes forces; et puis le vent ne poussait pas le canot droit à la côte, et dans la direction que j'avais prise pour le suivre, il y avait au moins dix milles entre la terre et moi.

Découragé dans mon entreprise, il ne me restait plus qu'à me retourner vers l'écueil, et j'allais m'y décider, lorsqu'il me sembla que le batelet virait de bord, décrivait une ligne oblique, et revenait un peu de mon côté, par suite d'une bouffée de vent qui soufflait d'un autre point.

Je continuai ma route, et quelques minutes après j'eus la satisfaction de poser les mains sur le bordage du bateau, ce qui me permit de reprendre haleine et de me reposer un instant.

Dès que j'eus recouvré un peu de force j'essayai d'entrer dans le canot; malheureusement j'étais trop lourd, en dépit de ma petite taille, et le frêle esquif chavira en me faisant faire un plongeon. Bientôt revenu à la surface de l'eau, je ressaisis mon batelet et je fis un effort pour me hisser sur la quille, où je voulais me mettre à cheval. Cette tentative ne fut pas plus heureuse ; en me cramponnant au canot pour faire mon escalade, je perdis l'équilibre, et tirai tellement à moi, que l'esquif chavira de nouveau et se retrouva la face en l'air. J'en fus d'abord satisfait ; pourtant ma joie ne devait pas être de longue durée ; la barque en se retournant avait puisé beaucoup d'eau : il est vrai que ce lest imprévu me donna le moyen d'entrer sain et sauf dans l'esquif, devenu assez lourd pour rester sur sa quille ; mais à peine y étais-je entré que je sentis le canot s'enfoncer peu à peu sous le poids que j'ajoutais à celui du liquide ; j'aurais dû me replonger dans la mer, afin d'empêcher le bateau de couler à fond ; mais j'avais presque perdu la tête ; je restai dans la barque, l'eau me montait jusqu'aux genoux, je pensai à vider le bateau ; mais la poêlon, qui me servait d'écope, avait disparu en même temps que les rames, qui flottaient à une assez grande distance.

Dans mon désespoir je mis à rejeter l'eau avec mes mains, c'était bien inutile : à peine avais-je puisé cinq ou six fois que le bateau coula tout à fait ; je n'eus que le temps de sauter à la mer, et de m'éloigner pour échapper au tourbillon que le canot produisit en sombrant.

Je jetai un regard sur l'endroit où il avait disparu, et je me dirigeai vers le récif qui était mon seul refuge.

CHAPITRE IX.

Sur l'écueil.

J'atteignis enfin les rochers, non sans peine, car j'avais le courant contre moi ; ce n'était pas seulement la brise, mais encore la marée montante qui avait entraîné mon bateau. Cependant j'arrivai au but ; l'effort qui me porta sur l'écueil était le dernier que j'aurais pu faire, et je demeurai complétement épuisé sur le roc, où j'avais rampé en sortant des flots.

Toutefois je ne restai pas dans l'inaction plus qu'il n'était nécessaire ; la marée ne badine pas ; et dès que j'eus repris haleine, je fus bientôt sur pied.

Chose étrange ! mes regards se tournèrent du côté où mon canot s'était perdu ; je ne saurais dire pourquoi ; peut-être avais-je une vague espérance de voir mon pauvre batelet surgir de l'eau, et se diriger vers l'écueil ; mais je n'aperçus que les rames, qui flottaient dans le lointain, et qui dans tous les cas n'auraient pu me rendre aucun service.

Je jetai les yeux vers la côte ; mais c'est à peine si je distinguais les maisons du village. Comme pour ajouter à l'horreur de ma situation, le temps s'était couvert, et le ciel m'était caché par des nuées grises que le vent chassait avec violence.

Je ne pouvais pas même crier pour demander du secours ; à quoi bon ? ma voix que le bruit des vagues aurait étouffée, ne se serait pas entendue, quand même il aurait fait beau ; je le comprenais si bien que je restai silencieux.

Et pas un navire, pas un bateau sur la baie ! C'était le dimanche, personne n'allait à la pêche ; les seules embarcations qui fussent dehors conduisaient leurs passagers à un phare célèbre, situé à quelques milles du village, et qui servait de but de promenade à ceux qui voulaient faire une partie de plaisir. Il était probable qu'Henry Blou s'y trouvait avec les autres.

Pas une voile aux quatre points de l'horizon ; la mer était déserte, et je me sentais aussi abandonné que si j'avais été au fond d'un cercueil.

Je me rappelle encore l'effroi que j'éprouvai de cette solitude ; et je me souviens de m'être affaissé sur moi-même, en pleurant avec désespoir.

Les goëlands et les mouettes, probablement irrités de ma présence qui avait troublé leur repas, arrivaient en foule et planaient au-dessus de ma tête, en m'assourdissant de leurs cris odieux

L'un ou l'autre s'abattait sur moi jusqu'à m'effleurer les mains, et ne s'éloignait que pour revenir l'instant d'après en criant d'une façon qui redoublait mon agonie. Je commençais à craindre que ces oiseaux sauvages n'en vinssent à m'attaquer; mais je suppose que j'éveillais plutôt leur curiosité que leur appétit vorace.

J'avais beau réfléchir; je ne voyais pas autre chose à faire que de m'asseoir ou de rester debout, si je l'aimais mieux, en attendant qu'on vînt à mon secours.

Mais quand y viendrait-on? Ce serait le plus grand des hasards si quelqu'un tournait les yeux dans la direction du récif. A l'œil nu personne ne pouvait m'y découvrir. Deux bateliers, Henry Blou et un autre, avaient bien un télescope, mais ce n'était que rarement qu'ils en faisaient usage; et en supposant qu'ils s'en servissent, il était fort douteux qu'ils prissent l'écueil pour point de mire. Aucun bateau ne venait jamais de ce côté, et les navires qui se dirigeaient vers le port ou qui en sortaient, passaient au large pour éviter le récif. J'avais bien peu de chances d'être aperçu du rivage; peut-être moins encore de voir passer un bateau assez près de moi pour que je pusse m'y faire entendre.

C'est avec une tristesse indicible que j'allai m'asseoir sur un quartier de roche, en attendant le sort qui m'était réservé.

Toutefois je ne pensais pas rester sur cet écueil assez longtemps pour y mourir de faim. J'espérais qu'Henry, ne voyant pas revenir le canot, finirait par se mettre à ma recherche. A vrai dire, il ne rentrerait que le soir, et ne s'apercevrait de l'absence de son bateau qu'à la nuit close. Mais il saurait bien qui l'avait pris; j'étais le seul du village qui eût le privilége de s'en servir; dans son inquiétude Henry Blou irait jusqu'à la ferme, et ne me trouvant pas chez mon oncle, il était probable qu'il devinerait mon aventure, et saurait me retrouver.

Cette pensée me rendit toute ma confiance, et dès qu'elle se fut emparée de mon esprit, je fus beaucoup moins troublé du péril de ma situation que du dommage dont mon imprudence avait été la cause. Je pâlissais rien que d'y songer : comment regarder en face mon ami Blou? Comment réparer la perte que j'avais faite! La chose était sérieuse; je ne possédais pas un farthing, et mon oncle payerait-il le canot? J'avais bien peur que non. Il fallait pourtant qu'on dédommageât le batelier de cette perte considérable; comment faire? Si mon oncle, pensais-je, voulait seulement me permettre de travailler pour Henry, je m'acquitterais de cette façon; mon ami Blou me retiendrait tant par semaine jusqu'à ce que le bateau fût payé, en supposant qu'il eût quelque chose à me faire faire.

Je me mis à calculer approximativement ce que

devait coûter un canot pareil à celui que j'avais perdu, et combien il me faudrait de temps pour me libérer de ma dette. Quant au reste, je ne pensais pas que ma vie fût en péril. Je m'attendais, il est vrai, à souffrir de la faim et du froid, à être plus ou moins mouillé, car je savais qu'à une certaine heure, la mer couvrait l'écueil ; et il était certain que je passerais la nuit dans l'eau.

Mais quelle serait sa profondeur?

En aurais-je jusqu'aux genoux?

Je cherchai un indice qui pût me faire découvrir quelle était la hauteur des marées ordinaires. Je savais que le rocher disparaissait entièrement ; on voyait du rivage les flots rouler sur lui ; mais j'étais persuadé avec beaucoup d'autres, que la mer le recouvrait seulement d'un ou deux décimètres.

Je ne vis rien tout d'abord qui pût me renseigner sur ce que je voulais savoir ; à la fin cependant mes yeux rencontrèrent le poteau qui supportait le signal ; et je me dirigeai vers lui, bien certain d'y trouver ce que je cherchais ; on y voyait une ligne circulaire, peinte en blanc, qui était sans doute une ligne d'eau ; jugez de ma terreur quand je découvris que cette ligne était à deux mètres au-dessus du roc

Rendu à demi fou par cette découverte, je m'approchai du poteau, et levai les yeux ; hélas! je ne m'étais pas trompé : la ligne blanche était bien loin au-dessus de ma tête ; c'était tout ce que je pouvais faire, en me mettant sur la pointe des pieds, que d'y atteindre du bout des doigts.

Un frisson d'horreur parcourut tous mes membres ; le péril était trop clairement démontré : avant qu'on pût venir à mon secours, la marée couvrirait tout l'écueil ; je serais balayé du récif, et englouti par les flots.

CHAPITRE X.

Escalade

Ma vie n'était pas seulement en danger, la mort était presque certaine ; l'espérance que j'avais eue d'être sauvé était détruite ; la marée serait de retour avant le soir, dans quelques heures elle submergerait l'îlot, tout serait fini pour moi. On ne s'apercevrait de mon absence qu'après la fin du jour, et il serait trop tard : la marée n'attend pas.

Un profond désespoir s'était emparé de mon âme, qu'il paralysait complétement. Je ne pouvais plus penser, je ne distinguais plus rien de ce qui m'environnait. Mes yeux étaient attachés sur la mer, et je regardais machinalement les vagues. De temps à autre la conscience se réveillait à demi, je tournais la tête, je cherchais à découvrir quelque voile se dirigeant de mon côté; mais rien n'interrompait la monotonie des flots, si ce n'est parfois un goëland qui revenait planer autour du récif, comme s'il avait été surpris de me voir à pareille place, et qu'il se fût demandé si je n'allais pas bientôt partir.

Tout à coup mes yeux rencontrèrent le poteau dont l'examen avait causé ma stupeur, et cette fois en le voyant j'eus un rayon d'espoir. Je pouvais encore me sauver en grimpant à son sommet, et en m'installant sur la futaille jusqu'à la marée descendante. La mer n'arrivait pas à la moitié de ce poteau, et je n'aurais plus rien à craindre dès que je serais perché sur la barrique.

Toute la question était d'y arriver; la chose me paraissait facile. Je grimpais bien à un arbre, pourquoi n'aurais-je pas escaladé le support de mon tonneau? Je passerais sur ma futaille une assez mauvaise nuit; mais je serais à l'abri de tout péril, et le lendemain matin, je me trouverais encore de ce monde, où je rirais de ma frayeur.

Ranimé par cette espérance, je m'approchai du poteau avec l'intention d'y grimper; ce n'est pas que je voulusse m'établir à mon poste; il serait bien temps de le faire quand l'îlot serait inondé; mais je voulais être sûr de pouvoir accomplir mon escalade, au moment où il n'y aurait plus moyen de la différer.

C'était beaucoup moins facile que je ne l'avais cru d'abord, surtout pour commencer; la partie inférieure du poteau était enduite, jusqu'à deux mètres au moins, de cette espèce de glu marine dont les rochers étaient couverts, et cet enduit le rendait aussi glissant que les mâts de cocagne que j'avais vus à la fête de notre village.

Il me fallut échouer plusieurs fois avant de réussir à dépasser la ligne blanche; le reste fut plus aisé, et je ne tardai pas à être au bout du poteau. Arrivé là, je me félicitai d'être parvenu à mon but, et j'étendis la main pour saisir le bord de la futaille. Quelle amère déception !

J'avais le bras trop court pour atteindre l'extrémité du tonneau; le bout de mes doigts n'arrivait qu'au ventre de la barrique, où je n'avais aucune prise, et il m'était impossible de gravir jusqu'au faîte.

Je ne pouvais pas davantage garder ma position; mes forces ne tardèrent pas à s'épuiser, et l'instant d'après j'avais glissé malgré moi jusqu'en bas du poteau.

Mes nouvelles tentatives ne furent pas plus heureuses; j'avais beau étendre les bras, étirer les jambes, faire mille et un efforts pour me hisser plus haut, je n'arrivais toujours qu'au milieu de la futaille ; et comme le poteau n'offrait pas la moindre saillie, je me retrouvais sur le rocher plus vite que je ne voulais.

Malgré cela, je ne cédai point au désespoir ; l'approche du péril tenait au contraire mon esprit en éveil ; et conservant tout mon sang-froid, je me mis à chercher ce qu'il y avait de mieux à faire.

Si j'avais eu seulement un couteau, j'aurais pu entailler la pièce de bois, et poser les pieds sur les crans que j'y aurais faits ; mais je n'avais pas même un canif, et à moins de ronger le poteau avec mes dents, il fallait renoncer à l'entamer. Vous voyez que ma position était critique.

J'en étais là, quand une idée lumineuse me traversa l'esprit. Pourquoi ne ferais-je pas un tas de pierres à côté du poteau ? Je pourrais l'élever jusqu'à la ligne blanche, monter dessus et m'y trouver sain et sauf. Quelques fragments de roche avaient été placés autour du signal pour en consolider la base ; il ne me restait plus qu'à poser des galets sur cette première assise pour me bâtir un cairn [1], dont la plate-forme me servirait de refuge.

Ravi de ce nouvel expédient, je ne perdis pas une seconde, et je me mis en devoir d'exécuter mon projet. Les pierres détachées étaient nombreuses

---

1. Cairn, tas de pierres que les peuples du Nord élèvent sur la tombe de leurs chefs.

autour de moi, et je pensais qu'en moins d'un quart d'heure j'aurais terminé mon édifice. Mais à peine à la besogne, je m'aperçus de la difficulté de mon entreprise, et je vis qu'elle me demanderait plus de temps que je ne l'avais supposé. Les pierres étaient glissantes, elles m'échappaient des mains ; les unes étaient trop lourdes, les autres, que je croyais libres, étaient à demi enterrées dans le sable d'où je ne pouvais les arracher.

Je n'en travaillai pas moins avec ardeur, appelant à mon aide toute l'énergie dont j'étais susceptible. Avec le temps j'étais bien sûr de réussir ; mais aurais-je celui de terminer mon entreprise ? c'était là toute la question.

La marée montait lentement, mais avec certitude. Le flot s'avançait d'une manière incessante : je le voyais venir, léchant l'écueil, l'inondant de plus en plus, et il ne devait s'arrêter qu'après avoir passé au-dessus de ma tête.

En vain j'essayai d'aller plus vite ; je pouvais à peine me soutenir, j'étais tombé vingt fois ; mes genoux, écorchés par les pierres, étaient sanglants, mais je ne songeais pas à mes blessures ; il s'agissait de perdre ou de conserver la vie, et dans cette lutte avec la mort, j'oubliais la douleur.

Ma pile s'élevait à la hauteur de mon front avant que la marée eût couvert la surface de l'écueil ; mais ce n'était pas assez ; il fallait, pour qu'elle atteignît la ligne d'étiage, qu'elle eût encore plus de cinquante centimètres, et je poursuivis mon travail avec une ferveur que rien ne décourageait.

Malheureusement plus la besogne avançait, plus elle était difficile, j'avais employé toutes les pierres qui se trouvaient près du poteau; il fallait aller beaucoup plus loin pour s'en procurer d'autres; cela me prenait du temps, occasionnait de nouvelles chutes, qui me retardaient encore; puis j'avais bien plus de peine à me décharger de mes pierres, à présent que ma pyramide était aussi haute que moi; la pose de chacune d'elles exigeait plusieurs minutes, et quand j'avais réussi à mettre mon galet à sa place, il arrivait souvent qu'il perdait l'équilibre, et roulait jusqu'en bas, en menaçant de m'écraser.

Après deux heures de travail, j'arrivai au terme de mon ouvrage; non pas que je l'eusse fini; mais la marée venait l'interrompre; la marée, qui après avoir atteint le niveau du récif, en avait immédiatement couvert toute la surface.

Il était cependant impossible de renoncer à ma dernière chance de salut; j'avais de l'eau jusqu'aux genoux, il me fallait plonger pour détacher les pierres que je portais à ma pile. L'écume salée me fouettait le visage, de grandes lames s'élevaient au-dessus de ma tête, et m'enveloppaient tout entier; mais je travaillais toujours.

La mer devint si profonde et si violente que je

perdis pied sur le roc, et c'est moitié à gué, moitié à la nage, que je transportai mon dernier galet; dès qu'il fut à sa place, je me hissai bien vite sur la pile que je venais d'ériger, et me serrant contre le poteau que j'embrassai avec force, je regardai, en tremblant, la marée qui continuait à grandir.

CHAPITRE XI.

Marée montante.

Ce serait un mensonge de laisser croire que je contemplais ce spectacle avec confiance; bien au contraire, j'étais rempli de frayeur. Si j'avais eu le temps d'achever mon cairn, et surtout le moyen de lui donner plus de solidité, mes appréhensions auraient été moins vives. Je n'avais pas d'inquiétude à l'égard du poteau; depuis que j'étais au monde, je lui avais vu braver la tempête; mais mon tas de pierres serait-il assez fort pour résister aux vagues? Quant à sa hauteur, il ne s'en fallait que de trente centimètres qu'il atteignît la ligne blanche. C'était peu de chose, et il m'était indifférent d'avoir les jambes dans l'eau. Toutefois, cette ligne était-elle bien exacte? Elle indiquait la hauteur des marées ordinaires, mais seulement quand la mer était calme; et la brise était alors assez forte pour soulever les vagues à plus de cinquante centimètres. S'il en était ainsi, les deux tiers de mon corps seraient submergés, sans compter la crête des lames qui lanceraient leur écume au-dessus de ma tête. Supposez maintenant que la brise continuât à fraîchir, supposez une tempête, même un simple coup de vent, à quoi me servirait mon tas de pierres? J'avais vu plus d'une fois, quand la mer était furieuse, ses lames fouetter l'écueil, et s'élancer au-dessus du signal à une hauteur de plusieurs mètres.

J'étais perdu sans retour si le vent devenait plus fort.

Il est vrai que toutes les chances étaient en ma faveur. Nous étions au mois de mai; le ciel avait été admirable pendant la matinée; mais il y a des tempêtes, même dans les plus beaux jours, et le temps, qui paraît doux et calme sur la grève, est souvent orageux en pleine mer. Du reste, il n'était pas nécessaire qu'il y eût un ouragan; une brise un peu fraîche suffirait à m'emporter du monceau de pierres qui me servaient de point d'appui.

Et quand même le temps fût resté beau, la solidité de mon cairn m'inspirait peu de confiance.

J'en avais jeté les pierres au hasard; elles s'étaient amoncelées comme elles me tombaient des mains, et je les avais senties s'ébranler au moment où j'y avait mis les pieds. Que deviendrais-je si elles étaient entraînées par le courant, ou dispersées par les vagues?

Cette cruelle appréhension venait augmenter mes angoisses et me causait de cruelles tortures. Je jetais vers la baie des regards avides, pensant que peut-être un bateau venait à mon secours ; mais, là comme ailleurs, je ne rencontrais qu'une amère déception.

J'avais conservé ma première attitude, et me pressais contre le poteau, que je serrais dans mes bras comme j'aurais fait d'un ami. A vrai dire, c'était le seul qui me restât; sans lui je n'aurais pas pu élever mon tas de pierres; et en supposant que j'eusse réussi dans cette entreprise, il m'aurait été impossible de me maintenir sur mon étroite plate-forme, si je n'avais pas eu le poteau pour soutien.

A peine osais-je faire un mouvement; j'avais peur qu'en bougeant l'un de mes pieds, la secousse ne fût assez forte pour faire écrouler mes pierres, que je n'aurais pas pu rétablir. L'eau qui entourait la base était maintenant plus haute que moi, et j'y aurais été forcément à la nage.

Bien que tout mon corps fut immobile, je tournais souvent la tête pour interroger l'espace, tantôt à droite, tantôt à gauche, fouillant du regard tous les points de l'horizon, et recommençant toujours, sans rien voir qui répondît à mon attente. Puis, mes yeux rencontraient les flots, que j'avais oubliés, en cherchant dans le lointain, et se fixaient sur les vagues énormes qui, revenues de leur course vagabonde, se brisaient contre l'écueil en roulant vers la plage. Elles paraissaient furieuses, et grondaient en passant comme pour se plaindre de ma témérité. Qui étais-je, moi, faible enfant, pour m'établir ainsi dans leur propre domaine.

Leur voix rugit plus fort; il me sembla qu'elles me parlaient, je fus saisi de vertige, et dans ma défaillance, je crus que j'allais disparaître au fond de l'abîme.

Les vagues s'élevaient toujours; elles atteignirent les derniers galets, couvrirent mes pieds, montèrent plus haut, toujours plus haut, me frappèrent les genoux.... O mon Dieu! quand cesseront-elles de monter?

Pas encore. Elles m'arrivèrent à la ceinture, elles me baignèrent les épaules, leur écume me fouetta le visage, m'entra dans la bouche, dans les yeux, dans les oreilles; je fus à demi étouffé, à demi noyé. O père miséricordieux!

La marée avait maintenant toute sa hauteur, et menaçait à chaque minute de m'engloutir; mais, avec la ténacité que l'instinct de la vie donne au moment suprême, je me cramponnai plus que jamais au poteau, et peut-être aurais-je pu m'y maintenir jusqu'au matin, sans un accident qui vint aggraver le péril.

Le jour avait disparu, et, comme si la nuit eût donné le signal de ma destruction, le vent redoubla, les nuages se heurtèrent avec fureur, la pluie tomba par torrents, les vagues se soulevèrent avec une nouvelle puissance et faillirent m'entraîner.

Mon effroi était à son comble; je ne pouvais plus tenir contre les lames.

A demi entraîné par les flots, j'avais perdu pied tout à fait. Je voulus reprendre ma place sur le tas de pierres, ce qui était indispensable. Afin d'y parvenir, je me soulevai à l'aide de mes bras, et je cherchais du bout de mon soulier à me replacer sur le cairn, lorsqu'une vague détacha mes jambes du poteau. Quand elle eut passé, après m'avoir soutenu horizontalement, je cherchai de nouveau ma pile; j'en touchai les galets; mais au moment ou j'y posais les pieds, je la sentis crouler sous moi comme si elle avait fondu tout à coup; et, ne pouvant plus me soutenir, je suivis dans les flots, mon support, dont les débris s'y étaient éparpillés.

CHAPITRE XII.

Le poteau.

Il était bien heureux pour moi que j'eusse appris à nager, surtout que j'eusse profité des leçons de mon ami Blou ; c'était le seul talent qui put m'être utile en pareille circonstance ; car, sans lui, je périssais aussitôt. Je me trouvai soudain au milieu des quartiers de roche qui couvraient tout l'écueil, et si je n'avais pas été bon plongeur, il est probable que cette chute au fond de l'eau aurait causé ma mort.

Mais au lieu d'y rester, je reparus à la surface comme eût fait un canard ; puis, m'élevant avec la vague, je regardai autour de moi pour découvrir mon poteau. Il était moins facile de l'apercevoir que vous ne l'imaginez ; l'eau m'aveuglait, en me fouettant la figure ; et, comme un chien de Terre-Neuve qui cherche quelque chose dans une rivière, je fus obligé de faire deux ou trois tours avant de rien distinguer dans l'ombre, car vous savez qu'il faisait nuit.

A la fin cependant mes yeux rencontrèrent ce mât de secours. Sans le savoir, je m'en étais éloigné de plus de vingt mètres ; et si j'avais laissé faire le vent et la marée, ils m'auraient emporté en dix minutes assez loin du récif pour qu'il me fût ensuite impossible d'y revenir.

Dès que je l'eus aperçu, j'allai droit au poteau ; non pas que je vis clairement à quoi il pourrait me servir ; l'instinct seul me dirigeait vers lui. Comme tous les malheureux qui, au moment de se noyer, se rattachent à un brin de paille, je me portais, dans mon trouble, vers la seule chose qui fût à ma portée, espérant sans doute que j'y trouverais mon salut. Je n'avais plus ma raison, et cependant, quand j'approchai du poteau, l'idée subite qu'il me serait inutile vint frapper mon esprit et raviver mes angoisses.

Je pouvais bien franchir les cinq ou six mètres qui me séparaient de la futaille, mais non pas gagner le faîte de cette dernière. Je l'avais essayé plusieurs fois, à un moment où la fatigue n'avait pas réduit mes forces ; et, malgré le désespoir qui soutenait ma vigueur, j'étais sûr de ne point y réussir.

Pourtant si j'avais pu m'installer sur le bout du tonneau, j'étais sauvé, je n'avais plus rien à craindre ; la surface en était assez large pour me permettre d'y rester, même pendant la tempête. Ce n'est pas tout encore ; on m'aurait aperçu du rivage, et la fin de l'aventure n'avait plus rien de tragique.

Mais à quoi bon ces pensées ? Je n'avais pas même l'intention de tenter cette escalade; une seule idée me préoccupait : c'était de savoir par quel moyen je pourrais m'attacher à la pièce de bois de manière à ne pas en descendre, comme je l'avais fait jusqu'ici, au bout de quelques instants.

J'atteignis enfin mon but, et non sans peine ; car je nageais contre le vent, la marée et la pluie. C'est avec transport que je lançai mes bras autour de mon poteau, de ce vieil ami auquel je devais l'existence; et il me sembla que j'étais sauvé. Pendant quelques minutes, mon corps flotta sur l'eau, grâce à l'appui que j'avais retrouvé ; et si les flots avaient été paisibles, il est probable que je me serais maintenu dans cette position jusqu'à la marée descendante. Malheureusement, la mer était loin d'être calme. Elle s'apaisa, il est vrai, pendant quelques minutes; je repris haleine ; mais ce moment de répit fut bien court; le vent ne tarda pas à recouvrer toute sa violence, et les vagues, plus furieuses qu'elles n'avaient encore été, m'enlevaient jusqu'au bord inférieur de la barrique, me laissaient retomber tout à coup en se dérobant sous moi, et, me reprenant en travers, me forçaient à nager autour de mon support, comme un acrobate qui fait la roue, en se tenant perpendiculairement à une perche qui lui sert de pivot.

Je soutins ce premier choc avec succès; mais je ne me fis pas illusion; l'assaut recommencerait avant peu, et je savais trop bien quel serait le résultat d'une pareille lutte.

Comment résister à cette force toute-puissante? comment ne pas être arraché du poteau qui était mon seul appui? Si j'avais eu seulement une corde! mais le plus petit bout de ficelle était aussi loin de ma portée que le bateau de Henry, ou le fauteuil de mon oncle. Au même instant, comme si un bon génie m'eût soufflé cette idée à l'oreille, je songeai, non pas à une corde, mais à ce qui pouvait la remplacer. Oui, la chose était claire et l'inspiration excellente.

« Qu'est-ce que c'est? » demandez-vous avec impatience. Attendez, je vais vous le dire.

Je portais, ainsi que tous les enfants d'une humble condition, une espèce de vareuse en grosse étoffe à côtes excessivement solide. C'était autrefois mon habit de tous les jours; mais depuis la mort de ma mère, je le mettais le dimanche tout aussi bien que dans la semaine. Pourtant ne déprécions pas ma veste. Depuis lors, j'ai toujours été bien mis, j'ai porté le drap le plus fin d'Angleterre, et toute la garde-robe que j'ai jamais possédée est loin d'être aussi haut dans mon estime que ma vareuse de grosse étoffe à côtes. C'est elle, je puis le dire, qui m'a sauvé la vie.

Elle avait heureusement une belle rangée de boutons, solidement attachés; non pas de ces petits brimborions de corne, de plomb ou d'os comme vous en avez aujourd'hui, mais de gros boutons en fer, aussi grands, aussi épais qu'un shilling, et dont la résistance était à toute épreuve.

Il n'était pas moins heureux que j'eusse repris mes habits. Vous vous rappelez qu'avant de me mettre à la nage pour rejoindre le canot, j'avais jeté bas veste et culotte; mais à mon retour, le vent devenu plus frais, m'avait obligé de me revêtir, et je m'en félicitais; sans cela, ma veste aurait été perdue, et alors....

« Mais que vouliez-vous en faire ? dira-t-on. Pensiez-vous à la déchirer, à vous servir de ses lambeaux en guise de corde ? » Pas du tout: il m'aurait été bien difficile d'exécuter ce projet. En supposant que j'aie pu déchirer ma vareuse, comment en aurais-je assemblé les morceaux! Je n'avais qu'une main de libre, et la mer était si mauvaise qu'elle ne m'aurait pas permis d'accomplir cette longue opération. D'ailleurs, il m'aurait été impossible de me dépouiller de ma veste, dont l'étoffe adhérait à ma peau comme si on l'y eût collée. Je ne pensai pas un instant à la défaire; je me contentai de l'ouvrir, de me serrer contre le poteau, d'y enfermer celui-ci, et de la reboutonner complétement.

Par bonheur, on avait prévu que je grossirais, et

ma vareuse était assez ample pour contenir deux personnes comme la mienne. Je me souviens d'en avoir été peu satisfait la première fois que je l'endossai, ne me doutant pas du service qu'elle me rendrait plus tard.

Quand elle fut boutonnée, j'eus un moment de répit; c'était le premier depuis bien longtemps. Je n'avais plus à craindre d'être arraché du poteau; je faisais partie de lui-même aussi bien que la futaille dont il était couronné, mieux encore; et je ne pouvais être emporté par les vagues que si, auparavant, elles le descellaient d'entre les rocs.

Il est certain que s'il m'avait suffi de tenir ferme au poteau pour être hors de péril, j'avais lieu de me réjouir; mais, hélas! je ne tardai pas à comprendre que tout danger n'était pas fini pour moi. Une lame énorme vint se briser sur le récif et me passa par-dessus la tête; je voulus me hisser plus haut, pour éviter les autres, impossible; j'étais trop bien fixé pour changer de place, et le résultat de ces immersions successives était facile à prévoir: je serais bientôt suffoqué, je lâcherais prise et je glisserais jusqu'en bas du poteau, où ma mort était certaine.

CHAPITRE XIII.

Suspension.

Malgré cela, j'avais conservé toute ma présence d'esprit, et je cherchai un nouveau moyen de me maintenir au-dessus des vagues. Il m'était facile de déboutonner ma vareuse, de grimper au haut du mât, et de refermer mon habit comme je l'avais fait d'abord. Mais la grosseur du poteau n'était pas uniforme, elle était moindre vers son extrémité qu'à la base, et je serais bientôt redescendu au point où je me trouvais alors. Si j'avais eu un couteau pour y faire une entaille, ou seulement un clou pour y accrocher ma vareuse! Hélas! je n'avais ni l'un ni l'autre. Et cependant je me trompais, j'en eus bientôt la preuve : à l'endroit où la barrique posait sur le poteau, celui-ci formait brusquement une espèce de fiche qui traversait la futaille; il en résultait une sorte de mortaise, laissant un vide assez léger, il est vrai, entre elle et son couronnement vide qui pouvait me permettre d'y suspendre ma veste, et me donner ainsi le moyen de ne pas glisser le long du poteau.

Que cela dût réussir ou non, il fallait essayer; ce n'était pas l'heure de se montrer difficile en matière d'expédients, et je n'hésitai pas une seconde à tenter l'ascension.

Je parvins facilement à mon but, j'y trouvai l'échancrure dont j'avais gardé le souvenir; mais impossible d'y engager ma vareuse; et redescendu à l'endroit que je venais de quitter, j'eus de nouveau à subir la douche amère qui devait finir par me noyer.

Mon insuccès était facile à comprendre : je n'avais pas tiré assez haut le collet de ma veste, et ma tête avait empêché qu'il n'atteignît l'endroit où je voulais l'assujettir.

Me voilà regrimpant avec une nouvelle idée; j'espérais, cette fois, pouvoir fixer quelque chose à l'entaille du poteau, et parvenir à m'y suspendre.

Qu'est-ce que cela pouvait être? Le hasard voulait que j'eusse pour bretelles deux bonnes courroies de buffle, et non pas de la drogue que vendent pour cet usage les marchands d'aujourd'hui. Sans perdre de temps, soutenu par ma vareuse, je détachai lesdites bretelles, et prenant bien garde de les laisser tomber, je les nouai toutes deux ensemble, ayant grand soin d'y employer le moins possible de ma courroie, dont chaque centimètre était d'une valeur inappréciable.

Lorsque j'eus réuni mes deux lanières, je fis à l'une des extrémités de ma bande de cuir une boucle dont le poteau remplissait l'intérieur ; cette opération terminée, je poussai mon nœud coulant jusqu'à la mortaise, et je tirai sur la courroie. Il ne me restait plus qu'à introduire l'autre bout dans l'une des boutonnières de ma veste, et à l'y attacher solidement. J'y parvins après quelques minutes. Ce n'avait pas été sans peine ; mais peu importe, puisque j'avais réussi ; pesant alors sur ma lanière pour en essayer la force, elle m'inspira tant de confiance, que je lâchai le poteau complétement, et me trouvai suspendu sans que rien eût craqué, ni bretelles ni vareuse.

Je ne sais plus si dans l'état où je me trouvais alors, je fus frappé de ce que ma position avait de bizarre. Il est probable que je ne songeai pas à en rire ; mais je me rappelle très-bien le sentiment de sécurité qui remplaça ma frayeur dès que le succès eut couronné ce dernier effort. Le vent pouvait souffler avec violence, la mer déferler avec rage, peu m'importait leur fureur, elle ne m'enlèverait pas de la place que j'avais enfin conquise.

Je trouvais certainement la position fort mauvaise ; mes jambes étaient si fatiguées que de temps en temps elles se détachaient du poteau, et je reprenais mon attitude de pendu, ce qui n'était pas moins dangereux que désagréable. Aussi, dès que je fus délivré de toute inquiétude cherchai-je le moyen de m'installer un peu plus commodément. Je n'en trouvai pas d'autre que de déchirer mon pantalon jusqu'aux genoux, de prendre les lanières qui résultaient de cette déchirure, et de les nouer fortement, après les avoir passées plusieurs fois autour du poteau ; j'eus alors une espèce de siége, et c'est de la sorte qu'à moitié assis, à moitié suspendu, je passai le reste de la nuit.

Enfin la marée se retira ; vous supposez sans doute qu'en voyant les galets à découvert, je m'empressai de descendre de mon perchoir ; vous vous trompez, je n'en fis rien ; les rochers ne m'inspiraient pas de confiance, et je craignais en abandonnant mon poste d'être obligé d'y revenir. D'ailleurs c'était le moyen d'être aperçu de la côte ; il était probable qu'en me voyant, à la place que j'occupais, on devinerait ma détresse, et qu'on m'enverrait du secours.

Il vint me trouver lui-même sans qu'on l'y envoyât. A peine l'aurore avait-elle rougi l'horizon que je vis poindre un bateau qui, du rivage, se dirigeait vers l'écueil, en nageant à toute vitesse. Quand il fut à portée de mes yeux, je reconnus le rameur qui le conduisait vers moi ; c'était mon ami Blou, ainsi que je l'avais deviné.

Je ne vous peindrai pas les transports de Henry quand, approchant de l'écueil, il me vit sain et sauf,

C'est de la sorte que je passai la nuit. (Page 84)

Il riait et pleurait à la fois; il levait ses rames, les agitait dans l'air, en poussant des cris joyeux, et en m'adressant de bonnes paroles. Je ne vous dirai pas avec quelle sollicitude il me détacha du poteau, avec quelle attention il me porta dans sa barque. Puis, quand je lui eus tout raconté, quand il sut la perte de son canot, au lieu d'être fâché contre moi, ainsi que je m'y attendais, il répondit en riant que c'était un petit malheur, qu'il était bien content qu'il n'en fût pas arrivé d'autre: et jamais un mot de reproche ne lui est venu aux lèvres à propos de son batelet.

CHAPITRE XIV.

En partance pour le Pérou.

Même cette aventure où j'avais dû mille fois mourir ne me servit pas de leçon; je crois au contraire qu'elle augmenta mon amour pour la vie maritime, en me faisant connaître l'espèce d'enivrement qui accompagne le danger. Bientôt un désir excessif de traverser la mer, de voir des pays lointains s'empara de mon esprit; je ne pouvais plus jeter les yeux sur la baie sans aspirer vers des régions inconnues qui passaient dans mes rêves.

Avec quel sentiment d'envie je suivais du regard les navires dont les voiles blanches disparaissaient à l'horizon; avec quel empressement j'aurais accepté la plus rude besogne pour qu'on tolérât ma présence à bord !

Peut-être n'aurais-je pas soupiré aussi ardemment après l'heure du départ si j'avais été plus heureux, c'est-à-dire si j'avais eu mon père et ma mère. Mais mon vieil oncle, taciturne et bourru, me portait peu d'intérêt, et nulle affection réelle ne m'attachait au logis. De plus, il me fallait travailler dans les champs, faire l'ouvrage de la ferme, et la vie agricole me déplaisait par-dessus tout.

L'ennui que m'inspirait ce genre d'occupations ne fit qu'attiser mes désirs. Je ne pensais qu'aux endroits merveilleux qui sont décrits dans les livres, et dont les marins, qui revenaient au village, m'avaient fait des récits encore plus miraculeux. Ils me parlaient de tigres, de lions, d'éléphants, de crocodiles, de singes aussi grands que des hommes, de serpents aussi longs que des câbles; et les aventures qu'ils avaient eues avec ces êtres surprenants, me faisaient souhaiter plus que jamais d'aller voir de mes propres yeux ces animaux étranges, de les poursuivre, de les capturer ainsi que l'avaient fait les matelots que j'écoutais avec enthousiasme. Bref, il me devint presque impossible de supporter la vie monotone que nous menions à la ferme, et que je croyais particulière à notre pays, car suivant les marins qui nous visitaient quelquefois toutes les autres parties du globe étaient remplie d'animaux curieux, de scènes étranges, d'aventures plus extraordinaires les unes que les autres.

Un jeune homme, qui n'était allé qu'à l'île de Man, je me le rappelle comme si c'était hier, racontait des épisodes si remarquables de son séjour parmi les nègres et les boas constricteurs, que je ne rêvais plus que d'assister aux chasses mirobolantes qui s'étaient passées sous ses yeux. Il faut vous dire que, pour certains motifs, on m'avait poussé assez loin en écriture et en calcul, mais que je ne savais pas un mot de géographie, étude qui était fort négligée dans notre école; voilà pourquoi j'ignorais où était située l'île de Man, cette contrée mystérieuse que j'étais bien résolu de visiter à la première occasion.

Malgré ce que cette entreprise avait pour moi d'aventureux, je caressais l'espérance de l'exécuter un jour. Il arrivait parfois des cas exceptionnels où un schooner sortait du port de notre village pour se rendre à cette île renommée; et il était possible que j'eusse la chance de me faire admettre à bord. Dans tous les cas j'étais décidé à tenter l'aventure;

je me mettrais en bons termes avec les matelots du schooner, je les intéresserais en ma faveur, enfin j'obtiendrais qu'ils me prissent avec eux.

Tandis que je guettais avec impatience cette occasion désirée, un incident imprévu changea tous mes projets, et fit sortir de ma tête le schooner, l'île de Man, ses nègres et ses boas.

A peu près à cinq milles de notre village, il y avait, en descendant la côte, une ville importante, un vrai port de mer où abordaient de grands vaisseaux, des trois-mâts qui allaient dans toutes les parties du monde, et qui chargeaient d'énormes cargaisons.

Il arriva qu'un jour, par hasard, mon oncle me fit accompagner l'un des domestiques de la ferme qui allait mener du foin à la ville ; j'étais envoyé pour tenir le cheval pendant que mon compagnon s'occuperait de la vente du foin. Or, il se trouva que la charrette fut conduite sur l'un des quais où les navires faisaient leur chargement : quelle belle occasion pour moi de contempler ces grands vaisseaux, d'admirer leur fine mâture, et l'élégance de leurs agrès !

Un surtout, qui était en face de moi, attira mon attention d'une manière toute spéciale ; il était plus grand que ceux qui l'environnaient, et ses mâts élancés dominaient tous ceux du port. Mais ce n'était ni la grandeur, ni les heureuses proportions de

La charrette fut conduite sur l'un des quais. (Page 90).

ce navire qui fixaient mes regards sur lui. Ce qui le rendait si intéressant à mes yeux, c'est qu'il allait partir, ainsi que vous l'apprenait l'inscription suivante, placée dans l'endroit le plus visible du gréement :

L'INCA
met à la voile demain
pour le Pérou.

Mon cœur battait bruyamment dans ma poitrine, comme si j'avais été en face d'un horrible danger ; pourtant je ne craignais rien ; c'était l'irruption des pensées tumultueuses qui se pressaient dans mon cerveau, tandis que mes yeux restaient fixés sur cette dernière partie de l'annonce :

Demain, pour le Pérou.

Toutes mes idées, rapides comme l'éclair, surgissaient de cette réflexion que j'avais faite tout d'abord : si j'allais au Pérou ?

Et pourquoi pas ?

Il y avait à cela bien des obstacles ; le domestique de mon oncle était responsable de ma personne, il devait me ramener à la ferme ; et c'eût été folie que de lui demander la permission de m'embarquer.

Il fallait ensuite que le patron du navire y consentît. Je n'étais pas assez simple pour ignorer qu'un voyage au Pérou devait être une chose coûteuse, et que même un enfant de mon âge ne serait pas emmené gratis.

Comme je n'avais pas d'argent, la difficulté de payer mon passage était insurmontable, et je cherchai par quel moyen je pourrais m'en dispenser.

Mes réflexions, ai-je dit tout à l'heure, se succédaient avec rapidité ; bientôt les obstacles de tout genre, soit de la part du domestique, soit du côté de la somme que je ne possédais pas, furent effacés de mon esprit, et j'eus la confiance, presque la certitude de partir avec ce beau vaisseau.

Quant à savoir dans quelle partie du monde était situé le Pérou, je l'ignorais aussi complétement que si j'avais été dans la lune; peut-être davantage ; car les habitants de ce satellite peuvent y jeter un coup d'œil, par les nuits transparentes, quand leur globe est tourné vers cette partie de la terre ; mais je le répète je n'avais qu'un peu de lecture, d'écriture et de calcul, et pas un atome de science géographique.

Toutefois les marins susmentionnés m'avaient dit maintes choses du Pérou ; je savais, grâce à eux, que c'était un pays très-chaud, très-loin de notre village, où l'on trouvait des mines d'or, d'une richesse merveilleuse, des serpents, des nègres et des palmiers ; précisément tout ce que je désirais voir. J'allais donc partir le lendemain pour ce pays enchanté, et partir à bord de *l'Inca*.

La chose était résolue ; mais comment faire pour la mettre à exécution, pour obtenir un passage gratuit, et pour échapper à la tutelle de mon ami John, le conducteur de la charrette ? La première de ces difficultés, qui vous paraît peut-être la plus grande, était celle qui m'embarrassait le moins. J'avais souvent entendu parler d'enfants qui avaient quitté la maison paternelle, et s'étaient embarqués avec la permission du patron, qui les avait pris en qualité de mousses, et plus tard comme matelots. Cela me paraissait tout simple ; j'étais persuadé qu'en allant à bord pour y offrir ses services on devait être bien accueilli, dès l'instant qu'on avait la taille voulue, et qu'on montrait de la bonne volonté.

Mais étais-je assez grand pour qu'on m'acceptât sur un brick ? J'étais bien fait, bien musclé, bien pris dans ma petite taille ; mais enfin j'étais petit, plus petit qu'on ne l'est à mon âge. On m'en avait raillé plus d'une fois, et je craignais que cela ne devînt un obstacle à mon engagement sur *l'Inca*.

Toutefois c'était à l'égard de John que mes appréhensions étaient les plus sérieuses. Ma première pensée avait été de prendre la fuite, et de le laisser partir sans moi. En y réfléchissant j'abandonnai ce projet ; le lendemain matin John serait revenu avec les gens de la ferme, peut-être accompagné de mon oncle, pour se mettre en quête de moi ; ils arriveraient probablement avant que le navire mît à la voile, le crieur public s'en irait, à son de cloche proclamer ma disparition, comme celle d'un chien perdu, on me chercherait dans toute la ville, on fouillerait peut-être le navire où je me serais réfugié, on me prendrait au collet, je serais ramené au logis, et fouetté d'importance. Je connaissais assez les dispositions de mon oncle à cet égard pour prédire avec certitude le dénoûment de l'aventure. Non, non, ce serait un mauvais expédient que de laisser partir John et sa charrette sans moi.

Toutes mes réflexions me confirmaient dans cette pensée ; il fallait donc chercher un autre moyen, et voici à quoi je m'arrêtai : je reviendrais avec le domestique, et c'est de la maison même que je partirais le lendemain.

Bref, les affaires de John terminées, je montai avec lui dans la charrette, et nous trottâmes vers le village, en causant de différentes choses, mais non pas de ce qui me préoccupait.

CHAPITRE XV.

Fuite.

Il était presque nuit quand nous arrivâmes à la maison, et j'eus soin, pendant tout le reste de la soirée, d'agir avec autant de naturel que si rien d'extraordinaire ne s'était passé dans mon esprit. Combien mon oncle et les domestiques de la ferme étaient loin de se douter du projet caché dans ma poitrine, et qui par intervalles me faisait bondir le cœur.

Il y avait des instants où je me repentais d'avoir pris cette résolution. Quand je regardais les figures qui m'étaient familières, quand je me disais que je les voyais peut-être pour la dernière fois, que plus d'une serait triste de mon départ, j'en étais certain, quand je songeais à la déception de ces braves gens, qui m'accuseraient de les avoir trompés, je déplorais ma passion maritime et j'aurais voulu ne pas partir. Que n'aurais-je pas donné pour avoir quelqu'un à qui demander conseil au milieu de toutes mes incertitudes! Si l'on m'avait donné l'avis de renoncer à ce voyage, je suis sûr que je serais resté à la maison, du moins pour cette fois-là; car à la fin mon esprit aventureux et mes goûts nautiques m'auraient toujours entraîné à la mer.

Vous vous étonnez sans doute qu'en pareille circonstance je n'aie pas été voir mon ami Blou, pour lui confier mon dessein et recevoir son opinion; c'est bien ce que j'aurais fait si Henry avait encore été au village; mais il n'y était plus; il avait vendu son bateau, et s'était engagé dans la marine, il y avait déjà six mois. Peut-être que s'il fût resté au pays, je n'aurais pas eu si grande envie de partir; mais depuis qu'il nous avait quittés, je ne songeais plus qu'à suivre son exemple, et chaque fois que je regardais la mer, mon désir de m'embarquer se renouvelait avec une violence inexprimable.

Un prisonnier qui regarde à travers les barreaux de sa prison n'aurait pas aspiré plus vivement après la liberté que je ne souhaitais d'être bien loin, sur les vagues de l'Océan. Je le répète, si j'avais eu près de moi mon ami Blou, il est possible que j'eusse agi différemment; mais il n'y était pas, et je n'avais plus personne à qui faire part de mon secret. Il y avait bien à la ferme un jeune homme que j'aimais beaucoup et dont j'étais le favori; j'avais été vingt fois sur le point de tout lui dire, et vingt fois les paroles s'étaient arrêtées sur mes lèvres. Il ne m'aurait pas trahi, j'en avais la certitude, mais à condition que je renoncerais à mon dessein; et je n'avais pas le courage de demander un avis que je savais d'avance opposé à mes désirs.

On soupa; j'allai me coucher comme à l'ordinaire. Vous supposez que je fus debout peu de temps après, et que je m'échappai pendant la nuit; vous vous trompez; je ne quittai mon lit qu'au moment où chacun se levait d'habitude. Je n'avais pas fermé l'œil; les pensées qui se pressaient dans ma tête m'avaient empêché de dormir; et je rêvais tout éveillé, de grands vaisseaux ballottés sur les vagues, de grands mâts touchant les nues, de cordages goudronnés que je maniais avec ardeur, et qui me brisaient les doigts, et les couvraient d'ampoules.

J'avais d'abord songé à m'enfuir pendant la nuit, ce que je pouvais faire aisément sans réveiller personne. De temps immémorial on ne se rappelait pas qu'un vol eût été commis dans le village, et toutes les portes, même celle de la rue, n'étaient fermées qu'au loquet. Cette nuit-là, surtout, rien n'était plus facile que de s'échapper sans bruit; mon oncle, trouvant la chaleur étouffante, avait laissé notre porte entr'ouverte, et j'aurais pu sortir sans même la faire crier.

Mais après mûres réflexions, car j'avais plus de jugement qu'il n'est ordinaire à mon âge, je compris que cette équipée aurait le même résultat que si je n'étais pas revenu avec John. On s'apercevrait de mon départ dès le matin, on se mettrait à ma poursuite; quelques-uns des chercheurs se douteraient bien de la route que j'avais prise, et l'on me trouverait à la ville, absolument comme si j'y avais passé la nuit. Il était d'ailleurs bien inutile de quitter la ferme longtemps d'avance : elle n'était qu'à huit ou neuf kilomètres du port; j'arriverais trop tôt si je partais avant le jour; le capitaine ne serait pas levé, et je serais obligé d'attendre son réveil pour me présenter à lui.

Je restai donc à la maison jusqu'au matin, bien que j'attendisse avec impatience l'heure où je pourrais partir. A déjeuner quelqu'un fit observer que j'étais pâle, et que je ne semblais pas dans mon assiette ordinaire. John attribua mon malaise à la fatigue que j'avais eue la veille par cette chaleur excessive, et chacun fut satisfait de l'explication.

Je tremblais qu'en sortant de table on ne me donnât quelque ouvrage qui ne me permît pas de m'échapper, tel que de mener un cheval en compagnie d'un domestique, ou de servir d'aide à quelque travailleur. Mais, ce jour-là, fort heureusement, il ne se trouva pas de besogne pour moi, et je gardai ma liberté.

J'allais encore, de temps en temps, m'amuser avec mon sloop sur le bassin du parc ; d'autres enfants de mon âge avaient également de petits bateaux, des schooners ou des bricks; et c'était pour nous un grand plaisir de lancer nos esquifs, et de les faire jouter ensemble. Or, le jour en question était précisément un samedi; l'école était fermée ce jour-là, et je savais que la plupart de mes camarades se rendraient au bassin dès qu'ils auraient déjeuné. Pourquoi n'y serais-je pas allé, puisque je n'avais rien à faire? Le motif était plausible, et me fournissait une excuse pour ne revenir que le soir. Je pris donc mon sloop, que je portai visiblement pour qu'on sût où je me rendais. Je traversai la cour sous les yeux des domestiques, et me dirigeai vers le parc; il me sembla même prudent d'y entrer et de faire une apparition près du bassin, où plusieurs de mes camarades étaient déjà réunis.

« Si je leur confiais mes intentions, s'ils pouvaient seulement s'en douter, pensais-je, quelle surprise et quel tumulte cela produirait parmi eux! »

Ils me dirent tous qu'ils étaient enchantés de me voir, et m'accueillirent de manière à me le prouver. J'avais été pendant ces derniers mois constamment occupé à la ferme, et les occasions où je pouvais venir jouer avec eux étaient maintenant bien rares; aussi ma présence leur fit-elle un vrai plaisir. Mais je ne restai au bord du bassin que le temps nécessaire à la flottille pour faire sa traversée. Je repris mon sloop, qui avait été vainqueur dans cette régate en miniature, et le mettant sous mon bras, je souhaitai le bonjour à mes amis. Chacun fut étonné de me voir partir sitôt; mais je leur donnai je ne sais quelle excuse dont ils se contentèrent.

Au moment de franchir l'enceinte du parc, je jetai un dernier regard sur mes compagnons d'enfance, et des larmes couvrirent mes yeux, lorsque je me détournai pour continuer ma route.

Je rampai le long du mur, dans la crainte d'être aperçu, et me trouvai bientôt sur le chemin qui conduisait à la ville; je me gardai bien d'y rester, et pris à travers champs, afin de gagner un bois qui suivait la même direction. Vous sentez de quelle importance il était pour moi de me cacher le plus tôt possible; je pouvais rencontrer quelque habitant du village qui m'aurait embarrassé en me demandant où j'allais, et qui du reste, en cas de poursuites, aurait guidé les gens qui se seraient mis à ma recherche.

Une autre inquiétude ne me tourmentait pas moins, j'ignorais à quel moment on lèverait l'ancre de *l'Inca*, j'avais craint, en partant de meilleure heure, d'arriver trop tôt, et de laisser aux gens, qui s'apercevraient de mon absence, le temps nécessaire pour me rejoindre avant qu'on eût mis à la voile. Mais si j'arrivais trop tard, mon désappointement serait plus cruel que toutes les punitions que j'aurais à subir au sujet de mon escapade.

Il ne me venait pas à l'idée qu'on pût refuser mes services ; j'avais oublié la petitesse de ma taille ; la grandeur de mes desseins m'avait élevé dans ma propre estime jusqu'aux dimensions d'un homme.

J'atteignis le bois dont j'ai parlé plus haut, et le traversai complétement sans rien voir, ni garde, ni chasseur. Il fallut bien en sortir, lorsque je fus arrivé au bout, et reprendre à travers champs ; mais j'étais loin du village, à une certaine distance de la route, et je ne craignais plus de rencontrer personne de connaissance.

Bientôt j'aperçus les clochers de la ville qui m'indiquèrent la direction qu'il fallait prendre ; et franchissant des haies et des fossés nombreux, suivant des chemins privés, des sentiers défendus, j'entrai dans les faubourgs, je m'engageai au milieu de rues étroites, et finis par en trouver une qui conduisait au port. Mon cœur battit vivement lorsque mes yeux s'arrêtèrent sur le grand mât qui, de sa pointe, dépassait tous les autres, et dont le pavillon flottait fièrement au-dessus de la pomme de girouette.

Je courus devant moi sans regarder à mes côtés, je me précipitai sur la planche qui aboutissait au navire, je traversai le passavant, et me trouvai sur *l'Inca*.

CHAPITRE XVI.

L'Inca et son équipage.

Je m'étais arrêté près de la grande écoutille, où cinq ou six matelots entouraient une pile de caisses et de futailles qu'ils descendaient dans la cale au moyen d'un palan. Ils étaient en manches de chemises, portaient des blouses de Guernesey et de larges pantalons de toile, tout barbouillés de graisse et de goudron. Au milieu de ce groupe de travailleurs était un individu couvert d'une vareuse de drap bleu avec un pantalon du même; je fus persuadé que c'était le capitaine, car je me figurais que le chef d'un aussi beau navire devait être un homme de grande taille et superbement vêtu.

Cet homme en drap bleu dirigeait les matelots et leur donnait des ordres, auxquels je crus voir qu'on n'obéissait pas toujours; les travailleurs se permettaient même d'émettre un avis contraire à celui du chef, et parfois les opinions étaient si différentes qu'on finissait par se disputer au sujet de ce qu'il y avait à faire.

Cela vous prouve que sur *l'Inca* la discipline était peu observée, ainsi qu'il arrive souvent dans la marine marchande. Les paroles des uns, les cris des autres, le craquement des poulies, le choc des caisses et des futailles, la chute des fardeaux qui tombaient sur le pont, tout cela faisait un bruit dont on n'a pas d'idée : j'en fus littéralement pris de vertige, et restai plusieurs minutes sans pouvoir distinguer ce qui se passait autour de moi.

Au bout de quelques instants l'énorme tonneau qu'il s'agissait de descendre ayant gagné le fond de la cale, et se trouvant mis en place, le bruit s'apaisa et les hommes se reposèrent. C'est alors que je fus aperçu par un matelot, qui s'écria en me regardant d'un air railleur :

« Ohé ! petit épissoir[1], qu'y a-t-il pour ton service ? Viens-tu pour qu'on t'embarque ?

— Mais non, dit un autre, puisqu'il est capitaine et qu'il a son navire. »

C'était une allusion au petit schooner que je tenais à la main.

« Ohé ! du schooner, ohé ! Pour quelle destination ? » cria un troisième en regardant de mon côté.

Chacun éclata de rire et attacha sur moi des regards à la fois curieux et railleurs.

---

1. Sorte de poinçon avec lequel on ouvre le bout des cordages que l'on veut *épisser*, c'est-à-dire rassembler en entrelaçant les torons qui les composent.

Déconcerté par cette réception peu bienveillante, je ne savais que dire pour expliquer mon affaire, lorsque je fus tiré d'embarras par l'homme en vareuse qui, s'étant approché, me demanda d'un air sérieux ce qui m'amenait à bord.

Je lui répondis que je voulais voir le capitaine. Je croyais toujours qu'il était le chef du bâtiment, et que c'était à lui que je devais présenter ma requête.

« Voir le capitaine ! répéta-t-il d'un air surpris. Et qu'avez-vous à lui demander ? Je suis le second du navire, si pour vous c'est la même chose, vous n'avez qu'à parler. »

J'hésitai d'abord à lui répondre ; mais il représentait le capitaine et je crus pouvoir lui déclarer mes intentions.

« Je voudrais être marin, » lui dis-je en m'efforçant d'empêcher ma voix de trembler.

Si l'équipage avait ri tout à l'heure, il rit encore plus fort maintenant, et le monsieur en vareuse joignit ses éclats de rire à ceux de tous les matelots.

« Bill ! cria l'un de ces derniers en s'adressant à un camarade qui se trouvait à distance : ne vois-tu pas ce marmouset qui voudrait être marin ? Bonté divine ! un petit bonhomme de deux liards, pas assez long pour faire seulement un chevillot ! un marin ! Bonté du ciel !

— Est-ce que sa mère sait où il est ? répondit le camarade.

Il me demanda d'un air sérieux ce qui m'amenait à bord. (Page 106).

— Oh! que non, dit un troisième, pas plus que son père, je le garantirais bien ; le fanfan leur a tiré la révérence. Tu les as plantés là, n'est-ce pas, jeune épinoche.

— Écoutez-moi, dit l'homme habillé de bleu, retournez auprès de votre mère ; faites-lui mes compliments, et dites-lui de ma part de vous attacher au pied d'une chaise avec les cordons de sa jupe ; elle fera bien de vous y tenir amarré pendant cinq ou six ans. »

Ces paroles excitèrent un nouvel éclat de rire. Dans mon humiliation, et ne sachant que leur répondre :

« Je n'ai pas de mère, pas de chez nous, » balbutiai-je tout confus.

Le visage dur et grossier des hommes qui m'entouraient changea aussitôt d'expression, et j'entendis autour de moi quelques mots de sympathie.

Cependant l'homme en vareuse conserva son air moqueur, et me dit sur le même ton :

« Dans ce cas-là, mon bambin, allez trouver votre père, et dites-lui de vous donner le fouet.

— Mon père est mort, répondis-je en baissant la tête.

— Pauvre petit diable ! c'est tout de même un orphelin, dit un matelot d'une voix compatissante.

— Si vous n'avez pas de père, continua l'homme en vareuse, qui paraissait être une brute sans cœur, allez chez votre grand'mère, chez votre oncle ou chez votre tante, allez où vous voudrez, mais partez d'ici bien vite, ou je vous fais hisser au bout d'un câble, et donner dix coups de corde; m'avez-vous entendu? »

Très-mortifié de cette menace, je m'éloignais sans mot dire; j'avais gagné le passavant, et je mettais le pied sur la planche, lorsque je vis un homme se diriger vers le navire que j'étais en train de quitter. Il portait le costume de ville : habit noir et chapeau de castor; mais un je ne sais quoi m'annonça qu'il appartenait à la marine; son teint bruni par le vent et le soleil, quelque chose de particulier dans le regard, dans la démarche, étaient pour moi des indices qui ne pouvaient pas me tromper. Il avait un pantalon bleu, de drap pilote, qui ne pouvait appartenir qu'à un homme de mer; et il me vint à l'idée que ce devait être le capitaine.

J'en eus bientôt la certitude; il franchit le passavant, mit le pied sur le pont de manière à montrer qu'il était le maître, et je l'entendis aussitôt donner des ordres d'un ton d'autorité qui n'admettait pas de réplique.

Il me sembla qu'en m'adressant à lui j'aurais encore la chance de réussir, et je le suivis sans hésiter vers le gaillard d'arrière, dont il avait pris le chemin.

En dépit des remontrances de deux ou trois matelots, je parvins à rejoindre le capitaine, et j'arrivai près de lui, juste au moment où il allait entrer dans sa cabine.

Je l'arrêtai par un pan de l'habit; il se retourna d'un air étonné, et me demanda ce que je lui voulais.

Je lui adressai ma requête aussi brièvement que possible, et j'attendis avec émotion. Pour toute réponse il se mit à rire, appela un de ses hommes, et d'une voix qui n'avait rien de méchant :

« Waters, dit-il, prenez ce bambin sur vos épaules, et mettez-le sur le quai. »

Il n'ajouta pas une parole, descendit l'échelle et disparut à mes yeux.

Au milieu de ma douleur je me sentis enlever par les bras vigoureux du matelot, qui, après avoir franchi le bordage et la planche, fit quelques pas et me déposa sur le pavé.

« Pauvre mignon! me dit-il avec douceur, écoute bien Jack Waters : gare-toi de l'eau salée le plus longtemps que tu pourras ; tu serais pris par les requins, ils te mangeraient, et ne feraient qu'une bouchée de ta personne. »

Il s'arrêta et sembla réfléchir.

« Ainsi, reprit-il d'une voix encore plus douce, tu es donc orphelin ? Tu n'as ni père, ni mère?

— Ni l'un ni l'autre, répondis-je.

— Quelle pitié! moi aussi j'ai été orphelin. C'est

égal, tu es un brave petit marmot ; tu voudrais être marin, ça mérite quelque chose. Si j'étais capitaine, moi, je te prendrais tout de même ; seulement je ne le suis pas et ne peux rien faire pour toi ; mais je reviendrai un jour, et tu auras peut-être grandi. En attendant, garde ça comme souvenir ; à mon retour n'oublie pas de me le montrer, ça te fera reconnaître ; et qui sait ? j'aurai peut-être un cadre pour toi. Bonjour et que Dieu te protége ! Retourne au logis, comme un bon petit garçon, et n'en sors pas que tu ne sois un peu plus grand. »

En disant ces paroles, l'excellent Jack Waters me donna son couteau ; puis il se dirigea vers le navire, et me laissa sur le quai.

Aussi touché que surpris de cet acte de bienveillance, je suivis le marin des yeux, et mettant le couteau dans ma poche par un mouvement machinal, je restai immobile à la place où m'avait quitté Jack Waters.

CHAPITRE XVII.

Pas assez grand.

Je n'avais jamais été aussi cruellement déçu. Tous mes rêves s'étaient évanouis en moins de quelques minutes ; moi qui croyais avant peu carguer les voiles du grand perroquet, et visiter de nouveaux pays, j'étais repoussé, chassé du navire où j'avais cru me faire admettre, et sur lequel j'avais fondé tant d'espérances.

Mon premier sentiment fut une humiliation profonde ; j'étais persuadé que tous les passants devinaient ma déconvenue ; et les matelots, dont je voyais la figure se tourner de mon côté, me paraissaient avoir une expression railleuse, qui mettait le comble à ma douleur. Je n'eus pas la force d'endurer plus longtemps un pareil supplice, et je m'en fus de l'endroit où il m'était imposé.

D'énormes caisses, des futailles, des ballots de marchandises étaient rassemblés sur le quai, et laissaient entre eux un espace assez grand pour qu'on pût s'y introduire ; je me faufilai dans l'un de ces étroits passages qui m'offraient un asile, et j'y fus caché à tous les gens du port, qui, de leur côté, disparurent à mes yeux. Une fois à l'abri de tous les regards, je ressentis le bien-être que l'on éprouve au sortir du péril, tant il est agréable d'échapper au ridicule, alors même qu'on est certain de ne pas l'avoir mérité.

Parmi les caisses au milieu desquelles je me trouvais, il y en avait une assez petite pour me servir de siége ; j'allai m'y asseoir, et me cachant le visage dans mes mains, je m'abandonnai à mes tristes réflexions.

Que me restait-il à faire? Devais-je renoncer à la marine, retourner à la ferme, et vivre chez mon oncle ?

C'était, me direz-vous, le meilleur parti à prendre, le plus sage, surtout le plus naturel. Peut-être avez-vous raison ; mais si la pensée en vint à mon esprit, elle s'éloigna aussitôt, et n'influa nullement sur ma conduite.

« Je ne reculerai pas comme un lâche, me disais-je en moi-même ; ils ne m'ont pas abattu ; je suis entré dans la voie que je veux suivre, et j'irai jusqu'au bout. Ils ont refusé, il est vrai, de m'admettre sur *l'Inca*, mais c'est un petit malheur ; il y a d'autres vaisseaux dans le port, on les compte par vingtaines, et il est possible que plus d'un soit enchanté de m'avoir. Dans tous les cas, je ferai une nouvelle tentative avant de renoncer à mes projets.

« Pourquoi me refuserait-on? continuai-je poursuivant mon monologue. Pourquoi? je le demande. Quel motif aurait-on de repousser mes services? je travaillerais de si bon cœur! Peut-être n'ai-je pas la taille nécessaire? Les autres m'ont comparé à un épissoir, à un chevillot; je ne sais pas ce que cela veut dire, mais il est certain que cette comparaison injurieuse signifiait que je n'étais pas assez grand pour être admis dans l'équipage. Pour faire un matelot, je le comprends; mais un mousse! la chose est différente. J'ai entendu dire qu'il y en avait de plus jeunes que moi; il est vrai qu'ils pouvaient être moins petits. Quelle taille ai-je donc? Si j'avais seulement un mètre pour le savoir au juste! Il faut que je sois bien distrait pour ne m'être pas mesuré avant de quitter la ferme. »

Le cours de mes pensées fut interrompu en ce moment par la vue de quelques chiffres grossièrement tracés à la craie sur l'une des caisses voisines. Après les avoir examinés avec attention, je vis qu'ils marquaient un mètre vingt centimètres, et je compris qu'ils se rapportaient à la longueur de la caisse. Peut-être le charpentier les avait-il faits pour se rendre compte de son ouvrage, peut-être pour l'instruction des matelots qui devaient charger le navire

Quoi qu'il en soit, ils me donnèrent le moyen de

connaître ma taille à deux centimètres près, et voici de quelle façon : je me couchai par terre, en ayant soin de placer mes pieds de niveau avec l'une des extrémités de la caisse, je m'étendis de tout mon long, et je posai ma main à l'endroit où atteignait le dessus de ma tête. Hélas ! il n'arrivait pas à l'autre bout du colis ; j'eus beau m'allonger de toutes mes forces, tendre le cou, étirer mes jointures, il s'en fallait d'au moins cinq centimètres que je n'eusse en hauteur la longueur de cette caisse. J'avais donc à peine un mètre quinze ; c'était bien peu pour un garçon plein d'audace, et je me relevai tout confus de cette découverte.

Avant d'en acquérir la certitude, j'étais vraiment bien loin de me croire d'aussi petite taille. Quel est celui qui, à douze ans, ne s'imagine pas qu'il est bien près d'être un homme ! Je ne pouvais plus me faire illusion ; un mètre quinze centimètres ! Il n'était pas étonnant que Jacques Waters m'eût appelé marmouset, et ses camarades épissoir et chevillot.

Le découragement s'était emparé de mon âme ; pouvais-je, en bonne conscience, renouveler mes démarches ? Quel est le capitaine qui voudrait m'accepter ? un vrai Lilliputien ! Je n'avais jamais vu de mousse qui eût un mètre quinze. A vrai dire, je n'en avais jamais vu absolument parlant. Tous ceux qui en remplissaient les fonctions, à bord des schooners qui visitaient notre port, avaient la taille d'un homme, et pour ainsi dire en avaient l'âge. Il n'y avait donc plus d'espérance, et rien autre chose à faire que de rentrer au logis.

Toutefois, j'allai me rasseoir sur ma petite caisse, afin de réfléchir à ce parti désespéré. J'ai toujours eu l'esprit inventif, même dès ma plus tendre enfance, et je trouvai bientôt de nouvelles combinaisons qui devaient me permettre d'exécuter mes projets dans toute leur étendue. On m'avait parlé d'hommes et d'enfants qui s'étaient cachés à bord d'un vaisseau, et qui n'avaient abandonné leur refuge qu'au moment où l'on se trouvait en pleine mer, c'est-à-dire quand on ne pouvait plus les renvoyer.

A peine ces audacieux personnages m'étaient-ils revenus à l'esprit, que je fus décidé à suivre leur exemple. Quoi de plus facile que d'entrer furtivement dans l'un des navires dont le port était rempli, dans celui même dont on m'avait chassé d'une façon si injurieuse. Il était le seul, à vrai dire, qui parût sur le point de mettre à la voile; mais il y en aurait par douzaines qui dussent partir en même temps que lui, que je lui aurais encore donné la préférence.

Il est aisé de le comprendre : c'était me venger des railleries dont j'avais été l'objet, surtout des insultes du second, que de jouer un pareil tour à ces messieurs, et d'être embarqué sur *l'Inca* en dépit de leurs dédains. J'étais bien sûr qu'ils ne me jetteraient pas par-dessus le bord; à l'exception de l'homme en vareuse, on n'avait pas été méchant. Les matelots avaient ri, c'était bien naturel; mais ils avaient fait entendre des paroles de pitié, dès qu'ils avaient su que je n'avais ni père ni mère.

Il était donc résolu que je partais pour le Pérou; et cela dans le grand vaisseau d'où l'on m'avait chassé.

CHAPITRE XVIII.

Entrée furtive.

Mais comment faire pour m'introduire à bord; comment surtout m'y cacher à tous les yeux?

Telles étaient les difficultés qui s'offraient à mon esprit; rien n'était plus facile que de me rendre sur le pont, comme je l'avais fait une heure avant; mais je serais certainement vu par quelqu'un, peut-être même par le second, et renvoyé à terre, ainsi que la première fois.

Si j'avais pu gagner l'un des matelots, obtenir

qu'il me fourrât dans un coin où personne ne serait allé? Mais comment acheter sa discrétion? Avec quoi la payer? je n'avais pas du tout d'argent; mon sloop et mes habits, qui ne valaient pas grand' chose, formaient tout mon avoir. Je songeais à me défaire de mon navire; mais je pensai, en y réfléchissant, qu'un matelot n'attacherait aucun prix à un objet qu'il pouvait faire lui-même. Il n'y avait pas d'espoir de séduire un marin avec un pareil joujou.

Mais attendez! j'avais une montre, une vieille montre en argent dont la valeur ne devait pas être bien grande, quoiqu'elle fût assez bonne, et qu'elle me vînt de ma mère. Celle-ci en avait laissé une autre infiniment plus belle, une montre en or d'un prix considérable; mais mon oncle se l'était appropriée, et m'avait permis en échange de me servir de l'ancienne; par bonheur, je la portais tous les jours; elle se trouvait dans mon gousset. N'était-ce pas un cadeau suffisant pour qu'un matelot consentît à me passer en contrebande, et à me cacher dans un coin du navire? La chose était possible; à tout hasard je résolus d'essayer.

Il fallait pour cela que je pusse me trouver seul avec Jack, ou avec un autre, afin de lui communiquer mes intentions, et ce n'était pas là ce qu'il y avait de plus facile; cependant cela pouvait être et je ne m'éloignai pas de *l'Inca* dans la prévision qu'un des hommes de l'équipage se rendrait à la ville, et que je trouverais le moyen de lui parler.

Mais, en supposant que ma prévision ne se réalisât pas, il me restait l'espoir de me faufiler à bord sans le secours de personne. A la chute du jour, lorsque les matelots auraient quitté l'ouvrage et seraient dans l'entre-pont, qui est-ce qui me verrait dans l'ombre? Je passerais inaperçu auprès de la sentinelle, je me glisserais par l'une des écoutilles, je descendrais dans la cale, et une fois au milieu des tonneaux et des caisses, je ne redouterais plus rien.

Mais une double inquiétude se mêlait à cette combinaison et troublait mon espoir : *l'Inca* resterait-il jusqu'à la nuit, et ne serais-je pas retrouvé par les domestiques de mon oncle avant que je me fusse introduit dans ma cachette?

Je dois avouer que la première de ces craintes n'était pas des plus vives; l'écriteau, qui la veille avait attiré mes regards, était au même endroit, et c'était toujours *demain* que le vaisseau devait partir. Il y avait encore sur le quai une foule de marchandises qui appartenaient à *l'Inca*, et je savais, pour l'avoir entendu dire, que les vaisseaux qui doivent faire un long voyage partent rarement le jour qui avait été fixé. J'avais donc à peu près l'assurance que mon navire ne mettrait à la voile au plus tôt que le lendemain, et cela me donnait la chance d'y entrer à la nuit close.

Restait l'autre danger; mais après y avoir réfléchi, la crainte qu'il m'inspirait s'évanouit également. Les gens de la ferme ne s'apercevraient de mon absence qu'après la journée faite; ils n'auraient pas d'inquiétude avant que la nuit fût noire; puis le temps de se consulter, d'arriver à la ville, en supposant qu'on devinât la route que j'avais prise, et je serais embarqué depuis longtemps lorsque les domestiques de mon oncle se mettraient sur ma piste.

Complétement rassuré à cet égard, je ne songeai plus qu'à prendre les dispositions nécessaires à l'accomplissement de mon entreprise.

Je pensais qu'une fois installé dans le vaisseau, il me faudrait y rester vingt-quatre heures, même davantage, sans révéler ma présence, et je ne pouvais pas être jusque-là sans manger. Mais comment faire pour se procurer des vivres? J'ai dit plus haut que je n'avais pas un sou, et vous savez qu'on n'achète rien sans argent.

Tout à coup mes yeux tombèrent sur mon sloop: si je le vendais? On m'en donnerait bien quelque chose. Il ne me serait plus d'aucun usage; autant valait m'en séparer.

Je sortis du monceau de caisses et de futailles où j'avais trouvé asile, et me promenai sur le quai, en cherchant un acheteur pour ma petite embarcation. Un magasin de joujoux, rempli d'objets nautiques, s'offrit bientôt à mes regards; j'y entrai avec empressement, et après avoir débattu le prix pendant quelques minutes, je reçus un shilling; et ce fut une affaire faite. Mon petit sloop, bien fait et bien gréé valait de cinq à six shillings, et, dans toute autre circonstance, je ne m'en serais pas défait, même pour une somme plus forte; mais le juif auquel je m'étais adressé vit à mon premier mot que j'avais besoin d'argent, et comme tous ses pareils il spécula sans honte sur l'embarras où je me trouvais.

Peu importe, j'étais pourvu de fonds qui me paraissaient considérables, et avisant une boutique de comestibles, j'y employai la somme entière : j'achetai du fromage pour six pence, du biscuit de mer pour six et demi, je bourrai mes poches de mon emplète, et je retournai m'asseoir au milieu des colis où j'avais passé une partie du jour. C'était l'heure où l'on dînait à la ferme, j'avais faim, et j'attaquai mon fromage et mon biscuit de manière à singulièrement alléger ma cargaison.

Lorsque le soir approcha, il me parut convenable d'aller flâner aux environs du vaisseau, afin de reconnaître les lieux; je voulais m'assurer de l'endroit où il était le plus facile d'escalader le bastingage, et combiner les moyens qui me permettraient le plus sûrement d'arriver à mon but. Mais si les matelots m'apercevaient? Cela m'était bien égal; ils ne pouvaient pas m'empêcher de me promener sur le quai, et j'étais bien sûr qu'il ne soupçonneraient pas mes intentions. En supposant qu'ils voulussent recommencer leurs railleries, j'en profiterais pour leur répondre, et cela me donnerait le temps de mieux voir ce que je voulais observer.

Je quittai de nouveau ma place, et me promenai çà et là, d'un air d'indifférence. Tout en allant et venant, sans faire la moindre attention à ce qui se passait autour de moi, j'arrivai en face de *l'Inca*, et m'arrêtai pour en examiner la poupe. L'arrimage devait toucher à sa fin; car le pont du navire était presque au niveau du quai, preuve que son chargement était à peu près complet. Toutefois la hauteur du plat-bord m'empêchait de distinguer ce qui se passait sur le pont. Je vis néanmoins qu'il me serait facile de gagner les haubans d'artimon, une fois que j'aurais franchi le plat-bord, et c'est à ce moyen que je m'arrêtai, comme celui qui me paraissait le meilleur. A vrai dire, il me faudrait mille précautions pour ne pas faire de bruit en exécutant mon escalade; j'étais perdu si les ténèbres n'étaient pas assez profondes, ou si j'éveillais l'attention du matelot faisant l'office de sentinelle; je serais pris, soupçonné, peut-être châtié comme voleur. Mais j'étais résolu à tout risquer, dans l'espoir de réussir.

Un calme profond régnait à bord de *l'Inca*. Pas une parole, pas l'ombre d'un mouvement; quelques ballots qui gisaient encore sur le quai, me firent supposer que l'arrimage n'était pas terminé; mais personne ne travaillait, les abords de l'écoutille et le passavant étaient déserts. Où pouvaient être les matelots ?

J'avançai tout doucement, et fis un pas sur la planche qui conduisait au navire ; de ce poste avancé j'aperçus la grande écoutille, ainsi qu'une partie de l'embelle; mais je ne vis pas la vareuse du monsieur en drap bleu, ni les vêtements tachés de graisse de l'équipage.

Je prêtai l'oreille en retenant mon haleine; un bruit confus m'arriva du navire; je distinguai des voix, probablement celle des matelots qui s'entretenaient de chose et d'autre. J'en étais là quand un individu apparut tout à coup à l'ouverture du passavant. Il portait un vase énorme où fumait quelque chose; c'était sans doute de la viande, et je compris pourquoi on avait déserté l'embelle.

Moitié par curiosité, moitié pour obéir à l'idée qui me passait dans la tête, je franchis l'embarcadère, et me glissai furtivement sur l'*Inca*. J'aperçus les matelots à l'extrémité du navire : les uns assis sur le tourniquet, les autres sur le pont même, tous ayant leur couteau à la main et leur assiette sur les genoux. Grace au plat fumant qu'apportait le cuisinier, et sur lequel s'attachaient tous les regards, personne ne tourna les yeux de mon côté.

« Maintenant ou jamais ! » murmurai-je en moi-même ; puis, entraîné par une force irrésistible, je traversai le pont à la hâte, et me dirigeai vers le grand mât.

J'étais maintenant sur le bord de la grande écoutille ; c'est ce que j'avais voulu. On en avait retiré l'échelle ; mais il s'y trouvait la corde qui avait servi à descendre les marchandises ; elle était attachée au palan, et atteignait au fond de la cale.

Je m'emparai de cette corde, et la saisissant à deux mains, je glissai jusqu'en bas, aussi doucement que possible. Ma bonne étoile voulut que je ne me brisasse pas les os ; néanmoins je l'échappai belle ; j'en fus quitte pour une chute assez rude qui me fit toucher le fond de la cale un peu plus tôt qu'il ne l'aurait fallu ; malgré cela, je fus debout immédiatement, et après avoir grimpé sur des ballots et des caisses qui n'étaient pas encore à leur place, j'allai me cacher derrière une grosse futaille, où je me blottis dans l'ombre.

CHAPITRE XIX.

Hourra! nous sommes partis!

A peine était-je accroupi derrière ma futaille que je tombai dans un profond sommeil ; toutes les cloches de Cantorbery ne m'auraient pas réveillé. On sait combien ma nuit avait été mauvaise ; la précédente n'avait guère mieux valu ; car John et moi, nous étions partis de grand matin pour aller au marché. Puis la fatigue, surtout les émotions m'avaient complétement épuisé ; bref, je dormais comme un sabot, excepté toutefois que je dormis bien plus longtemps.

On avait dû cependant faire assez de bruit pour réveiller un mort ; les poulies avaient grincé, les hommes crié, les caisses et les tonneaux s'étaient heurtés avec violence, le tout à mes oreilles ; mais je n'avais rien entendu.

« La nuit doit toucher à sa fin, » pensai-je en m'éveillant. Je sentais que mon sommeil avait été de longue haleine, et j'aurais cru que nous étions au matin sans les profondes ténèbres qui m'environnaient de toute part. Lorsqu'après être descendu je m'étais caché derrière le tonneau, j'avais observé que la lumière pénétrait dans la cale, et maintenant je ne distinguais plus rien autour de moi ; il y faisait noir comme dans un four ; il fallait que la nuit fût terriblement sombre.

Mais quelle heure était-il ? Chacun des matelots devait être dans son hamac, et dormir du profond sommeil que donne un rude travail.

Je crus cependant qu'on remuait au-dessus de ma tête. J'écoutai, il n'était pas besoin d'avoir l'ouïe fine pour en acquérir la certitude ; on jetait sur le pont des masses pesantes qui, en tombant, ébranlaient tout le navire, et dont je ressentais le contre-coup. Enfin des voix confuses parvinrent à mon oreille, je crus distinguer des paroles qui ressemblaient à un signal, puis le refrain : « Enlève ! ohé ! enlève ! » que les matelots chantaient en chœur. Il n'y avait plus à en douter, on finissait le chargement du navire.

Je n'en fus pas très-surpris : le capitaine faisait terminer l'arrimage afin de pouvoir profiter du vent ou de la marée.

Je continuai de prêter l'oreille, et m'attendais à ce que le bruit cessât bientôt ; mais les heures se succédaient sans amener la fin de ce tintamarre.

« Comme ils sont laborieux, pensai-je. Il faut

qu'ils soient terriblement pressés ! Je le crois du reste; c'est aujourd'hui qu'ils auraient dû partir, et ils veulent sans doute mettre à la voile de très-bonne heure. Tant mieux pour moi ; plus ils se dépêcheront, plus tôt je serai délivré de cette position détestable. Dans quel mauvais lit j'ai couché ; cependant je n'en ai pas perdu l'appétit, car déjà la faim me talonne. »

En disant ces mots, je tirai de ma poche mon biscuit et mon fromage, auxquels je fis honneur, bien que je n'eusse pas l'habitude de manger pendant la nuit.

Les caisses se remuaient toujours au-dessus de ma tête; loin de diminuer, le bruit augmentait. « Quelle rude besogne pour ces pauvres matelots ! m'écriai-je; il est probable qu'ils auront double paye. »

Tout à coup les chants cessèrent; un profond silence régna sur le navire; du moins je n'entendis plus aucun bruit.

« Ils seront allés se coucher, supposai-je ; et cependant il va bientôt faire jour. Mais puisqu'ils vont dormir, pourquoi ne pas faire comme eux : ce sera toujours autant de gagné. »

Je m'étendis le mieux que je pus dans mon étroite cachette, où je dormais parfaitement lorsqu'un nouveau tapage me réveilla en sursaut.

« Comment, encore ! ce n'était pas la peine de se coucher, me dis-je à moi-même; il n'y a pas plus d'une heure qu'ils sont allés trouver leurs hamacs, et les voilà qu'ils retravaillent! c'est un singulier navire ! Peut-être la moitié de l'équipage a-t-elle dormi pendant que l'autre veillait ; et ce sont probablement ceux qui ont fini leur somme qui viennent relever leurs camarades. »

Cette conjecture me laissa l'esprit en repos. Mais il m'était impossible de me rendormir, et je continuai de prêter l'oreille.

Jamais nuit de décembre ne m'avait paru plus longue; les hommes continuaient leur travail; ils se reposaient pendant une heure, se remettaient à l'ouvrage et le jour ne paraissait pas.

Je commençai à croire que je rêvais, que je prenais les minutes pour des heures. Mais j'avais alors un appétit féroce ; car à trois reprises différentes j'étais tombé sur mes provisions avec une faim qui les avait épuisées.

Tandis que je finissais d'avaler mon biscuit et mon fromage, le bruit cessa complétement ; j'écoutai, rien ne frappa mes oreilles, et je m'endormis au milieu du silence le plus complet.

Le navire était bruyant quand je m'éveillai ; mais d'une manière bien différente. C'était le cric-cric-cric d'un tourniquet, joint au cliquetis d'une chaîne, dont le bruit m'emplissait d'aise. Vous comprenez ma joie : du petit coin où je me trouvais à fond de cale, tout cela ne m'arrivait qu'affaibli par la distance, mais néanmoins d'une manière assez distincte pour m'apprendre qu'on levait l'ancre, et que le navire allait s'éloigner du port.

J'eus de la peine à retenir un cri de joie; cependant je gardai le silence dans la crainte d'être entendu; il n'était pas encore temps d'annoncer ma présence, on m'aurait tiré de ma cachette, et renvoyé à terre sans plus de cérémonie. Je restai donc aussi muet qu'un poisson, et j'écoutai avec bonheur la grande chaîne racler rudement l'anneau de fer de l'écubier.

Au bout d'un temps plus ou moins long, dont je n'appréciai pas la durée, le cliquetis et le raclement cessèrent, et un bruit de nature différente les remplaça tous deux; on aurait cru entendre le vent s'engouffrer et gémir; mais on se serait trompé: c'était le murmure puissant des vagues qui se brisaient contre les flancs du vaisseau. Jamais harmonie délicieuse n'a produit sur moi d'impression plus agréable, car ce murmure annonçait que l'*Inca* était en mouvement. Nous étions donc enfin partis!

CHAPITRE XX.

Mal de mer.

Le balancement du navire, le bouillonnement des flots, tout me donnait la preuve que je ne m'étais pas trompé; nous allions quitter le port et gagner la pleine mer. Combien j'étais heureux! Plus d'inquiétude, plus de crainte d'être ramené à la ferme; dans vingt-quatre heures je serais enfin sur l'Océan, loin de la terre, et ne pouvant plus être ni poursuivi ni renvoyé. Le succès de mon entreprise me plongeait dans l'extase.

Je trouvai bien un peu bizarre de partir pendant la nuit, car il ne faisait pas encore jour; toutefois je présumai que le pilote avait une si parfaite connaissance de la baie qu'il s'engageait à en sortir les yeux fermés. Ce qui m'intriguait davantage, c'était la durée des ténèbres: il y avait là quelque chose de mystérieux; je commençai à croire que j'avais dormi pendant le jour, et que je ne m'étais réveillé qu'après le coucher du soleil, ce qui m'avait fait deux nuits pour une; ou bien c'était un rêve qui avait produit cette illusion. Quoi qu'il en soit, j'étais trop heureux de notre mise à la voile pour rechercher le motif de notre départ nocturne. Peu m'importait l'heure, pourvu que nous pussions arriver sains et saufs en pleine mer, et je me recouchai en attendant qu'il me fût permis de sortir de ma cachette.

Deux raisons surtout me faisaient appeler de tous mes vœux le moment de la délivrance : la première c'est que j'avais une soif ardente. Il y avait longtemps que je n'avais bu; le fromage et le biscuit m'avaient encore altéré, et j'aurais donné toute une fortune, si je l'avais possédée, pour me procurer un verre d'eau.

La seconde raison qui me faisait souhaiter de changer de place était la courbature que j'avais gagnée dans mon petit coin, où j'étais forcé de m'accroupir, n'ayant pour me reposer que des planches qui m'avaient tout meurtri. C'est à peine si je pouvais remuer, tant la douleur était vive, et je souffrais encore plus lorsque j'étais immobile, ce qui d'ailleurs, n'arrivait pas souvent, tant l'instinct me poussait à changer d'attitude pour diminuer mes crampes et me distraire de ma soif.

Il ne fallait rien moins que la crainte d'être renvoyé à la ferme pour me donner la force de supporter ces tortures. Je savais que les navires ne sortent guère d'un port sans avoir un pilote. Si j'avais eu le malheur de révéler ma présence, avant le départ de celui que nous avions probablement, on me jetait dans son bateau, et je perdais le fruit de mes efforts, ce qui après l'heureux début de mon entreprise était une humiliation que je ne pouvais accepter.

En supposant même qu'il n'y eut pas de pilote sur l'*Inca*, nous étions encore dans les parages que fréquentent les bateaux-pêcheurs, ceux qui font la côte; l'un d'eux, retournant au port, serait hélé facilement, et l'on m'y descendrait comme un colis pour être déposé sur le quai.

J'étouffai donc ma soif, et me cuirassant contre la douleur, je pris la résolution de rester dans ma cachette.

Le navire glissa tranquillement sur les flots pendant une heure ou deux; sa marche était ferme, d'où je supposais que le temps était calme et que nous étions toujours dans la baie. Comme je faisais cette réflexion, je m'aperçus que le roulis devenait de plus en plus fort; les vagues fouettaient les flancs du bâtiment avec une telle violence qu'elles en faisaient craquer le bordage.

J'étais bien loin de m'en plaindre; c'était la preuve que nous nous trouvions en pleine mer, où la brise était toujours plus forte, et les lames plus puissantes. « Bientôt, pensai-je, on renverra le pilote, et je pourrai sans inquiétude me montrer sur le pont. »

Quand je dis sans inquiétude, ce n'est pas tout à fait vrai; j'avais au contraire des appréhensions assez vives au sujet de l'accueil qui m'était réservé; je pensais à la brutalité du second, aux railleries de l'équipage. Le capitaine ne serait-il pas indigné de mon audace; lui qui avait si nettement refusé de me prendre à bord, que dirait-il de m'y voir introduit par surprise ? Il m'imposerait quelque punition outrageante, peut-être le fouet. J'étais, je le confesse, très-peu rassuré à cet égard, et j'aurais volontiers dissimulé ma présence jusqu'à notre arrivée au Pérou.

Mais impossible; je ne pouvais pas rester dans ma cachette pendant six mois; qui pouvait dire si la traversée ne durerait pas davantage ? Je n'avais pas à boire, presque rien à manger, il fallait bien tôt ou tard remonter sur le pont, en dépit de la colère du capitaine.

Pendant que je faisais ces tristes réflexions, je me sentis envahir par une angoisse étrange qui n'avait rien de commun avec mon inquiétude; elle était toute physique et plus affreuse que ma soif et mes crampes. Le vertige s'était emparé de moi, la sueur me couvrait la figure, elle s'accompagnait d'horribles nausées, d'étranglement, de suffocation, comme si mes poumons comprimés entre les côtes n'avaient pu se dilater, et qu'une main de fer m'eût serré à la gorge. Une odeur fétide s'élevait du fond de la cale, où j'entendais clapoter l'eau qui s'y était introduite, sans doute depuis longtemps, odeur nauséabonde qui aggravait mon agonie.

D'après ces divers symptômes, il n'était pas difficile de reconnaître ce qui me faisait tant souffrir; ce n'était que le mal de mer. Je ne m'alarmai pas des suites que cela pouvait avoir, mais j'endurai toutes les tortures que vous impose cette atroce maladie. Il est certain que dans la situation où j'étais, elle fut pour moi plus atroce qu'elle ne l'est d'ordinaire. Il me semblait qu'un verre d'eau pure, en apaisant ma soif, eût guéri mes nausées et diminué l'étreinte qui me serrait la poitrine.

L'effroi que m'inspirait le bateau du pilote me fit d'abord endurer mon supplice avec courage; mais à chaque instant le roulis devenait plus fort, l'odeur du fond de cale plus pénétrante et plus fétide; la révolte de mon estomac augmentait en proportion, et les maux de cœur finirent par être intolérables.

Que le pilote fût parti ou resté, je ne pouvais plus y tenir; il fallait monter sur le pont, avoir de l'air, une gorgée d'eau, ou c'en était fait de moi.

Je me levai avec effort et me glissai hors de ma cachette, en m'appuyant sur le tonneau, qui m'aidait à me conduire, car je marchais à tâtons. Lorsque je fus au bout de la futaille, j'étendis la main pour retrouver l'issue par laquelle j'étais entré;

mais elle me parut close. Je n'en pouvais croire mes sens; j'étendis la main de nouveau, et recommençai vingt fois mon exploration, l'ouverture n'existait plus : une caisse énorme fermait l'endroit par lequel je m'étais introduit, et le fermait tellement bien que je pouvais à peine fourrer le bout de mon petit doigt entre cette caisse et les ballots entassés qui la bloquaient de toute part.

J'essayai de la mouvoir, mais elle ne bougea pas; j'y appuyai l'épaule, j'y employai toute ma force, elle n'en fut pas même ébranlée.

Voyant que je ne pouvais y parvenir, je rentrai dans ma cachette avec l'espoir de passer derrière la futaille et faire le tour de cette malheureuse caisse; nouveau désappointement! il n'y avait pas de quoi fourrer la main entre le fond de la barrique et une autre futaille exactement pareille; une souris devait être obligée de s'aplatir pour se glisser entre ces deux tonnes, dont la dernière s'appliquait exactement à la paroi du vaisseau.

Je pensai alors à grimper sur la futaille, et à me faufiler au-dessus de la caisse qui m'obstruait le passage; mais entre le point culminant du tonneau et une grande poutre qui s'étendait en travers de la cale, c'est tout au plus s'il y avait un espace de quelques centimètres, et si petit que je pusse être, il ne fallait pas songer à m'y introduire.

Je vous laisse à imaginer quelle fut mon impression lorsque j'eus acquis la certitude d'être enfermé dans la cale au milieu des marchandises, emprisonné, muré par la cargaison tout entière.

CHAPITRE XXI.

Enseveli tout vivant!

Je comprenais maintenant pourquoi la nuit m'avait paru si longue. La lumière avait brillé, mais je n'en avais rien su ; les matelots avaient travaillé pendant le jour, tandis que, plongé dans les ténèbres, je croyais qu'il était nuit. Il y avait sans doute plus de trente-six heures que je me trouvais à bord ; voilà pourquoi j'avais eu faim, pourquoi ma soif était si ardente, et mon corps si douloureux.

Les instants de repos qui, au milieu du bruit continuel, me paraissaient revenir d'une façon méthodique, étaient les heures de repas ; et le silence qui avait précédé notre départ, silence dont la prolongation m'avait frappé, était la deuxième nuit que je passais dans la cale.

J'y étais à peine installé que je m'étais endormi.

C'était le soir. Il est probable que, le lendemain matin, je ne m'éveillai pas de bonne heure; et c'était pendant mon sommeil que les matelots, en arrangeant la cale, avaient rempli les vides qui m'avaient permis d'y entrer.

Je ne compris pas d'abord toute l'horreur de ma situation. J'étais enfermé, je savais de plus que tous mes efforts pour m'ouvrir un passage seraient complétement inutiles; mais les hommes vigoureux qui avaient empilé toutes ces caisses pouvaient les remuer une seconde fois, et je n'avais qu'à les appeler pour qu'ils vinssent immédiatement.

J'étais loin, hélas! de penser que mes cris les plus forts ne pouvaient être entendus; j'ignorais que l'écoutille, par laquelle je m'étais introduit dans la cale, était maintenant couverte de ses panneaux, recouverts à leur tour d'une épaisse toile goudronnée, qui devait peut-être y rester jusqu'à la fin du voyage. Quand même l'écoutille n'eût pas été fermée, il y avait peu de chances pour que ma voix fût entendue; l'épaisseur de la cargaison l'aurait interceptée, ou elle aurait été couverte par le bruit des flots et par celui du vent.

Comme je vous le disais, mon inquiétude fut d'abord peu sérieuse; je ne me préoccupais que du temps plus ou moins long que j'aurais à passer avant d'avoir de l'eau, car ma soif était vive. Pour que je pusse sortir de la cale, il faudrait enlever les caisses qui se trouvaient au-dessus de moi; cela devait demander beaucoup de travail, et jusque-là je souffrirais énormément, car le besoin de boire devenait de plus en plus impérieux.

Ce n'est qu'après avoir crié de ma voix la plus aiguë, frappé sur les planches à coups redoublés, répété mes cris et mes coups mainte et mainte fois, sans recevoir de réponse, que je compris ma situation. Elle m'apparut dans toute son horreur : pas moyen de remonter sur le pont, aucun espoir d'être secouru; j'étais enseveli tout vivant sous les marchandises qui remplissaient la cale.

Je criai de nouveau, j'y employai toutes mes forces, et ne m'arrêtai qu'au moment où ma gorge ne rendit plus aucun son. J'avais prêté l'oreille à différents intervalles, espérant toujours une réponse; mes cris éveillaient tous les échos de ma tombe; mais pas une voix ne répondait à la mienne.

J'avais entendu chanter les matelots pendant qu'ils levaient l'ancre; mais à présent tout était silencieux; le navire était immobile, les vagues restaient muettes, et si, dans un calme pareil, les grosses voix de l'équipage n'arrivaient pas jusqu'à moi, comment pouvais-je espérer que mes cris d'enfant parvinssent aux oreilles de ceux qui ne m'écoutaient pas?

C'était impossible; on ne pouvait pas m'entendre, et j'étais condamné à mort, condamné sans appel.

J'en avais la conviction, et aux souffrances du mal de mer succédait un affreux désespoir. Les douleurs physiques revinrent et, se joignant à la torture morale, produisirent une agonie que je ne saurais vous dépeindre. Je ne pus y résister; mes forces m'abandonnèrent, et je tombai, comme atteint de paralysie.

Malgré ma stupeur, je n'avais pas perdu connaissance; il me semblait que j'allais mourir, et je le désirais sincèrement. Puisque la mort est inévitable, pensais-je, il valait mieux qu'elle mît le plus tôt possible un terme à mes souffrances. Je suis persuadé que si je l'avais pu, j'aurais hâté ma dernière heure; mais j'étais trop faible pour me tuer, quand même j'aurais eu des armes à ma disposition. J'avais totalement oublié que j'en possédais une, tant il y avait de confusion dans mon esprit!

Vous êtes étonné d'apprendre que je désirais mourir; mais pour se faire une juste idée de l'étendue de mon désespoir, il faudrait avoir passé par la position où j'étais alors; et Dieu veuille qu'elle vous soit épargnée!

Toutefois on ne meurt pas du mal de mer, et le désespoir ne suffit pas pour tuer l'homme; il est plus difficile qu'on ne pense de sortir de ce bas monde.

Ma torpeur augmenta de plus en plus; je devins complétement insensible, et restai longtemps dans cet état voisin de la mort.

A la fin cependant, je repris connaissance; peu à peu je retrouvai une partie de mes forces. Chose étrange! la faim se faisait vivement sentir; car le mal de mer aiguise l'appétit d'une façon toute spéciale. Néanmoins, la soif me torturait davantage, et ma souffrance était d'autant plus vive que je ne voyais aucun moyen de la calmer. Il me restait un peu de biscuit, je pouvais encore me rassasier une fois; mais où trouver de l'eau pour éteindre le feu qui me desséchait les veines?

Il n'est pas nécessaire de vous rapporter les réflexions poignantes qui me venaient à l'esprit; qu'il vous suffise de savoir que ce paroxysme d'une douleur sans nom amena un délire dont j'eus un instant conscience, et qui, à mon grand soulagement, se termina par un profond sommeil.

Le corps épuisé perdit le sentiment de ses douleurs, et l'esprit oublia ses tourments.

CHAPITRE XXII.

Soif.

Cet instant de repos fut de bien courte durée, un cauchemar effroyable ne tarda pas à troubler mon sommeil, et me réveilla brusquement, pour me rendre à une réalité plus affreuse que mes rêves.

Il me fut d'abord impossible de deviner où j'étais; mais il me suffit d'allonger les bras pour me rappeler toute l'horreur de ma situation. De chaque côté, mes mains rencontraient les murailles de mon cachot; à peine avais-je assez de place pour me retourner, et, si mince que je fusse alors, un autre enfant de ma taille aurait empli tout le reste de ma cellule.

Mon premier mouvement, dès que j'eus reconnu ma position, fut de crier de toutes mes forces. Je conservais toujours l'espoir qu'on finirait par m'entendre; j'ignorais, comme je l'ai dit plus haut, l'énorme quantité de marchandises qui se trouvaient au-dessus de ma tête, et je ne savais pas que toutes les écoutilles de l'entre-pont étaient fermées.

Il est heureux que je n'en aie pas su davantage, autrement je serais devenu fou; mais les lueurs d'espérance qui, de temps en temps, suspendaient mes tortures, soutinrent ma raison jusqu'au moment où il me fut permis d'envisager mon sort avec calme, et de lutter contre le péril qui me menaçait.

Comme avant de m'endormir, je jetai des cris perçants jusqu'à ce que la voix me fît défaut; et lorsque j'eus désespéré de me faire entendre, je retombai dans l'état d'atonie, puis de torpeur, où le sommeil m'avait trouvé. Néanmoins cet engourdissement qui s'était emparé de mon esprit laissait à la douleur physique tout ce qu'elle avait d'affreux; j'étais dévoré par la soif, qui, arrivée à ce point d'exaspération, est peut-être le plus grand de tous les supplices. Je n'aurais jamais pensé que le manque d'un peu d'eau pût vous causer des tortures aussi vives. En lisant que des naufragés ou des voyageurs égarés dans le désert étaient morts de soif, après une horrible agonie, j'avais toujours cru à l'exagération de l'auteur. Comme tous les enfants de l'Angleterre, né dans un pays où l'on rencontre à chaque pas des sources et des ruisseaux, je n'avais jamais eu soif. Peut-être, lorsqu'en été je jouais au milieu d'un champ ou sur le bord de la mer, avais-je éprouvé cette sensation bien connue qui vous fait souhaiter un verre d'eau; mais ce n'est pas une douleur, et l'espèce de malaise que l'on ressent alors est plus que compensé par la satisfaction que l'on éprouve en se désaltérant. Il est rare que ce besoin soit assez impérieux pour vous faire boire une eau marécageuse ; la délicatesse de vos habitudes conserve toutes ses répugnances : ceci n'est que le premier degré de la soif, et moins une douleur qu'un plaisir, par la confiance où l'on est de trouver bientôt à boire. Mais perdez cette conviction rassurante, soyez certain, au contraire, qu'il n'y a dans les environs ni lac, ni fleuve, ni ruisseau, ni fontaine, pas même de fossé bourbeux ; que vous êtes à cent kilomètres de la source la plus voisine, et la soif, que vous supportez facilement, prendra un nouveau caractère et sera des plus douloureuses.

Il est possible que j'eusse parfois été aussi longtemps sans boire, et que je n'en eusse pas éprouvé la souffrance qui me torturait au moment dont nous parlons ; mais je n'avais jamais eu l'atroce perspective de voir grandir ma soif et de rester dans l'impossibilité de la satisfaire : c'est là ce qui était cause de mes angoisses.

Je n'avais pas une faim excessive, mes provisions, d'ailleurs, n'étaient pas complétement épuisées ; mais quand mon appétit aurait été plus fort, j'aurais craint d'augmenter ma soif en mangeant. C'est ce qui m'était arrivé lors de mon dernier repas ; et ma gorge brûlante ne demandait qu'un peu d'eau, ce qui, à cette heure me paraissait la chose du monde la plus précieuse.

C'était le supplice de Tantale : je n'avais pas d'eau sous les yeux, mais je l'entendais sans cesse battre les flancs du navire ; de l'eau de mer, j'en conviens, je n'aurais pas pu la boire, quand même elle eût été à ma portée, mais c'était le murmure de l'eau qui frappait mes oreilles, et il ajoutait à mes souffrances tout ce que la tentation a d'exaspérant.

Je ne doutais pas que la soif ne dût me tuer dans un délai plus ou moins long. Combien durerait mon agonie ? J'avais entendu parler d'hommes qui étaient morts de soif après des tortures indicibles ; j'essayai de me rappeler le nombre de jours qu'ils avaient souffert, et je ne pus y parvenir. Six ou sept, pensai-je. Cette idée m'épouvanta. Comment supporter pendant une semaine l'angoisse que j'endurais ? C'était au-dessus de mes forces, et je demandai à la mort de mettre un terme plus rapide à mes douleurs.

Mais l'espérance allait revenir. J'avais à peine cédé à cet accès de découragement, lorsque j'entendis un son qui changea le cours de mes pensées, et me causa autant de bonheur que j'avais eu d'angoisses.

CHAPITRE XXIII.

Son plein de charme.

J'étais accoudé à l'une des poutres du navire, qui traversait ma cabine, et qui la divisait en deux parties presque égales. C'était simplement pour changer de position que j'avais pris cettte attitude, car j'étais las d'être couché sur les planches ; depuis l'heure de mon premier réveil dans la cale j'avais essayé de toutes les postures, sans parvenir à me trouver bien dans aucune ; je m'étais levé, quoiqu'il me fallut courber la tête ; j'avais pris tous les degrés d'inclinaison, je m'étais allongé sur le dos, sur le ventre, sur les côtés, je m'étais replié en Z, en S, et je n'en étais pas moins courbaturé.

Je me trouvais donc soutenu par l'une des côtes du navire, et ma tête penchée en avant, reposait presque sur la grande futaille où j'appuyais la main.

Il en résultait que mon oreille effleurait les douelles de chêne ; et c'est de la sorte que j'entendis le son plein de douceur qui opéra chez moi un revirement si prompt et si heureux.

Rien n'était plus facile à reconnaître que cette voix bénie qui frappait mon oreille : c'était le glou-glou d'un liquide remuant dans la futaille, par suite des ondulations du navire.

À la première de ces notes harmonieuses que rendait le contenu de la barrique, j'avais tressailli d'une joie facile à comprendre ; mais réprimant aussitôt mes transports, je voulus m'assurer du fait, dans la crainte d'être le jouet d'une illusion.

La joue appliquée sur le bois de la grosse tonne, l'haleine suspendue, toutes les facultés de mon être concentrées dans ma puissance auditive, j'attendis que le bâtiment éprouvât une secousse assez grande pour la communiquer au fluide que renfermait le tonneau.

L'attente me parut d'une longueur excessive, mais ma patience fut enfin récompensée : *Glou, glou, gli, gli, glou, glou ;* cela ne faisait pas le moindre doute, la futaille était pleine d'eau !

Un cri de joie s'échappa de mes lèvres ; j'éprouvais ce que ressent un malheureux qui est en train de se noyer, et qui, au moment où il allait rendre l'âme, se retrouve près du rivage.

La réaction fut si vive que je faillis m'évanouir ; je serais tombé sans la pièce de bois à laquelle je restai appuyé, dans un état de vertige qui m'ôtait jusqu'à la conscience de mon bonheur.

Toutefois je ne demeurai pas longtemps dans

cette demi-insensibilité ; la soif me rappela bientôt à moi-même, et je me rapprochai de la futaille.

Dans quel but ? Je voulais chercher la bonde, la retirer bien vite, et boire ; je ne pouvais avoir d'autre intention.

Hélas ! ma joie devait s'éteindre aussi promptement qu'elle était née. Je fus néanmoins quelque temps avant d'en arriver là ; il me fallut d'abord parcourir avec les mains toute la surface de la barrique, en palper toutes les douelles, avec le tact soigneux qui caractérise les aveugles ; et je recommençai l'opération plus d'une fois avant d'accepter la triste certitude que la bonde se trouvait du côté de la muraille, il m'était impossible de l'atteindre, et la précieuse barrique m'était complétement fermée.

Je savais que tous les tonneaux ont une seconde ouverture, située à l'un des deux fonds, et je m'étais mis en quête de celle qui devait exister à ma futaille ; mais le premier mouvement que je fis m'annonça que les deux bouts en étaient bloqués, l'un par une caisse, l'autre par la seconde barrique mentionnée dans l'inventaire de ma cellule.

Il me vint à l'esprit que cette dernière pouvait également contenir de l'eau, et j'en commençai l'inspection ; mais je ne pus tâter qu'une faible partie de son étendue, et n'y rencontrai que la surface unie du chêne, qui m'opposait la résistance du roc.

C'est alors que je retombai dans ma misère, et que je me livrai à tout ce que le désespoir a de plus cruel. Plus que jamais la tentation était vive ; j'entendais l'eau à trois centimètres de mes lèvres, et je ne pouvais pas la goûter. Oh ! si j'avais pu seulement en humecter ma gorge brûlante !

S'il y avait eu près de moi une hache, et que ma prison eût été assez haute pour que je pusse m'en servir, comme j'aurais largement ouvert cette grande citerne pour m'abreuver de son contenu ! Mais je n'avais pas de hache, pas d'instruments tranchants, et sans une bonne lame comment percer ou fendre ces douelles de chêne, aussi impénétrables pour moi que du fer ? Quand même j'aurais trouvé l'une ou l'autre des ouvertures de la futaille, avec quoi en aurais-je ôté le bondon, arraché le fausset ? Je n'y avais pas songé dans mon élan de bonheur ; mais il était impossible de le faire avec mes doigts, sans tenailles, sans levier d'aucune espèce.

Je crois m'être levé en chancelant, pour examiner de nouveau la barrique ; je n'en suis pas sûr, tant j'étais foudroyé par la déception amère qui avait suivi ma joie ; il m'est resté néanmoins un vague souvenir d'avoir machinalement exploré le dessus du tonneau, essayé de mouvoir la caisse ; et plus consterné que jamais de l'inutilité de mes efforts, d'être revenu me coucher, en proie au plus morne désespoir.

J'ignore combien de temps dura cette nouvelle crise ; mais je me souviens toujours du fait qui dissipa la fatale influence sous laquelle je succombais, et qui me rendit toute mon activité.

CHAPITRE XXIV.

La barrique est mise en perce.

Etendu sur les planches de ma cellule, la tête reposant sur mon bras, je sentis quelque chose me blesser à la cuisse ; était-ce un nœud du bois ou un caillou sur lequel j'étais couché? dans tous les cas c'était un objet qui me faisait souffrir, et j'étendis la main pour l'éloigner. A ma grande surprise je ne trouvai rien par terre, le plancher était parfaitement uni, et l'objet qui me faisait mal se trouvait dans ma poche.

Qu'est-ce que cela pouvait être? je ne me le rappelais nullement ; j'aurais pu croire que c'était un morceau de biscuit, si je n'avais été sûr d'avoir placé mes provisions dans la poche de ma veste. Je palpai celle de ma culotte, elle renfermait un objet allongé, aussi dur que le fer, et je ne me rappelais pas avoir emporté autre chose que du biscuit et du fromage.

Je me mis à mon séant pour fouiller dans ma poche, car il m'était impossible de deviner ce qui s'y trouvai ; et j'eus ainsi le mot de l'énigme : cet objet long et dur n'était ni plus ni moins que le couteau dont Waters m'avait fait présent. Je l'avais fourré dans ma culotte par un mouvement irréfléchi, et l'avais ensuite oublié.

Cette découverte me parut d'abord insignifiante, elle me rappela tout simplement la bonté du matelot, bonté qui contrastait avec la rudesse du lieutenant ; c'était la seule pensée que j'avais eue au moment où cette lame précieuse m'avait été donnée. Tout en faisant cette réflexion, j'ôtai le couteau de ma poche, et l'ayant jeté au loin pour qu'il ne me gênât plus, je me recouchai sur les planches.

Mais à peine venais-je de m'y étendre, qu'une idée subite me traversa l'esprit et me fit relever avec autant de promptitude que si je m'étais appuyé sur du fer rouge. Toutefois ce n'était pas la douleur qui m'inspirait ce mouvement rapide, au contraire, c'était une joyeuse espérance. Je me disais qu'avec cette lame j'avais le moyen de percer la futaille et de me procurer de l'eau.

Cela me paraissait tellement facile, que je ne

doutai pas un instant de la possibilité du fait, et que mon désespoir s'évanouit pour faire place à la joie la plus vive.

Je cherchai mon couteau, je le retrouvai, et m'en emparai avec ardeur; c'est tout au plus si je l'avais regardé quand je l'avais reçu des mains de Waters, maintenant je l'examinais avec soin, je le palpais dans tous les sens, j'en calculais la force autant qu'il m'était permis de le faire, et je me demandais quelle était la meilleure manière de m'en servir pour arriver au but que je me proposais.

C'était un bon couteau, avec un manche en bois de cerf, une lame aiguë, solide et bien trempée, un de ces couteaux qui, lorsqu'ils sont ouverts, n'ont pas moins de vingt-cinq centimètres de longueur, et qu'en général les matelots portent suspendus à une ficelle passée autour du cou. Je fus enchanté de mon examen, de l'épaisseur et du fil de l'acier; car il me fallait un bon instrument pour forer cette douelle de chêne.

Si je vous décris avec autant de détails les mérites de mon couteau, c'est que je ne saurais trop vous en faire l'éloge, puisque sans lui je n'aurais pas survécu à mes misères, et ne vous raconterais pas les hauts faits qu'il m'a permis d'accomplir.

Ayant donc passé le doigt à plusieurs reprises sur ma bonne lame, afin de me familiariser avec elle; l'ayant ouverte et fermée dix ou douze fois.

pour en essayer le ressort, je m'approchai de la barrique, afin d'en attaquer le chêne.

Vous êtes surpris de me voir agir avec cette lenteur quand la soif me torturait; vous ne comprenez pas que j'aie pris toutes ces précautions; vous pensiez que j'allais me mettre aussitôt à faire un trou, n'importe comment, pourvu que je pusse me désaltérer. Toute ma patience fut soumise à une rude épreuve; mais j'ai toujours été d'un caractère réfléchi, même quand j'étais enfant, et je sentais, à l'heure dont je vous parle, que tout le succès de mon entreprise pouvait dépendre du soin que j'y apporterais. J'avais en perspective la mort la plus affreuse; une seule chose devait me sauver, c'était d'ouvrir la barrique, pour cela mon couteau m'était indispensable. Supposez qu'en agissant avec précipitation, je vinsse à en briser la lame, seulement à en casser la pointe, c'était fini, ma mort était certaine.

Ne soyez donc plus étonnés du soin que je prenais de ne rien compromettre. Il est vrai de dire que si j'avais réfléchi davantage, je ne me serais pas donné tant de peine. Quand j'aurais eu la certitude de me désaltérer, à quoi cela devait-il me servir? J'aurais apaisé ma soif; mais la faim? comment la satisfaire? On ne se nourrit pas avec de l'eau; où trouver des aliments?

C'est une chose bizarre, mais cette idée ne me

vint pas. Je n'étais point encore affamé, et la crainte de mourir de soif était jusqu'alors ma seule préoccupation. Plus tard, je devais, hélas! éprouver les mêmes terreurs au sujet du manque de nourriture; mais n'anticipons pas.

Je choisis, sur le côté de la barrique, un endroit où la douelle paraissait être endommagée. Précisément cela se trouvait un peu au-dessous de la moitié de la futaille, et c'était une condition qui me semblait indispensable. La barrique pouvait n'être qu'à moitié pleine, et il fallait absolument la mettre en perce au-dessous du niveau de l'eau, sans quoi j'aurais travaillé en pure perte.

Me voilà donc à l'ouvrage; malgré mon impatience, j'étais satisfait de la rapidité de ma besogne. Mon couteau se comportait à merveille, et si épais que fût le chêne de la futaille, il avait affaire à de l'acier plus dur que lui. Peu à peu les esquilles de bois se détachèrent, et ma bonne lame s'enfonça dans la douelle.

J'avais fini par si bien me familiariser avec les ténèbres, que je ne ressentais plus cette impuissance dont chacun est frappé en tombant dans une nuit profonde. Mes doigts avaient acquis une délicatesse de toucher singulière, ainsi qu'on le remarque chez les aveugles. Je travaillais avec autant de facilité que si j'avais été en plein jour, et je ne pensais même pas à la lumière qui me manquait.

Sans aucun doute, un charpentier, avec son ciseau à mortaise, ou un tonnelier, avec son vilebrequin, aurait été plus vite que moi ; mais j'avais la certitude que j'avançais dans mon œuvre, et je n'en demandais pas davantage.

La crainte de briser mon couteau, crainte que j'avais toujours présente à l'esprit, m'empêchait de me hâter ; je me souvenais du proverbe : « Plus on se presse, moins on arrive, » et je maniais mon outil avec un redoublement de prudence.

Il y avait une heure que je travaillais, quand j'approchai de la surface intérieure de la douelle ; je le voyais à la profondeur de l'excavation que j'avais faite.

Ma main trembla, mon cœur battit avec violence, ce fut un moment d'incroyable émotion, une inquiétude affreuse s'emparait de mon esprit : était-ce bien de l'eau que j'allais trouver? Ce doute m'était déjà venu plusieurs fois, mais jamais avec cette vivacité.

Oh ! mon Dieu ! si, au lieu d'eau, cette futaille contenait de rhum ou de l'eau-de-vie, seulement du vin ! Je savais que pas un de ces liquides n'éteindrait ma soif ; peut-être la calmeraient-ils un instant, mais elle reviendrait ensuite plus dévorante que jamais ; et, perdant mon seul espoir, je mourrais, tué par l'ivresse, comme tant d'autres malheureux.

Le fluide perlait déjà entre la douelle et mon

couteau; j'hésitais à faire la dernière entaille, j'avais peur de ce qui allait en sortir!

Mais la soif triompha de mes inquiétudes; je poussai mon outil, et les dernières fibres du chêne cédèrent. Au même instant, un jet rapide et froid s'échappa de la barrique, me mouilla les mains et se répandit sur ma manche.

Un dernier tour de lame agrandit l'ouverture. Je retirai mon couteau, le jet sortit avec force, et mes lèvres s'y appliquèrent avec délices. Ce n'était ni de la liqueur, ni du vin, mais une eau fraîche et pure comme celle qui jaillit du rocher.

CHAPITRE XXV.

Le fausset.

Comme je bus de cette eau délicieuse! je ne croyais pas pouvoir m'en rassasier. A la fin cependant la quantité d'eau absorbée fut suffisante, et je ne sentis plus la soif.

Toutefois ce résultat ne fut pas immédiat; la première libation ne me désaltéra qu'un instant;

Comme je bus cette eau délicieuse. (Page 156).

mes lèvres se rapprochèrent bientôt de la barrique, et j'y revins à plusieurs reprises avant d'être complétement soulagé.

Il est impossible, même à l'imagination la plus puissante, de se figurer les tortures de la soif; il faut les avoir ressenties pour s'en faire une idée; qu'on juge de leur violence par les expédients auxquels ont eu recours ceux qui les ont subies. Et pourtant, malgré cette angoisse indicible, aussitôt qu'on a bu largement, la douleur s'évanouit avec la rapidité d'un songe; il n'est pas de souffrance comparable qui soit aussi vite guérie.

Ma soif était dissipée, et le bien-être succédait à mon supplice. Toutefois, je n'en perdis pas ma prudence habituelle ; durant les intervalles que j'avais mis entre mes libations, j'avais eu bien soin de fermer l'ouverture de la barrique, en y fourrant le bout de mon index en guise de fausset. Quelque chose me disait de ne pas gaspiller le précieux liquide, et je résolus d'obéir à cette pensée pleine de prudence.

Mais à la longue je me fatiguai de rester ainsi, le doigt passé dans la douelle, et je cherchai un objet qui pût me servir de bouchon. Impossible de rien trouver, pas la moindre baguette, le plus petit morceau de bois dont on pût faire une cheville. J'avais toujours mon index à la futaille, je n'osais pas l'en ôter, et cela paralysait mes recherches.

Comment faire? Je pensai au fromage qui me restait, et je le tirai de ma poche; il s'émietta dès que je voulus m'en servir; du biscuit n'eût pas été meilleur; c'était fort embarrassant.

Tout à coup je songeai à ma veste. Elle était de gros molleton, et en en déchirant un morceau, je pouvais boucher l'ouverture de la futaille.

A peine avais-je eu cette pensée, que mon couteau enlevait une pièce de mon habit, et que fourrant ce chiffon de laine dans la susdite ouverture, le poussant, le serrant avec la pointe de ma lame, je parvins à arrêter le liquide, bien qu'il suât légèrement à travers mon tampon; mais c'était peu de chose, et je m'en inquiétai d'autant moins, que cet expédient n'était que provisoire; pourvu qu'il me permît de trouver mieux, c'était tout ce que je demandais.

J'avais maintenant tout le loisir de la réflexion, et je n'ai pas besoin d'ajouter que le désespoir en fut bientôt la conséquence. A quoi me servirait d'avoir de l'eau? à me faire vivre quelques heures de plus, c'est-à-dire à prolonger mon agonie, car j'avais la certitude de mourir de faim, mes provisions étaient presque épuisées : deux biscuits et quelques miettes de fromage étaient tout ce qui me restait. A la rigueur cela pouvait suffire pour un repas; mais après?... viendrait la faim, puis la faiblesse, le vertige, l'épuisement complet et la mort.

Chose étrange ! cette pensée ne m'était pas venue tant que la soif m'avait dominé. A différents intervalles j'en avais bien eu le soupçon ; mais les tortures présentes me faisaient oublier celles de l'avenir.

Une fois que les premières avaient été calmées, je compris que la faim ne serait pas moins impitoyable que la soif, et le sentiment de bien-être que j'éprouvais disparut devant le sort qui m'attendait. Ce n'était pas même de l'anxiété, qui laisse toujours un peu de place à l'espérance, c'était l'affreuse certitude de ne plus avoir que deux ou trois jours à vivre, et de les passer dans une agonie trop facile à imaginer.

Pas d'alternative : il fallait mourir d'inanition, à moins que je n'eusse recours au suicide. Je pouvais me tuer ; je possédais une arme plus que suffisante pour exécuter ce projet ; mais l'espèce de délire qui, dans les premiers instants de désespoir, m'aurait poussé immédiatement à cet acte de démence, était dissipé, et j'envisageais la situation avec une tranquillité d'esprit qui m'étonnait.

Trois genres de mort se présentaient d'eux-mêmes : la faim, la soif et un coup de couteau pouvaient également terminer ma vie ; la première était inévitable, mais je pouvais choisir entre les trois supplices, et j'examinai quel était celui qui devait me faire le moins souffrir.

Ne soyez pas surpris de me voir livré à cet étrange calcul; songez à la position où je me trouvais, et qui ne me permettait pas d'avoir d'autre idée que celle de la mort.

Le premier résultat de mes réflexions fut d'éliminer la soif; je venais d'en subir les tortures, et je savais par expérience que de toutes les manières de quitter ce monde, c'est l'une des plus affreuses. Restaient la faim et le poignard. Je les pesai longtemps, en les comparant l'une à l'autre, sans savoir auquel des deux accorder la préférence. Malheureusement j'étais dépourvu de tout principe religieux; à cette époque, je ne savais même pas que ce fût un crime d'attenter à ses jours, et cette considération n'entrait pour rien dans mes pensées; la seule chose qui me préoccupait était, comme je l'ai dit plus haut, de choisir le genre de mort qui devait être le moins pénible.

Il faut cependant que le bien et le mal soient instinctifs; malgré mon ignorance de païen, une voix intérieure me disait qu'il était coupable de se détruire, alors même que le supplice vous sauvait du supplice.

Cette pensée triompha dans mon âme, et rappelant tout mon courage, je pris la résolution d'attendre les événements, quelle que pût être la date que Dieu eût fixée pour mettre un terme à mes souffrances.

CHAPITRE XXVI

Une caisse de biscuits.

Je pris non-seulement la résolution de ne pas me suicider, mais celle de vivre le plus longtemps possible. Bien que mes deux biscuits fussent insuffisants pour me faire faire un bon repas, je les partageai en quatre, et me promis de laisser entre chacune de mes collations autant d'intervalles que la faim me le permettrait.

Le désir de prolonger mon existence devenait de plus en plus vif depuis que j'avais ouvert la futaille ; j'avais le pressentiment que ce n'était pas la faim qui me tuerait, tout au moins que je ne mourrais pas par inanition ; et si léger, si fugitif que fût cet espoir, il soutint mon courage et me rendit un peu de force.

Je ne saurais dire où je puisais cette confiance ; mais quelques heures auparavant je ne croyais pas trouver d'eau, et maintenant j'en avais assez pour me noyer; n'était-ce pas la Providence qui m'avait été favorable ? Pourquoi me laisserait-elle mourir de faim, après m'avoir sauvé de la soif ? Je ne voyais pas comment elle me délivrerait ; mais la première chose était de vivre, et, je le répète, j'avais le pressentiment que j'échapperais à la faim.

Je mangeai la moitié d'un biscuit, j'avalai un peu d'eau, car la soif était revenue ; puis ayant rebouché la futaille, je m'assis à côté d'elle. Je ne songeais pas à faire d'efforts ; à quoi bon ? Tout mon espoir reposait sur le hasard, ou plutôt sur la bonté divine, et j'attendis qu'elle voulût bien se manifester.

Néanmoins le silence et les ténèbres avaient quelque chose de si affreux que le murmure intérieur dans lequel résidait ma force devint de plus en plus faible, et fut bientôt étouffé par le découragement. Il y avait à peu près douze heures que j'avais mangé ma première part de biscuit ; j'essayai d'attendre plus longtemps, ce fut impossible. Je dévorai le second morceau ; bien loin de me rassasier, il m'affama davantage, et la quantité d'eau que je bus remplit mon estomac sans satisfaire mon appétit.

Six heures après, la troisième portion avait disparu, et ma faim croissait toujours ; à peine attendis-je vingt minutes pour finir mon biscuit. C'était ma dernière bouchée ; j'avais résolu de la faire durer jusqu'au quatrième jour ; le premier n'était pas passé qu'il ne me restait plus rien. Que devenir ? Je pensai à mes chaussures j'avais lu quelque part que des hommes s'étaient soutenus pendant quelque temps en mâchant leurs bottes, leurs guêtres ou leurs selles. Le cuir, étant un produit animal, conserve quelques propriétés nutritives, même après avoir été travaillé ; et je songeai à mes bottines.

Comme je me baissais pour en défaire les cordons, je fus saisi par quelque chose de froid qui me tombait sur la tête ; c'était un filet d'eau. Le chiffon que j'avais mis à la futaille en avait été repoussé, et l'eau s'échappait par l'ouverture que j'avais faite. Mon étonnement cessa dès que j'en connus la cause. Je bouchai le trou avec mon doigt, je cherchai ma futaine de l'autre main, et l'ayant retrouvée à tâtons, je la replaçai le mieux que je pus.

L'accident se renouvela, il se perdit beaucoup d'eau, et je pensai avec terreur que si la chose se répétait pendant que je serais endormi, la futaille serait vide à mon réveil ; il fallait aviser. Par quel moyen ? Cette question me tira de mon abattement ; je cherchai autour de moi une bûchette, un copeau ; je n'en trouvai pas. Je songeai aux douelles de la futaille dont l'extrémité dépassait le fond : c'était du cœur de chêne, recouvert de peinture, et sa dureté défia tous mes efforts. Avec de la persévérance j'y serais peut-être parvenu ; mais il me vint à l'esprit qu'il me serait plus facile d'entamer le bois de la caisse ; cela devait être du sapin, et non-seulement j'aurais moins de peine, mais la cheville que j'en tirerais vaudrait mieux comme bouchon.

Me retournant aussitôt vers le colis de bois blanc, j'en tâtai la surface pour l'attaquer au bon endroit. L'une des planches de côté faisait saillie ; j'enfonçai mon couteau entre cette planche et la voisine, puis employant toute ma force, j'attirai mon outil vers le bas, en m'en servant comme d'un ciseau, pour détacher les pointes. Je n'avais pas renouvelé mon premier effort que la planche s'écartait déjà de celle où elle était clouée. Probablement que, dans l'arrimage, une secousse violente avait préparé la besogne. Toujours est-il que le haut de cette planche ne tenait plus à la paroi où il avait été fixé ; j'enlevai mon couteau, je saisis la planche à deux mains et la tirai tant que je pus. Les planches grincèrent en s'arrachant, le bois éclata où elles me résistèrent ; et je redoublai d'efforts, quand un bruit tout différent éveilla mon attention : diverses choses, d'une certaine consistance, s'échappaient de la caisse et tombaient avec fracas sur le plancher.

Curieux de savoir ce que cela pouvait être, je suspendis mon travail, et cherchant à mes pieds, j'y trouvai deux objets d'égal volume, dont le contact me fit pousser un cri de joie.

On se rappelle que j'avais acquis au toucher la délicatesse d'un aveugle ; mais alors même que ce sens eût été chez moi plus obtus que chez un autre, je n'en aurais pas moins reconnu ce que j'avais ramassé. Pas moyen de m'y méprendre : c'étaient bien deux biscuits.

CHAPITRE XXVII.

Une pipe d'eau-de-vie.

Deux biscuits ! chacun d'eux aussi large que le fond d'une assiette, d'une épaisseur d'un centimètre et demi ; ronds et lisses, agréables au toucher et d'une belle couleur brune. J'en connaissais la nuance, car je le sentais avec les doigts, c'étaient de vrais biscuits de mer, biscuits de matelots, comme on les nomme pour les distinguer des biscuits blancs du capitaine qui sont à mon avis bien moins bons et bien moins nourrissants.

Qu'ils étaient savoureux ! Jamais je n'avais rien mangé qui me fît autant de plaisir. Un second, un troisième, un quatrième furent engloutis ; peut-être le cinquième et le sixième y passèrent-ils ; j'avais trop faim pour les compter. Je les arrosai d'une eau copieuse, et c'est le repas dont j'ai gardé le meilleur souvenir

À la jouissance qu'on éprouve à manger quand on a faim, et Dieu sait comme elle est grande, se joignait le bonheur que me causait ma découverte ; plus d'inquiétude, la mort qui me menaçait tout à l'heure m'était bien et dûment épargnée ; la Providence m'avait sauvé la vie. Toutefois sans l'effort que j'avais fait pour me procurer une cheville qui pût boucher ma futaille, elle m'aurait laissé périr.

Peu importe, me disais-je, avec ma provision d'eau et ma caisse de biscuits, je peux supporter ma captivité jusqu'au bout du voyage, quand même il durerait plusieurs mois. Je me confirmai dans cette idée par l'inspection de ma caisse : les biscuits roulaient sous ma main en claquant les uns contre les autres, ainsi que des castagnettes.

Quel son plein de charme ! Quelle musique pour mes oreilles ! J'enfonçai les bras dans ce monceau de biscuits avec autant de délices qu'un avare plonge les siens dans un tas d'or. Je ne me lassais pas de les palper, d'en saisir la dimension, l'épaisseur, de les tirer de la caisse, de les y remettre, de les placer avec ordre pour les déranger de nouveau et les replacer encore. Je m'en servais comme d'un tambour, d'une balle ou d'une toupie, et le plaisir que j'y trouvais fut longtemps à se calmer.

Il est difficile de décrire ce qu'on éprouve lorsqu'on échappe à la mort. Un danger vous laisse toujours de l'espoir, il y a de ces chances imprévues, de ces périls qui, en dépit de leur gravité, n'ont point de dénoûment tragique; on ne sait jamais si l'on n'en reviendra pas. Mais quand on a eu la certitude qu'il n'y avait plus qu'à mourir, et que par impossible on est sauvé, la réaction qui s'opère en nous est inexprimable. On a vu des hommes en perdre la tête, ou bien être foudroyés par la joie.

Je n'en perdis ni la vie ni la raison ; mais quiconque m'aurait vu après l'ouverture de la caisse, aurait pu supposer que j'étais fou.

Je ne sais pas combien de temps auraient duré mes transports sans un fait qui les calma tout à coup en me forçant à réfléchir : l'eau s'échappait de la futaille. Le bruit des vagues m'avait empêché de l'entendre à mesure qu'elle tombait; elle glissait entre les planches, et sans doute elle coulait depuis la dernière fois que j'avais bu, car je ne me rappelais pas avoir remis le tampon. Il était possible que je l'eusse oublié dans mon ivresse, et la perte devait être considérable.

Une heure avant je m'en serais moins inquiété; j'aurais toujours eu plus d'eau qu'il m'en fallait pour le peu que j'avais à vivre; mais à présent c'était une chose bien différente. Je pouvais rester plusieurs mois enfermé près de cette futaille ; chacune de ses gouttes d'eau m'était indispensable. Que deviendrais-je si elle tarissait avant qu'on fût au port? Je retomberais dans l'affreuse position d'où je m'étais cru sorti, et ne serais préservé de la faim que pour subir une mort plus douloureuse.

J'arrêtai l'eau immédiatement, d'abord avec mes doigts, puis avec le chiffon; et dès que celui-ci fut à sa place je me mis en devoir de le remplacer par une cheville, comme d'abord j'en avais eu le projet.

Il me fut facile de couper un morceau du couvercle de la caisse, de lui donner une forme conique, et d'en faire un bouchon exactement adapté à l'ouverture qu'il devait clore.

Brave matelot! que je le bénissais pour le couteau qu'il m'avait donné.

Mais combien du précieux liquide avais-je perdu?

Je me reprochais amèrement ma négligence, et je regrettais d'avoir percé la futaille aussi bas. C'était cependant une mesure de précaution; d'ailleurs à l'époque où je l'avais prise, je n'avais d'autre pensée que de boire le plus tôt possible.

Il était encore bien heureux que je me fusse aperçu de la fuite de l'eau; si j'avais attendu qu'elle s'arrêtât d'elle-même, il ne m'en serait pas resté pour une semaine.

Je cherchai à connaître l'étendue de la perte que l'avais faite. Il me fut impossible d'y arriver. Je frappai bien le tonneau à différents endroits; mais les craquements du navire et le bruissement de la mer ne me permirent pas de juger avec exactitude de la différence des sons. Je crus entendre que la futaille sonnait le creux, ce qui annonçait un vide énorme, et j'abandonnai ces recherches qui, sans rien m'apprendre, me causaient une anxiété pénible. Heureusement que l'ouverture de la futaille n'était pas grande ; mon petit doigt suffisait pour la fermer, et à cette époque il n'était guère plus gros qu'une plume de cygne. Il fallait beaucoup de temps pour qu'une masse d'eau considérable s'écoulât par un trou de cette dimension ; je tâchai de me rappeler quand j'avais bu la dernière fois. Il ne me semblait pas qu'il y eût longtemps ; mais dans l'état d'excitation ou plutôt d'ivresse où je me trouvais alors je n'étais pas à même d'apprécier la durée des heures, et j'échouai dans mes calculs.

Je me rappelais avoir entendu dire que les brasseurs, les tonneliers, tous les préposés aux caves des docks savent reconnaître la quantité de liquide renfermée dans un tonneau, sans avoir recours à la jauge ; seulement j'ignorais leur procédé.

Il me venait bien à l'esprit un moyen de m'assurer de ce que je voulais apprendre : j'avais assez de connaissances hydrauliques pour savoir, qu'enfermée dans un tube, l'eau remonte toujours à une hauteur égale à celle d'où elle est partie. Si j'avais eu un siphon, je l'aurais attaché à l'ouverture de la futaille et découvert de la sorte jusqu'où cette dernière était pleine.

Mais je ne possédais ni siphon ni tube d'aucune espèce, et ne m'arrêta pas davantage à ce procédé.

Comme je venais de renoncer à cette idée, il m'en vint une autre d'une exécution tellement simple que je fus surpris de ne pas l'avoir eue tout d'abord. C'était de mettre la futaille en perce un peu plus haut qu'elle ne l'était déjà, puis successivement jusqu'à l'endroit où l'eau cesserait de couler. Je saurais alors à quoi m'en tenir. Si je commençais trop bas j'en serais quitte pour boucher ce premier trou avec une cheville, et ainsi des autres.

Cela devait, il est vrai, me donner beaucoup d'ouvrage; mais je n'en étais pas fâché; le travail fait passer le temps, et une fois occupé, je songerais moins à ce qu'il y avait d'affreux dans ma situation.

Je pensai, toutefois, que d'abord il fallait mettre en perce la futaille qui se trouvait au bout de ma cabine. Si par hasard elle était remplie d'eau, je n'avais plus besoin de m'inquiéter; j'en aurais suffisamment pour faire le tour du monde.

Sans plus tarder, je m'approchai de la tonne en question et me mis à l'œuvre. J'étais moins surexcité que la première fois, le résultat n'ayant pas la même importance, et pourtant la déception que j'éprouvai fut bien vive lorsque la douelle, percée d'outre en outre, laissa échapper un jet d'eau-de-vie à la place de l'eau pure que j'avais espérée.

Il fallut revenir à mon premier dessein, reconnaître où en était ma provision d'eau, maintenant ma seule ressource.

Attaquant le chêne près du milieu de la futaille, je procédai comme je l'avais fait pour l'ouverture précédente, et après un travail d'une heure je sentis la mince pellicule de bois céder sous la pointe de mon couteau. Mon cœur battit bien fort : si le danger de mourir de soif n'était plus immédiat comme il l'avait été, il n'en existait pas moins, et je poussai un cri joyeux lorsque je sentis un filet humide me couler sur les doigts. Je m'empressai de clore cette ouverture et d'en pratiquer une autre à la douelle supérieure.

Le bois ne fut ni moins résistant, ni moins épais, mais j'eus la récompense de mes efforts en me sentant mouillé par l'eau qui sortait de la futaille.

Une troisième douelle fut traversée, j'obtins le même résultat. Une quatrième, et cette fois l'eau ne vint pas; cela n'avait rien de surprenant; j'étais presqu'à l'extrémité de la barrique; mais j'avais trouvé le liquide à l'avant dernière ouverture, et la futaille était encore pleine aux trois quarts. Dieu soit loué ! j'en avais pour plusieurs mois avant de souffrir de la soif.

Enchanté de ma découverte, j'allai m'asseoir et dégustai un nouveau biscuit avec autant de délices que si j'avais mangé de la soupe à la tortue et de la venaison à la table du lord maire.

CHAPITRE XXVIII.

Rations.

Rien ne me causait plus d'inquiétude ; j'étais d'une tranquillité parfaite. L'expectative d'être enfermé pendant six mois aurait été fort pénible en toute autre circonstance ; mais après la crainte de la mort, crainte bien plus effroyable, dont j'étais délivré, mon emprisonnement ne me paraissait plus rien, et je résolus de le supporter avec une entière résignation.

J'avais six mois à passer dans mon cachot ; il n'était pas probable que j'en sortisse avant la fin de ce terme. Six mois ! c'est bien long pour un captif, bien long à passer, même dans une chambre où pénètre la lumière, où l'on trouve un lit, un bon feu, où l'on mange des repas bien préparés, où l'on voit chaque jour quelque figure humaine, où l'on entend sans cesse le bruit des pas, le son des paroles, où soi-même on a l'occasion d'échanger quelques mots avec l'individu qui vous garde.

Mais six mois dans un espace où je ne pouvais

ni me redresser ni m'allonger entièrement, sans feu, sans matelas ni hamac, dans l'obscurité la plus profonde, respirant un air fétide, couché sur la planche, ne vivant que de pain sec et d'eau claire, triste régime, suffisant bien juste à l'homme pour l'empêcher de mourir ; six mois sans la plus légère distraction, n'entendant rien que les craquements continuels du vaisseau et la plainte monotone des vagues, ou leurs grondements furieux, six mois d'une pareille existence n'offraient certes point une perspective agréable.

Cependant, je n'en fus pas attristé. Je me sentais trop heureux de ne pas mourir pour me préoccuper du genre de vie qui m'attendait. Ce n'est que plus tard que je devais me fatiguer de cette odieuse reclusion.

J'étais maintenant tout à ma joie et à la confiance qu'elle m'inspirait. Non pas que cette quiétude allât jusqu'à me faire oublier d'être prévoyant ; j'en revenais toujours à la question des vivres : il était nécessaire de connaître ce que j'avais en magasin ; j'en savais la nature, mais non la quantité, et je repris mes calculs, afin d'être certain que mes provisions dureraient jusqu'au bout du voyage.

Il m'avait semblé d'abord qu'une pareille caisse de biscuits était inépuisable, et que ma futaille ne pouvait pas tarir ; mais après un instant de réflexion, j'eus des doutes à cet égard. Il suffit d'une quantité d'eau imperceptible pour emplir une citerne, lorsque cette eau coule sans cesse. Le contraire n'est pas moins vrai : la citerne se vide par une perte continue, quelque légère que soit cette déperdition constante. Et six mois, c'est bien long ! cela fait presque deux cents jours.

Plus j'y pensais, plus je sentais s'ébranler ma confiance. Pourquoi ne pas mettre un terme à mon incertitude ? me dis-je : mieux vaut savoir à quoi s'en tenir. Si j'ai assez, plus de tourment; si, au contraire, je suis menacé de la disette, je prendrai la seule mesure que la prudence indique, et me rationnerai dès aujourd'hui pour ne pas être pris plus tard au dépourvu.

Quand je me rappelle le passé, je suis surpris de la raison que j'avais alors pour mon âge. On ne sait pas jusqu'où peut arriver la prévoyance d'un enfant, lorsqu'il est en face d'un péril qui éveille l'instinct de conservation, et qui fait appel à toutes ses facultés.

Je pris six mois pour base de mes calculs, c'est-à-dire une période de cent quatre-vingt-trois jours; je ne fis pas même abstraction du temps qui s'était écoulé (à peu près une semaine) depuis que le navire était sorti du port. Cela devait suffire, et au delà, pour que le vaisseau fût arrivé au Pérou; mais en étais-je bien sûr ?

On compte six mois pour faire la route que nous

avions à franchir; était-ce la durée moyenne du voyage ou le terme le plus long qui lui fût assigné? Cela pouvait être celui d'une traversée rapide. J'étais, à cet égard, d'une ignorance complète.

Nous pouvions avoir un calme plat dans la région des tropiques, des tempêtes dans le voisinage du cap Horn, où les vents sont pleins de violence et de caprices; une foule d'obstacles pouvaient retarder la marche du navire et prolonger le voyage bien au delà des six mois.

C'est avec cette appréhension que je procédai à mon enquête. Il était bien simple de savoir quelles étaient mes ressources nutritives; je n'avais qu'à compter mes biscuits. J'en connaissais le volume, et deux par jours pouvaient me suffire, bien qu'il n'y eût pas de quoi engraisser sous ce régime. A la rigueur, un par jour m'aurait soutenu, et je me promis de les épargner le plus possible. Je n'aurais pas même eu besoin de les sortir pour les compter: la caisse, autant que je pouvais en juger, était de quatre-vingt-dix centimètres de long, soixante de large, et en avait trente de profondeur. Chacun des biscuits, épais d'environ deux centimètres, en avait quinze en diamètre, ce qui aurait donné trente-deux douzaines de ces biscuits pour faire le contenu de la caisse.

Mais ce n'était pas une peine, au contraire, c'était

un jeu que de les compter un à un. Je les tirai de la boîte pour les y ranger de nouveau, et je trouvai en fin de compte les trente-deux douzaines, moins huit, dont je connaissais l'emploi.

Ces trente deux douzaines me donnaient trois cent quatre-vingt-quatre biscuits ; ôtez les huit que j'avais mangés, il en restait encore trois cent soixante seize, qui, divisés par deux pour chaque ration quotidienne, ne dureraient pas moins de cent quatre-vingt-huit jours. C'était un peu plus de six mois ; mais dans la crainte où j'étais que le voyage ne durât plus longtemps, il me parut nécessaire de diminuer la ration que je m'étais allouée d'abord.

Toutefois s'il y avait une autre caisse de biscuits derrière celle que j'avais ouverte, cela m'assurerait contre toutes les chances de disette ; je me ferais des rations plus copieuses, et serais plus tranquille pour l'avenir. Qu'y avait-il à cela d'impossible ? Au contraire, la chose était probable. Je savais que, dans l'arrimage d'un navire, on ne se préoccupe pas de la nature des objets qu'on place, mais de leur forme et de leur volume ; d'où il résulte que les choses les plus disparates sont juxtaposées, d'après la dimension de la caisse, de la barrique ou du ballot qui les renferme. Il était donc possible de rencontrer deux caisses de biscuits à côté l'une de l'autre.

Mais comment le savoir ? Je ne pouvais pas faire

le tour de celle que je venais de vider; j'ai dit plus haut qu'elle fermait complétement l'ouverture par laquelle je m'étais introduit. Me faufiler par-dessus était impraticable, et je ne pouvais pas davantage me glisser par-dessous.

« Ah! m'écriai-je, sous l'inspiration d'une idée subite, je vais passer à travers. »

Ce n'était pas extrêmement difficile : la planche que j'avais arrachée, et qui appartenait au couvercle, laissait une ouverture assez grande pour y fourrer mon corps. Je pouvais donc gagner l'intérieur de la caisse, en percer le fond avec mon couteau, et, par ce nouveau trou, m'assurer de ce qu'il y avait derrière.

Immédiatement je fus à la besogne: j'élargis un peu l'entrée du colis, de manière à y travailler plus à l'aise, et j'attaquai la planche qui était en face de moi. Le sapin dont elle était composée m'offrait peu de résistance; toutefois, je n'avançai pas, et j'eus une autre idée. Je venais de découvrir que le fond était simplement fixé aux parois avec des pointes, et qu'avec un marteau, ou un maillet, il serait facile de l'en déclouer. Je n'avais ni marteau ni mailloche, mais des talons qui pouvaient m'en servir Je me plaçai horizontalement, saisis de chaque main l'un des montants de la caisse, et donnai de si vigoureux coups de pied, que bientôt l'une des planches du fond se détacha et alla se heurter contre un objet pesant qui l'empêcha d'aller plus loin.

Je me retournai bien vite pour examiner mon succès. Les pointes étaient arrachées, mais la planche se tenait toujours debout, et ne permettait pas de sentir ce qui se trouvait derrière elle.

Après beaucoup d'efforts, je réussis néanmoins à la pousser un peu de côté, puis à la faire descendre, et j'obtins un vide assez grand pour y passer la main.

C'était une caisse que rencontrèrent mes doigts, une caisse d'emballage pareille à celle que j'avais brisée; mais rien ne m'en faisait pressentir le contenu. Je renouvelai mes efforts, et finis par mettre le fond détaché dans une position horizontale, de manière qu'il ne me fît plus obstacle Il y avait à peine cinq centimètres d'une caisse à l'autre, et, reprenant mon couteau, j'attaquai le nouveau colis avec une ardeur qui ne tarda pas à y pratiquer une brèche.

Hélas! quelle déception! Je trouvai une matière laineuse, des couvertures ou du drap tellement comprimé, qu'il offrait à la main la résistance d'un morceau de bois; mais de biscuits, pas un atome. Je n'avais plus qu'à me contenter de la première caisse, et à diminuer mes rations pour conserver la chance de ne pas mourir de faim.

CHAPITRE XXIX.

Jaugeage du tonneau.

Je rangeai d'abord tous les biscuits, opération indispensable, car j'étais si à l'étroit qu'ils occupaient la moitié de ma cabine et m'empêchaient de me retourner. Pour les faire tenir dans la caisse, je fus obligé d'en faire des piles régulières, et de les remettre avec soin, tels que le fournisseur les y avait placés; lorsque j'eus compté mes trente et une douzaines, plus quatre biscuits, il ne resta d'autre vide que l'espace où avaient été les huit que j'avais fait disparaître.

J'avais maintenant le compte exact de mes provisions de bouche, du moins quant au solide. Je résolus de ne jamais dépasser ma ration (deux biscuits par jour), et de la rogner toutes les fois que, par une cause ou par une autre, je me sentirais plus capable de supporter la faim. Cette disposition économique, si toutefois je l'observais avec fidélité, rejetterait l'époque du dénûment absolu bien au delà des six mois du voyage ordinaire.

Il n'était pas moins indispensable de régler ma portion d'eau quotidienne; mais il restait toujours à établir la quantité contenue dans la futaille, afin de la diviser en autant de rations que j'avais de parts de biscuit. Comment arriver là? C'était une ancienne tonne de vin ou d'eau-de-vie, du moins, je le présumais, car, sur les navires de cette espèce, c'est en général ce qui sert à embarquer la provision d'eau pour l'équipage. Si j'avais pu savoir quelle sorte de liquide elle avait contenu jadis, il m'aurait été facile de faire mon calcul, et d'une façon exacte : je possédais sur le bout du doigt ma table des liquides, la plus difficile de toutes. Elle m'avait valu tant de coups de férule, que j'avais fini par la répéter d'un bout à l'autre sans me tromper d'un gallon[1]. Pipes, tonneaux, pièces et futailles, barils de liqueurs, tonnes de vin, je savais distinguer tous ces termes, et j'en pouvais dire la capacité, pourvu toutefois qu'ils fussent qualifiés par leur contenu. Était-ce du rhum, de l'eau-de-vie, du gin, ou du porto, du malaga, du ténériffe, du madère, qu'il y avait eu dans ma tonne? Je m'imaginais reconnaître le parfum du xérès ; c'eût été alors une belle et bonne pipe de cent huit gallons. Mais ce pouvait être le bouquet du madère, du vin du Cap, ou de Marsala, et ma pipe ne serait plus alors que de quatre-vingt-douze gallons ; et si c'était

---

1. 4 litres et demi.

du porto, mieux encore du whisky d'Écosse, j'aurais eu cent vingt gallons. Quant à cela, je ne m'y serais pas trompé ; j'aurais reconnu tout de suite, en buvant, cette saveur particulière que le whisky donne à l'eau, quelle que soit sa dose infinitésimale.

Après tout, il était possible que je ne m'en fusse pas aperçu ; j'avais tellement soif, que je n'avais pensé qu'à boire et à me désaltérer. J'ôtai le fausset et goûtai l'eau avec réflexion : elle avait un zeste liquoreux, cela ne faisait pas le moindre doute ; restait à dire lequel ; et du madère au xérès, la différence (je parle de la dimension de la pipe) était trop grande pour baser mon calcul sur un soupçon que rien ne venait justifier. Il fallait chercher autre chose.

Heureusement qu'à l'école de mon village, notre bon magister avait joint quelques principes de géométrie à nos leçons d'arithmétique.

Je me suis demandé bien des fois comment il se fait qu'on néglige d'enseigner les éléments scientifiques les plus indispensables, tandis qu'on a grand soin de faire entrer dans la tête de nos malheureux enfants tant de vers irrationnels, pour ne rien dire de plus. J'ai la persuasion, et je le déclare sans hésiter, que la connaissance d'une simple loi mathématique, apprise en huit jours, est plus utile à l'humanité que l'étude complète de toutes les langues mortes de la terre. Le grec et le latin ! que d'obstacles n'ont-ils pas mis au progrès scientifique.

Je vous disais donc que mon vieux maître d'école m'avait donné quelques notions de géométrie : je connaissais le cube, la pyramide, le cylindre, le sphéroïde et les sections coniques ; je savais qu'un baril est formé de deux cônes tronqués, se rencontrant par la base.

Pour m'assurer de la capacité de mon tonneau, il me suffisait dès lors d'en connaître la longueur, ou même la moitié de cette dernière, plus la circonférence de l'un des bouts, et celle du milieu, ou de la partie la plus grosse. Avec ces trois dimensions, je pouvais dire, à peu de chose près, combien la futaille renfermait de pouces cubes d'eau ; je n'aurais ensuite qu'à diviser mon total par la capacité de la mesure que je voulais employer comme étalon.

Il ne me restait plus qu'à prendre les trois dimensions dont j'ai parlé ; mais c'était là toute la difficulté : comment faire pour obtenir ces mesures ?

La longueur était facile à connaître, puisqu'elle se déployait devant moi ; mais les deux circonférences m'échappaient totalement : j'étais trop petit pour atteindre le sommet de la futaille, et les ballots qui le bloquaient de chaque côté m'empêchaient d'en mesurer le bout.

Autre obstacle : je n'avais pas de mètre, pas de ficelle, rien qui pût servir de base à mon opération ; comment savoir le chiffre des mesures que j'aurais prises si rien ne me l'indiquait ?

J'étais cependant résolu à ne pas abandonner mon problème, avant d'y avoir bien réfléchi. Ce travail de tête me distrairait, chose importante dans ma triste position. Mon vieux maître d'école m'avait encore appris cette vérité précieuse, qu'avec de la persévérance on mène à bien ce qui paraît impossible. Je me rappelais ses conseils à cet égard, et je me promis de ne renoncer à mon entreprise qu'après avoir épuisé toutes les ressources de mon imagination; et en y consacrant moins de temps que je n'en ai mis à vous expliquer tout cela, je trouvai le moyen d'arriver à mon but.

CHAPITRE XXX.

Ma règle métrique.

C'est en examinant la futaille avec la ferme résolution de la mesurer que je fis précisément la découverte que je cherchais. Ce qu'il me fallait, c'était une broche, une baguette de longueur suffisante pour traverser la barrique dans sa partie la plus épaisse. Il était évident que si j'introduisais cette broche dans le tonneau, et que je le fisse toucher les douelles de la paroi opposée, je connaîtrais la mesure exacte du diamètre, puisque la broche serait le diamètre même. Je n'aurais plus qu'à multiplier celui-ci par trois pour avoir la circonférence, qui, du reste, ne m'était pas nécessaire, l'un ou l'autre de ces deux termes ayant absolument les mêmes propriétés arithmétiques : divisez l'un, ou multipliez l'autre par trois, et vous aurez toujours le même chiffre. Rappelons-nous cependant que ce résultat n'est pas d'une exactitude mathématique ; mais il suffit pour toutes les opérations usuelles.

Il arrivait justement que l'une des ouvertures que j'avais faites à mon tonneau se trouvait dans la partie la plus convexe de la douelle. En y introduisant un bâton, j'aurais donc mon diamètre, comme je le disais tout à l'heure.

« Vous pouviez, direz-vous, arriver au même résultat en plantant votre baguette à côté de la futaille, et en lui faisant une marque au niveau du point culminant de cette dernière. » J'en conviens ; mais il fallait pour cela que mon tonneau reposât sur une surface unie, que rien ne dérangeât ma baguette de sa position verticale, et qu'il y eût assez de lumière pour que je pusse voir l'endroit où elle atteignait le niveau qu'il s'agissait d'y marquer. Mais il n'y fallait pas songer : le bas de la futaille s'enfonçait entre les planches de la cale, et ma règle ne m'aurait plus donné qu'une section du diamètre.

Je fus donc obligé de m'en tenir au moyen que je vous indiquais d'abord, et j'en revins à l'introduction de ma baguette par l'ouverture centrale que j'avais pratiquée à la futaille

« Mais où trouver cette baguette ? » La chose était facile. Le couvercle de la caisse où étaient mes biscuits m'en fournissait la matière, et je me mis à l'œuvre aussitôt que j'y eus pensé.

La planche en question n'avait guère, il est vrai, qu'une longueur de soixante centimètres, et la futaille paraissait bien avoir le double d'épaisseur ; mais avec un peu de ressources dans l'esprit, on pouvait y remédier : il ne fallait pour cela que faire trois baguettes, les amincir par le bout et les réunir ensuite, pour former un bâton d'une longueur suffisante.

C'est à quoi je m'appliquai. Il était facile de couper la planche en suivant les fibres du sapin ; et avec de l'attention, grâce au peu de dureté du bois blanc, je parvins à entailler mes baguettes sans diminuer plus que de raison l'épaisseur que je devais laisser à la portion amincie.

Une fois mes trois bâtons bien arrondis, bien lisses, et la pointe en biseau, je n'avais qu'à me procurer de la corde pour les attacher. C'était pour moi ce qu'il y avait de plus facile : j'avais des brodequins lacés avec deux petites courroies en veau, ayant un mètre chacune ; c'était précisément l'affaire. Je pris mes lacets, je complétai mon ajustage, et me trouvai possesseur d'une jauge d'un mètre et demi, dimension plus que suffisante pour traverser mon tonneau dans sa plus grande largeur.

« Enfin, m'écriai-je, en me levant pour procéder à mon opération, je vais savoir à quoi m'en tenir ! » Je m'approchai de la futaille, et je renonce à dépeindre mon désappointement, lorsque tout d'abord je fus arrêté par un obstacle imprévu. Impossible d'introduire ma baguette dans la barrique ; non pas que l'ouverture que j'avais pratiquée fût trop étroite, mais l'espace me manquait pour manœuvrer ma jauge. Si ma cabine avait deux mètres de longueur, elle avait tout au plus soixante centimètres de large, et c'était dans le sens de son petit diamètre que je devais fourrer mon bâton dans la futaille. Il n'y avait pas moyen d'y songer. Courber cette baguette inflexible, c'eût été la rompre immédiatement.

J'étais vexé de ne pas m'en être aperçu ; j'aurais dû le voir avant de rien entreprendre ; mais j'avais encore plus de chagrin que de dépit, en songeant qu'il fallait renoncer à mon entreprise. Toutefois un nouveau plan se dessina bientôt dans ma tête, et vint m'apprendre qu'il ne faut jamais s'arrêter à des conclusions irréfléchies. Je venais de découvrir le moyen de faire entrer ma jauge sans la courber le moins du monde, et sans la raccourcir.

Je n'avais qu'à en démonter les trois morceaux; à passer d'abord le premier dans l'ouverture de la barrique, à y attacher la seconde pièce, que je pousserais ensuite, et à procéder de la même façon pour compléter la jauge, en y ajoutant la dernière partie.

Quand j'eus posé ma dernière courroie, je dirigeai ma baguette de manière à toucher la douelle opposée, bien en face de l'ouverture où je l'avais introduite, et, l'assujettissant d'une main ferme, je lui fis une entaille au niveau de la douelle; je défalquai ensuite l'épaisseur que celle-ci pouvait avoir, et j'eus la mesure exacte dont j'avais besoin pour établir mon calcul.

J'avais retiré ma broche pièce à pièce, comme je l'avais introduite, en ayant soin de marquer l'endroit où se trouvaient les jointures, afin de pouvoir lui rendre absolument la même dimension qu'elle avait dans le tonneau; car une erreur d'un centimètre aurait produit dans mon total une différence considérable, et il était important d'avoir une donnée avant de rien commencer.

Je possédais le diamètre de la base de mon cône, il me fallait maintenant celui du bout de la futaille, qui en faisait le sommet tronqué. Rien n'était plus facile. Je n'aurais pas pu mettre le bras entre le tonneau et les caisses dont il était environné, mais je pouvais y passer ma jauge, l'appuyer contre le rebord du côté opposé, y marquer le petit diamètre, ainsi que j'avais fait précédemment; et ce fut l'affaire d'une minute.

Restait à m'assurer de la longueur de la futaille, et cette opération, très-simple en apparence, ne m'en donna pas moins beaucoup de peine. « Cela se bornait, direz-vous, à placer la baguette parallèlement à la tonne, et à y faire aux deux bouts une entaille qui en indiquât la longueur. » Rien n'est plus vrai; mais il aurait fallu, comme je l'ai dit plus haut, que ma cabine fût assez éclairée pour me permettre de voir à quel endroit de ma baguette correspondait l'extrémité de la barrique, dont je ne distinguais pas même l'ensemble. Dans la nuit profonde où je me trouvais alors, il ne m'était possible de découvrir les objets qu'au moyen de l'attouchement; c'était avec les doigts que je pouvais dire où commençait la futaille, et il n'y avait pas moyen d'en sentir l'extrémité en même temps que celle de la baguette, puisqu'il y avait entre les deux un espace beaucoup plus grand que ma main. Autre difficulté, la jauge pivotait sur le ventre du tonneau, et pouvait, en décrivant une diagonale, me causer une erreur qui annulerait tous mes calculs. Impossible d'opérer sur une base aussi incertaine, et je fus pendant quelques instants fort embarrassé pour résoudre mon problème

J'étais d'autant plus contrarié de ce nouvel empêchement, que je ne l'avais pas soupçonné. J'avais regardé comme beaucoup plus difficile d'obtenir la base et le sommet que la hauteur de mon cône, et je m'irritais de cet obstacle inattendu.

Mais la réflexion vint encore à mon aide, et je finis par trouver le moyen de vaincre la difficulté. Je n'avais qu'à me fabriquer une autre baguette, en coupant deux longueurs à ma planche de sapin, et en les réunissant comme j'avais déjà fait.

Cette besogne terminée, j'appliquai ma première jauge à l'extrémité de la futaille, de la même manière que si j'avais voulu de nouveau en prendre le diamètre. Elle en dépassa le dernier cercle de trente ou quarante centimètres. Je pris alors ma seconde règle, en appuyai le bout contre la partie saillante de la première, de façon à former un angle droit dont le grand côté se prolongeât parallèlement à la longueur du tonneau ; je fis une marque à l'endroit le plus renflé de celui-ci, par conséquent au milieu, et, déduction faite de l'épaisseur du rebord et de celle du fond, j'eus la demi-longueur de la capacité de la futaille, ce qui me suffisait parfaitement, puisque deux demies font un entier.

Je possédais enfin les éléments du problème et n'avais plus qu'à en chercher la solution.

CHAPITRE XXXI.

Quod erat faciendum.

Trouver le contenu de la futaille en pieds ou en pouces, et le réduire ensuite par gallons ou par quarts, n'était qu'une opération arithmétique devant laquelle je ne me serais pas arrêté. Je n'avais pour la faire ni crayon, ni ardoise, ni plume, ni encre ; j'en aurais eu, d'ailleurs, qu'il faisait trop noir dans ma cabine pour qu'ils pussent me servir ; mais je n'en avais pas besoin. Il m'était souvent arrivé de faire des calculs de tête, et d'additionner, de soustraire, de multiplier ou de diviser des sommes importantes, sans avoir recours au papier ; le problème qu'il s'agissait de résoudre aurait employé peu de chiffres, et aurait été pour moi d'une solution facile.

Remarquez-le bien, je parle au conditionnel, ce qui suppose une difficulté quelconque. Effectivement, je rencontrais un nouvel obstacle. Avant de chercher quel pouvait être le contenu de ma barrique, une opération préliminaire était indispensable. J'avais pris trois mesures : la hauteur et les deux diamètres de l'un de mes cônes; mais quelles étaient ces mesures ? Il fallait d'abord les ramener à des chiffres, afin de savoir ce qu'elles représentaient. Je les supputais bien d'une manière approximative; mais à quoi bon ? les calculs ne se font pas avec des à peu près. Toute la peine que je m'étais donnée resterait donc inutile jusqu'au moment où j'aurais le chiffre exact des mesures que j'avais prises.

Cette difficulté me parut insurmontable. Si l'on considère que je n'avais pas de pied, pas de mètre, pas d'échelle graduée, on en conclura que je devais renoncer à mon problème. Je ne pouvais pas m'établir de règle métrique sans avoir un étalon connu, en rapport avec la solution demandée.

Dans ma position n'était-ce pas s'évertuer à la recherche de l'impossible ?

Je l'avais cru d'abord, et maintenant je savais le contraire. Tout le travail que j'avais fait, mes baguettes si bien polies, si soigneusement ajustées, mes trois mesures relevées avec tant d'exactitude, allaient enfin me servir. Au fond, croyez bien que je l'avais su avant de me donner tant de peine. Si j'ai eu l'air d'avoir été inquiet au moment de jouir de mes efforts, c'était simplement pour vous intriguer à cet égard, et parce que, dans le premier instant, j'avais bien eu la crainte de ne pas triompher de cet obstacle.

Vous demandez comment j'ai fait?

La chose était bien simple.

Quand j'ai dit plus haut que je ne possédais pas de mètre, j'exprimais littéralement la vérité; mais j'en étais un moi-même. Vous rappelez-vous que je m'étais mesuré sur le port, et que j'avais quatre pieds juste? De quelle valeur cette connaissance n'était-elle pas dans le cas dont il est question?

Dès que j'étais sûr d'avoir quatre pieds[1] je pouvais marquer cette longueur sur l'une de mes baguettes, et en faire la base de mes calculs.

Pour en arriver là, je m'étendis bien par terre, la plante des pieds posée verticalement contre l'une des côtes du vaisseau; après avoir placé la baguette sur moi, je l'appuyai d'un bout à la planche où s'appliquaient mes pieds, de l'autre sur mon front : et de la main qui était libre, indiquant le sommet de ma tête, je marquai avec mon couteau l'endroit qui correspondait sur la baguette avec le dessus de mon crâne.

Mais il se présentait de nouvelles difficultés; ma règle de quatre pieds, ou de cent vingt centimètres, ne me servait pas encore à grand'chose. Il aurait fallu, pour qu'elle me fût utile, que les parties mesurées

---

[1]. Le pied anglais équivaut à 30 centimètres et demi.

se fussent trouvées précisément de cette longueur, sans quoi elle ne pouvait m'en indiquer la dimension. Or, en supposant que l'une d'elles fût précisément de quatre pieds, comme elles différaient toutes les trois, il y en avait au moins deux qui me seraient restées inconnues ; d'où le besoin de diviser en pouces, et même en fraction de pouces, l'échelle que je venais d'obtenir. Grande affaire que de diviser quatre pieds en quarante-huit pouces et d'en marquer la division sur la baguette qui les représentait !

Cela vous semble facile. La moitié de mes quatre pieds m'en donnaient deux, qui, partagés en deux, m'en donnaient un ; la moitié de celui-ci marquait six pouces, que je pouvais diviser encore en deux, puis en trois, pour avoir l'unité, qui devait me suffire, et qu'à la rigueur je pouvais réduire en deux moitiés de quatre lignes [1].

En théorie, cela paraît très-simple ; mais il est difficile de le mettre en pratique sur une baguette unie, et dans les ténèbres les plus profondes.

Comment trouver le milieu de cette baguette de quatre pieds, le milieu exact ? car il fallait que ce fût juste. Comment ensuite diviser et subdiviser mes deux pieds avec assez de précision pour trouver dans chacun les douze pouces de rigueur, tous égaux, cela va sans dire, ou pas de calcul possible ?

---

1. Le pouce anglais se compose de huit lignes.

J'avoue que cette difficulté m'embarrassa vivement, et que j'eus besoin d'y réfléchir.

Néanmoins, au bout de quelques minutes, voici le moyen que je mis en œuvre.

Je commençai par couper un troisième bâton ayant un peu plus de deux pieds, ce qui m'était facile d'une manière approximative ; je l'appliquai sur la baguette de quatre pieds, ainsi qu'on fait pour mesurer quelque chose dont la dimension outrepasse le mètre dont on se sert. La première fois, deux longueurs de ce bâton avaient dépassé l'entaille qui marquait la première mesure. Je raccourcis ma nouvelle baguette, et recommençant l'opération, je m'éloignai moins de l'entaille. Je répétai le procédé, si bien qu'à la cinquième épreuve mes deux longueurs correspondirent exactement avec les quatre pieds de la mesure primitive, et je pus la diviser avec certitude par une coche exactement faite au milieu.

Si le moyen était bon, il faut convenir qu'il exigeait beaucoup de patience ; mais le temps ne me manquait pas ; j'étais heureux de l'employer, et j'avais trop d'intérêt à ce que mon opération fût précise pour regarder au soin qu'elle demandait.

Cependant, malgré le peu de valeur que le temps avait pour moi, j'en vins à simplifier la besogne, en substituant à la baguette d'essai un cordon qui, une fois à la longueur voulue, n'avait plus besoin que d'être plié en deux pour me fournir la division cherchée.

Rien n'était meilleur pour cet objet que les lacets de cuir de mes bottines, dont le grain serré ne permettait pas qu'on les allongeât. Un pied en ivoire ou en buis n'aurait pas fait une règle plus exacte.

Je les réunis par un nœud solide, afin de contrôler les premières mesures que j'avais prises, et je recommençai mon examen jusqu'à certitude complète. J'ai dit quel préjudice une erreur pouvait porter à mes calculs ; toutefois elle était bien moins dangereuse en divisant les quatre pieds qu'en partant de la multiplication des pouces : dans le premier cas l'erreur s'amoindrissait à chaque subdivision, tandis qu'elle se serait doublée à chaque partie de l'opération inverse.

J'étais facilement arrivé à couper ma lanière à la longueur d'un pied ; il m'avait suffi de la diviser deux fois en deux parties égales ; mais arrivé là, je pliai mon lacet en trois, et ce ne fut pas sans peine : il est beaucoup plus difficile de prendre le tiers que la moitié ; cependant j'y parvins à ma satisfaction J'avais pour but d'obtenir trois morceaux de quatre pouces chacun, afin de n'avoir plus qu'à les plier en deux, puis à les diviser une seconde fois, pour arriver à la mesure exacte du pouce, très-difficile à se procurer, à cause de sa petitesse.

Pour être plus certain de l'exactitude de mon opération, j'en fis la preuve en divisant la moitié de la courroie à laquelle je n'avais pas touché, et ce fut avec une joie bien vive que j'obtins le même résultat, sans qu'il y eût la différence de l'épaisseur d'un cheveu entre les points correspondants.

J'avais donc tout ce qu'il fallait pour compléter la graduation de ma baguette, et, au moyen des morceaux de cuir exactement taillés, je marquai sur ma jauge les quarante-huit divisions de mes quatre pieds, représentant quarante-huit pouces. Cette dernière besogne fut longue et délicate, mais je fus récompensé de mon travail par la possession d'une règle métrique sur laquelle je pouvais enfin compter, chose importante, puisque cela devait me permettre de résoudre un problème qui, pour moi, pouvait être une question de vie ou de mort.

Je fis immédiatement mes calculs, et sus bientôt à quoi m'en tenir. J'avais mesuré mes deux diamètres, pris la moyenne de leur longueur totale, et, de cette moyenne, fait une mesure de surface, en multipliant par huit et divisant par dix. J'eus alors la base d'un cylindre égal à la troncature d'un cône de même altitude; et en multipliant ce résultat par la longueur, j'obtins la masse cubique dont je voulais connaître le volume.

Je divisai cette masse par soixante-neuf, et j'eus le contenu de ma futaille.

Quand celle-ci était pleine, elle renfermait un

peu plus de cent gallons, près de cent huit. Je ne m'étais pas trompé, ce devait être une ancienne pipe de xérès.

CHAPITRE XXXII.

Horreur des ténèbres.

Le résultat de mon calcul était des plus satisfaisants : déduction faite de l'eau qui s'était répandue, et de celle que j'avais consommée, il en restait encore plus de quatre-vingts gallons, soit une ration quotidienne d'un demi-gallon pendant cent soixante jours, ou d'une quarte pendant trois cent vingt, presque une année entière ! Une demi-quarte par repas devait certainement me suffire, et la traversée durerait moins de trois cents jours; c'est plus qu'on ne met pour faire le tour du monde. Ainsi, quelle que fût la durée du voyage, il était certain que je ne souffrirais pas de la soif.

J'avais plus à craindre la disette, mon biscuit me paraissait un peu court; cependant, avec mes projets d'économie, je devais avoir assez pour vivre, et je n'éprouvai plus d'inquiétude à cet égard.

Je restai plusieurs jours sous l'influence de cette heureuse impression ; et malgré ce qu'il y avait de pénible dans ma captivité, où chaque heure en paraissait vingt-quatre, je supportais assez bien mon nouveau genre de vie. Je passais une partie de mon temps à compter non-seulement les minutes, mais les secondes. Par bonheur, j'avais ma montre, qui me permettait de me livrer à cette occupation, et me tenait compagnie avec son joyeux tic tac. « Jamais elle n'a battu d'aussi bon cœur ; sa voix n'a jamais été si forte, » me disais-je avec surprise. J'avais raison ; ma cellule était sonore, et le bruit du mouvement de la petite machine était doublé par les murailles de bois qui entouraient ma case. Avec quelle sollicitude je la remontais avant qu'elle eût dévidé toute sa chaîne, de peur qu'en s'arrêtant elle ne dérangeât mes comptes ? Ce n'est pas qu'il me fût important de savoir quelle heure il pouvait être. Que le soleil brillât dans toute sa gloire, ou qu'il se fût effacé à l'horizon, je ne m'en apercevais nullement ; la plus mince partie de sa lumière ne pénétrait pas dans mon cachot. Et cependant je savais distinguer la nuit du jour. Cela vous étonne ; vous ne comprenez pas comment j'y arrivais après avoir passé les premiers instants de ma réclusion sans m'occuper des heures. Mais depuis des années, j'avais l'habitude de me coucher à dix heures du soir, et de me lever à six heures du matin. C'était la règle dans la maison de mon père, aussi bien que chez mon oncle, et j'y avais été soumis avec une exactitude rigoureuse. Il en résultait qu'aux environs de dix heures j'avais envie de dormir ; et l'habitude en était si bien prise, qu'elle persista malgré le changement de situation. Je ne fus pas longtemps à m'en apercevoir : le besoin de sommeil se faisait régulièrement sentir ; et j'en conclus qu'il était près de dix heures du soir lorsque j'éprouvais ce besoin irrésistible. J'avais également observé que je me réveillais au bout de huit heures, et qu'alors je n'avais plus la moindre envie de dormir. A mon réveil, il devait être six heures du matin ; et je réglai ma montre d'après cette donnée.

Il y avait pour moi, sinon de l'importance à mesurer les jours, du moins une satisfaction réelle à savoir au bout de vingt-quatre heures qu'il y en avait un d'écoulé ; c'était le seul moyen de me rendre compte de la marche du navire ; et quand l'aiguille avait accompli deux fois le tour du cadran, je le marquais sur une taille que j'avais faite à cette intention. Je n'ai pas besoin de dire avec quel intérêt je tenais ce calendrier, auquel j'avais fait quatre incisions pour marquer les jours qui avaient précédé l'époque où je m'en étais occupé, laps de temps dont plus tard je reconnus l'exactitude.

C'est ainsi que pendant près d'une semaine passèrent les heures ; ces heures si longues, si ténébreuses et si lourdes, qui m'accablaient parfois d'un immense ennui, mais que je suportais avec résignation.

Chose singulière, c'était l'obscurité qui m'était le plus pénible; j'avais d'abord souffert de ne pas pouvoir me tenir debout, et de la dureté des planches lorsque j'étais couché ; mais j'avais fini par en prendre l'habitude ; il m'avait été d'ailleurs facile de remédier au second de ces deux inconvénients. La caisse, vous vous le rappelez, qui se trouvait derrière mes biscuits, était remplie d'une grosse étoffe de laine, formant des rouleaux serrés comme on les fait dans les manufactures. Pourquoi ne m'en serais-je pas servi pour rendre ma couche un peu plus confortable ? Aussitôt pensé, aussitôt fait. J'ôtai les biscuits de la première caisse, j'élargis l'ouverture que j'avais pratiquée dans le couvercle de la suivante, et j'arrachai, non sans peine, l'un des rouleaux d'étoffe qui s'y trouvaient contenus. J'en tirai un second, puis un troisième, qui vinrent plus facilement, et qui devaient suffire à ce que j'en voulais faire. Il me fallut deux heures pour en arriver là : mais aussi je fus en possession d'un tapis moelleux et d'un matelas, peut-être non moins chers que ceux d'un roi, car je sentais, à la main, un tissu d'une qualité superfine.

Après avoir remis les biscuits à leur place, j'étendis sur le plancher plusieurs doubles de cette étoffe, aussi épaisse que douce, et me reposai avec bonheur sur cette couche élastique.

Mais je n'en étais pas moins malheureux de la privation de lumière. Il est impossible d'exprimer combien on souffre au milieu d'une obscurité absolue; et je comprenais pourquoi on avait toujours considéré la mise au cachot comme la peine la plus grave qu'on pût infliger aux captifs. Il n'est pas étonnant que ces infortunés aient blanchi, et perdu l'usage de leurs sens, au fond des caves où ils étaient détenus; car au supplice que vous font endurer les ténèbres, on reconnait que la lumière est indispensable à la vie.

Il me semblait que si j'avais pu avoir une lampe, quelque faible qu'eût été sa clarté, les heures m'auraient paru moitié moins longues. Cette nuit perpétuelle me faisait l'effet de s'enrouler autour des rouages de ma montre, d'en arrêter la marche, et de suspendre le cours du temps. Cette obscurité, où la forme des objets avait disparu, me causait un mal physique, une souffrance que la lumière eût guéri tout à coup. J'éprouvais ce que ressentent les malades pendant ces nuits fièvreuses, où ils comptent péniblement les heures, en soupirant après l'aurore.

CHAPITRE XXXIII.

Tempête.

Il y avait plus de huit jours que je menais cette existence d'une odieuse monotonie. La seule voix qui frappât mon oreille était la plainte des vagues qui gémissaient au-dessus de ma tête; oui, au-dessus de ma tête, car je plongeais dans l'abîme, à une grande distance de la surface de la mer. De loin en loin je distinguais un bruit sourd, causé par un objet pesant qui tombait sur l'un des ponts. Lorsque le temps était calme, je me figurais entendre le son de la cloche qui appelait les hommes de quart, mais je n'en étais pas sûr; le bruit était si faible et si lointain, que je n'aurais même pas affirmé que ce fût le tintement d'une cloche, encore ne l'entendais-je que pendant une accalmie.

Par contre je saisissais les moindres changements de temps; j'aurais pu dire quand fraîchissait la brise, tout aussi bien que si j'avais été sur le grand mât. Le roulis du vaisseau, les craquements de sa membrure m'indiquaient la force du vent, et si la mer était grosse ou paisible. Le sixième jour de mon calendrier, ce qui faisait le dixième depuis notre départ, il y eut tempête dans toute l'acception du mot. Elle dura quarante heures et me fit croire bien des fois que le bâtiment allait s'ouvrir. Tout craquait autour de moi; les caisses, les tonneaux qui remplissaient la cale se heurtaient avec un bruit terrible contre les murs de ma prison, et de grosses lames, *des coups de mer*, comme les appellent les matelots, se ruaient avec furie sur les flancs du navire, qu'elles semblaient vouloir mettre en pièces.

J'étais convaincu que nous allions faire naufrage, et il est plus facile de concevoir que de dépeindre quelle était ma situation; je n'ai pas besoin de vous dire que j'étais plein de frayeur. Pouvais-je ne pas trembler quand je pensais que le vaisseau coulerait à fond, et qu'enfermé de toute part dans mon étroit cercueil, je ne pourrais pas faire le moindre effort pour me sauver. Je suis sûr que j'aurais eu moitié moins d'effroi si j'avais été libre.

Pour comble de malheur, je fus repris du mal de mer, ce qui arrive toujours en pareil cas, lors d'une première traversée. Le grand vent ramène l'odieuse maladie, et parfois avec autant de force qu'au moment du départ. Il est facile de le comprendre; c'est la conséquence des mouvements désordonnés du vaisseau, fouetté par la tempête.

Après deux jours et une nuit de péril, le vent tomba, et le calme succéda aux colères de l'ouragan ; je n'entendais pas même le murmure que produit la course du navire qui fend les vagues. Mais le roulis n'avait pas cessé, et les caisses et les futailles se heurtaient avec le même fracas. C'était le soulèvement des flots qui persiste après une tempête violente, et qui parfois est aussi dangereux pour le navire que la fureur du vent. On a vu se rompre les mâts en pareille circonstance, et le vaisseau être engagé, catastrophe redoutée des marins.

Cependant la mer s'apaisa graduellement, et au bout de vingt-quatre heures, le navire glissa sur l'onde avec plus de facilité que jamais. Les nausées disparurent, et la réaction qui en résulta me rendit un peu de courage. Il m'avait été impossible de dormir pendant tout le temps de la crise : le bruit du vent, le fracas du vaisseau, et par-dessus tout la frayeur, m'avaient empêché de fermer l'œil ; j'étais de plus épuisé par le mal de mer, et sitôt que les choses furent rentrées dans leur état normal, je tombai dans un profond sommeil.

Les rêves que j'eus alors furent presque aussi affreux que le péril auquel je venais d'échapper. C'était la réalisation de ce que m'avait fait craindre la tempête : je rêvais que j'étais en train de me noyer, sans la moindre chance de salut. Mieux que cela, je me trouvais au fond de la mer, j'étais mort, et j'en avais conscience. Je distinguais tout ce dont j'étais environné ; je voyais entre autres choses, d'horribles monstres, des homards et des crabes gigantesques, s'approcher de moi en rampant, comme pour me déchirer de leurs tenailles aiguës et se repaître de ma chair. L'un d'eux surtout captivait mon attention : il était plus grand que les autres, avait l'air plus féroce, et me menaçait de plus près. Chaque seconde le rapprochait encore ; il atteignit ma main, je sentis sa carapace se traîner sur mes doigts, et je ne pus faire aucun mouvement.

Il me gagna le poignet, et me monta sur le bras gauche, qui était éloigné de mon corps. Son dessein était de me sauter à la gorge ou à la figure ; je le voyais au regard avide qu'il lançait tour à tour sur mon cou et sur ma face, et malgré l'horreur que je ressentais, il m'était impossible de le repousser. Aucun de mes muscles ne voulait m'obéir ; c'était tout naturel puisque j'étais noyé. « Ah ! le voilà sur ma poitrine.... à ma gorge.... il va m'étrangler !... »

Je m'éveillai en poussant un cri, et en me dressant avec force ; je me serais trouvé debout s'il y avait eu assez d'élévation pour le permettre ; j'allai donner de la tête contre les douelles de mon tonneau, et je retombai sur ma couche, où il me fallut quelques instants pour rappeler mes esprits

CHAPITRE XXXIV.

La coupe.

Ce n'était qu'un rêve, il était matériellement impossible qu'un crabe me fût monté sur le bras ; j'en avais la certitude, et cependant je ne pouvais m'empêcher de croire que je l'avais bien réellement senti. J'éprouvais encore à ma main, et sur ma poitrine qui était nue, cette sensation particulière que vous produit un animal dont les griffes se traînent sur vous ; et je pensais, en dépit de moi-même, qu'il y avait dans mon rêve quelque chose de réel.

L'impression avait été si vive, qu'en m'éveillant, j'avais étendu les bras, et tatonné sur ma couverture, pour y saisir le monstre qui avait failli m'étrangler.

Encore tout endormi, j'avais cru que c'était un crabe ; à mesure que j'avais repris mes sens, je m'étais prouvé que la chose n'était pas possible. Et pourquoi cela? un crabe pouvait très-bien se loger dans la cale d'un vaisseau ; il avait pu être apporté avec le lest, ou par un matelot, comme objet de curiosité; avoir échappé à celui qui l'avait pris, et s'être réfugié dans les fentes du bois, dans les trous, dans les coins nombreux que présente un navire. Il pouvait trouver sa nourriture dans l'eau qui s'accumule sous la cale; ou peut-être les crabes ont-ils la faculté de vivre simplement d'air comme les caméléons?

Toutefois en y réfléchissant je repoussai de nouveau cette idée, que je qualifiai d'absurde; c'était mon rêve qui me l'avait mise dans la tête; sans lui je n'aurais jamais songé qu'il y eût des crabes autour de moi, et s'il s'en était trouvé, j'aurais mis la main dessus. Il y avait, il est vrai, dans ma cabine, deux crevasses assez larges pour qu'il pût y passer un crabe de n'importe quelle taille; mais j'y avais couru tout de suite, et un animal d'une pareille lenteur n'avait pas eu le temps de s'échapper C'était impossible, il n'y avait pas de bête dans ma cellule, et pourtant quelque chose avait rampé sur moi, j'en étais moralement sûr.

Quant à mon rêve, il n'y avait là rien d'étonnant : c'était la suite des impressions que j'avais ressenties pendant la tempête; et plus j'y pensais, plus je le trouvais naturel.

En consultant ma montre, je m'aperçus qu'au lieu de dormir huit heures, comme je le faisais d'habitude, mon sommeil en avait duré seize, et je ne m'étonnai plus d'avoir tant d'appétit. Impossible de me contenter de la ration que je m'étais prescrite; c'était au-dessus de mes forces, et je ne cessai de manger qu'après avoir fait disparaître quatre biscuits bien comptés. J'avais entendu dire que rien n'aiguise la faim comme le mal de mer, et j'en avais la preuve; mes quatre biscuits empêchaient à peine mon estomac de crier, et si je n'avais pas redouté la famine, j'en aurais mangé trois fois plus.

J'avais également soif, et bus deux ou trois rations; mais cette petite débauche n'avait rien d'inquiétant; j'avais plus d'eau qu'il n'en fallait pour terminer le voyage. Toutefois à condition de ne pas la gaspiller; et si j'en buvais peu, il s'en perdait beaucoup. Je n'avais rien pour la recevoir, ni verre, ni tasse; quand j'ôtais mon fausset, le liquide jaillissait avec force, bien plus vite que je n'y mettais les lèvres, bien plus vite que je ne pouvais l'avaler; il m'étranglait, j'étais forcé de reprendre haleine, je m'inondais le visage, et trempais mes habits, à mon grand déplaisir et au grand préjudice de mes rations.

Il me fallait un vase quelconque. J'avais bien pensé à l'une de mes bottines, dont je n'avais pas besoin; mais il me répugnait de m'en servir pour cet usage.

Pressé par la soif, comme je l'avais été, j'y aurais bu sans scrupule; mais à présent que j'avais de l'eau, je pouvais boire à mon aise, et faire le déficat. Cependant j'en vins à me dire qu'on peut nettoyer une chose quand elle est sale, et qu'il valait mieux sacrifier un peu d'eau pour laver ma bottine, que d'en perdre une quantité chaque fois qu'il fallait boire.

J'allais mettre ce projet à exécution, lorsqu'une idée bien meilleure me passa par la tête; pourquoi ne pas faire une tasse avec le drap qui me servait de couverture? Il était imperméable, je l'avais déjà remarqué; l'eau qui jaillissait de ma futaille restait sur ma couche sans en pénétrer l'étoffe; et j'étais obligé de l'en ôter comme j'aurais fait d'un vase. Je pouvais en tailler un morceau, lui donner une forme quelconque, et m'en servir au besoin.

Je coupai donc une bande assez large de mon drap, j'en fis un cornet auquel je donnai plusieurs tours pour en augmenter l'épaisseur, et dont je fermai la pointe en l'attachant avec un reste de mes lacets de bottines. J'eus alors une coupe d'un nouveau genre, qui me rendit autant de service qu'un verre de Bohême ou qu'une tasse du Japon; désormais je bus tranquillement, sans avaler de travers, sans m'inonder, et sans perdre une goutte du précieux liquide dont ma vie dépendait.

CHAPITRE XXXV.

Disparition mystérieuse.

J'avais déjeuné si copieusement, que je résolus de ne pas dîner ce jour-là ; mais la faim m'empêcha d'accomplir cette bonne résolution. Trois heures ne s'étaient pas écoulées, que je me surpris tâtonnant aux environs de ma caisse, et me trouvai bientôt un biscuit à la main. Toutefois, je m'imposai l'obligation de n'en manger qu'une partie et de garder le reste pour mon souper.

Je fis deux parts de mon biscuit ; j'en mis une de côté, et je mangeai la seconde, que j'arrosai d'un peu d'eau.

Vous trouvez peut-être singulier que je ne prisse pas une goutte d'eau-de-vie, ce qui m'aurait été facile, puisque j'en avais une bonne à ma disposition Mais elle aurait pu contenir tout aussi bien du vitriol sans que je m'en fusse moins inquiété ; généralement je n'aimais pas les liqueurs ; et celle-ci en particulier m'avait paru si mauvaise, que je n'avais pas envie d'y revenir; c'était sans doute une pipe de cette eau-de-vie de qualité inférieure que l'on embarque pour les matelots. J'en avais pris une fois; et non-seulement elle m'avait donné des nausées, mais tellement enflammé la bouche et l'estomac, que j'avais bu deux quartes d'eau sans apaiser ma soif. Cette épreuve m'avait suffi pour me mettre en garde contre les spiritueux, et je n'avais nulle envie de recommencer.

Lorsque vint le soir, ce que m'annoncèrent ma montre et mon envie de dormir, je voulus naturellement souper avant de me mettre au lit.

Ce dernier acte de ma journée consistait à changer de position, et à tirer sur moi deux plis du drap qui me servait de couverture, afin de me préserver du froid.

J'avais été gelé pendant la première semaine, car nous étions partis en hiver, et la découverte de cette bonne grosse étoffe m'avait été fort précieuse; toutefois au bout de quelque temps, elle me devint moins utile; l'air de la cale s'atiédissait de jour en jour; et le lendemain de la tempête j'eus à peine besoin de me couvrir.

Ce brusque changement de température me surprit tout d'abord; mais avec un peu de réflexion, je me l'expliquai d'une manière satisfaisante. Sans aucun doute, pensai-je, nous nous dirigeons vers le Sud, et nous approchons de la zone torride.

Je ne comprenais pas bien ce que signifiait cette expression; mais j'avais entendu dire que la zone torride, ou les tropiques, se trouvait au midi de l'Angleterre, et qu'il y faisait plus chaud qu'aux heures les plus brûlantes de nos plus beaux étés. On m'avait dit également que le Pérou était une contrée méridionale; et pour y arriver il fallait sans aucun doute franchir cette zone ardente.

Cela m'expliquait la chaleur qu'il faisait maintenant dans la cale; il y avait à peu près une quinzaine que nous étions sortis du port; en supposant que nous eussions fait deux cents milles par jour, et il n'est pas rare qu'un navire fasse davantage, nous devions être bien loin des côtes de la Grande-Bretagne, et par conséquent avoir changé de climat.

Ce raisonnement, et toutes les pensées qu'il avait fait naître, m'avaient occupé toute la soirée; j'étais enfin arrivé à la conclusion que je viens de dire, lorsque les aiguilles de ma montre annonçant qu'il était dix heures, je me disposai à souper.

Je tirai d'abord ma ration d'eau pour ne pas manger mon pain sec, et j'étendis la main pour saisir la part de biscuit que j'avais mise de côté. Il y avait parallèlement à la grande poutre qui soutenait la cale, et qui passait au-dessus de ma tête, une sorte de tablette où je plaçais mon couteau, ma tasse et le bâton qui me servait d'almanach. Je connaissais tellement bien cette planchette que je n'avais pas besoin de lumière pour y trouver ce que j'y mettais.

Vous comprenez dès lors quelle dut être ma surprise lorsqu'en étendant la main, je ne trouvai pas le biscuit que j'étais sûr d'avoir gardé.

J'avais ma tasse; mon couteau était à sa place; mon calendrier s'y trouvait également, ainsi que les bouts de cuir dont je m'étais servi pour diviser ma jauge; mais pas vestige du précieux morceau que je conservais pour ma collation du soir.

L'aurais-je mis autre part? je ne croyais pas. Afin d'en être sûr, j'explorai tous les coins de ma cellule, je secouai l'étoffe qui me servait de matelas, je fouillai dans mes poches, dans mes bottines que je ne portais plus et qui gisaient à côté de mon lit; je ne laissai pas un pouce de ma cellule sans l'avoir tâté soigneusement; et je ne trouvai de biscuit nulle part.

C'était moins la valeur de l'objet que l'étrangeté de sa disparition, qui me faisait mettre tant d'activité dans mes recherches. Qu'avait pu devenir ce biscuit?

Est-ce que je l'avais mangé? Il y avait des instants où je commençais à le croire. Peut-être, dans un moment de distraction, l'avais-je avalé sans y penser. Dans ce cas-là j'en avais totalement perdu le souvenir; et la chose ne m'avait pas profité; car mon estomac n'était pas moins vide que si je n'avais rien mangé depuis le matin.

Je me souvenais parfaitement d'avoir rompu mon biscuit, d'en avoir réservé pour le soir une moitié que j'avais mise entre ma tasse et mon couteau. Il fallait bien que je l'en eusse ôtée, puisqu'elle n'y était plus. Je ne l'avais pas fait tomber par accident, car je ne me rappelais pas avoir fouillé sur la tablette, jusqu'au moment où j'avais voulu prendre l'objet dont la disparition m'avait frappé. En outre, s'il fût tombé de sa place, je l'aurais trouvé en cherchant sur mon tapis. Il n'avait pu rouler sous le tonneau; car j'avais rempli tous les vides de ce côté-là, en y fourrant des morceaux de drap pour que ma couche fût plus unie.

Toujours est-il que mon biscuit avait disparu, soit par ma faute, soit autrement. Si je l'avais mangé, il était dommage de l'avoir fait avec si peu de réflexion; car ce moment d'absence m'avait privé de tout le bénéfice du repas.

Je fus longtemps à me demander si je tirerais un autre biscuit de la caisse, ou si je me coucherais sans souper. La faim était vive, la tentation bien forte; mais la crainte de l'avenir décida la question, et, appelant toute ma fermeté à mon aide, j'avalai mon eau claire, replaçai ma tasse sur la tablette, et m'étendis sur ma couche.

CHAPITRE XXXVI.

Un odieux intrus.

Je fus longtemps sans pouvoir m'endormir, j'étais préoccupé de la disparition mystérieuse de mon biscuit. Je dis mystérieuse, parce que j'étais convaincu de ne l'avoir pas mangé ; il fallait s'expliquer le fait d'une autre manière. Je n'y pouvais rien comprendre ; j'étais seul dans la cale ; personne n'y pénétrait ; qui donc aurait pu toucher à mon biscuit ? Mais j'y pensais maintenant : et le crabe de mon rêve ? peut-être avait-il existé. Je n'étais pas allé au fond de la mer, pas plus que je n'étais mort, je l'avais rêvé, c'était incontestable ; mais ce n'était pas une raison pour que le reste de mon cauchemar fût un mensonge, et le crabe qui avait rampé sur moi, avait pu manger mon souper.

Ce n'était pas sa nourriture habituelle, je le savais bien ; mais à fond de cale, et n'ayant pas de choix, il avait pu se nourrir de biscuit à défaut d'autre chose.

Ces réflexions, et la faim qui me dévorait, me tinrent éveillé pendant longtemps ; je finis toutefois par m'endormir, mais d'un mauvais sommeil, d'où je me réveillais en sursaut toutes les quatre ou cinq minutes.

Dans l'un des intervalles où j'étais éveillé, il me sembla percevoir un bruit qui n'avait rien de commun avec tous ceux que j'entendais ordinairement. La mer était paisible, et ce bruit inaccoutumé, non-seulement résonnait au-dessus du murmure des vagues, mais se distinguait à merveille du tic tac de ma montre, qui n'avait jamais été plus sonore.

C'était un léger grattement, il était facile de s'en rendre compte, et il provenait du coin où gisaient mes bottines ; quelque chose en grignotait le cuir ; était-ce le crabe ?

Cette pensée me réveilla tout à fait ; je me mis sur mon séant ; et l'oreille au guet, je me préparai à tomber sur le voleur ; car j'avais maintenant la certitude que la créature que j'entendais, que ce fût un crabe ou non, était celle qui m'avait pris mon souper.

Le grignotement cessa, puis il revint plus fort ; et certes il partait de mes bottines.

Je me levai tout doucement afin de saisir le coupable, dès que le bruit allait reprendre, car il avait cessé.

Mais j'eus beau retenir mon haleine, y mettre de

la patience, rien ne se fit plus entendre. Je passai la main sur mes bottines, elles étaient à leur place; je cherchai dans le voisinage, tout s'y trouvait comme à l'ordinaire; je tâtonnai sur mon tapis, je fouillai dans tous les coins : pas le moindre vestige d'un animal quelconque.

Fort intrigué, comme on peut croire, je prêtai l'oreille pendant longtemps; mais le bruit mystérieux ne se renouvela pas, et je me rendormis pour me réveiller sans cesse, comme j'avais fait d'abord.

On gratta, on grignota de plus belle, et j'écoutai de nouveau. Plus que jamais j'étais certain que le bruit avait lieu dans mes bottines; mais, au moindre mouvement que j'essayais de faire, le bruit s'arrêtait, et je ne rencontrais que le vide.

« Ah! m'y voilà, me dis-je à moi-même; ce n'est pas un crabe; celui-ci a des allures trop lentes pour m'échapper aussi vite; cela ne peut être qu'une souris. Il est bizarre que je ne l'aie pas deviné plus tôt; c'est mon rêve qui m'a fourré le crabe dans la tête; sans cela j'aurais su tout de suite à quoi m'en tenir, et me serais épargné bien de l'inquiétude. »

Là-dessus je me recouchai, avec l'intention de me rendormir, et de ne plus me préoccuper de mon petit rongeur.

Mais à peine avais-je posé la tête sur le rouleau d'étoffe qui me servait de traversin, que les grignotements redoubleront; la souris dévorait mon brodequin, et à l'ardeur qu'elle y mettait, le dommage ne tarderait pas à être sérieux. Bien que mes chaussures me fussent inutiles pour le moment, je ne pouvais pas permettre qu'on les rongeât de la sorte, et me levant tout à coup, je me précipitai sur la bête.

Je n'en touchai pas même la queue, mais je crus entendre que la fine créature s'esquivait en passant derrière la pipe d'eau-de-vie, qui laissait un vide entre sa paroi extérieure et les flancs du vaisseau.

Je tenais mes bottines, et je découvris avec chagrin que presque toute la tige en avait été rongée. Il fallait que la souris eût été bien active pour avoir fait tant de dégât en aussi peu de temps; car au moment où j'avais cherché mon biscuit, les bottines étaient encore intactes; et cela ne remontait pas à plus de quatre ou cinq heures. Peut-être plusieurs souris s'en étaient-elles mêlées; la chose était probable.

Autant pour n'être plus troublé dans mon sommeil que pour préserver mes chaussures d'une entière destruction, j'ôtai ces dernières de l'endroit où elles étaient, et, les plaçant auprès de ma tête, je les couvris d'un pan de l'étoffe sur laquelle j'étais couché; puis, cette opération faite, je me retournai pour dormir à mon aise.

Cette fois, j'étais plongé dans un profond sommeil, lorsque je fus réveillé par une singulière sensation:

C'était un énorme rat. (Page 223.)

Il me semblait que de petites pattes me couraient sur les jambes avec rapidité.

Réveillé complétement par cette impression désagréable, je n'en restai pas moins immobile, pour savoir si la chose se renouvellerait.

Je pensais bien que c'était ma souris qui cherchait mes bottines ; et, sans en être plus content, je résolus de la laisser venir jusqu'à portée de mes doigts, sachant bien qu'il était inutile de courir après elle. Mon intention n'était pas même de la tuer ; je voulais seulement lui pincer l'oreille ou la serrer un peu fort, de manière à lui ôter l'envie de venir m'importuner.

Il se passa longtemps sans que rien se fît sentir ; mais à la fin j'espérai que ma patience allait être récompensée : un léger mouvement de la couverture annonçait que l'animal avait repris sa course, et je crus même entendre le frôlement de ses griffettes. La couverture s'ébranla davantage, quelque chose se trouva sur mes chevilles et bientôt sur ma cuisse. Il me sembla que c'était plus lourd qu'une souris ; mais je ne pris pas le temps d'y penser, car c'était le moment, ou jamais, de s'emparer de l'animal. Mes mains s'abattirent, et mes doigts se refermèrent.... quelle méprise, et quelle horreur !

Au lieu d'une petite souris, je rencontrai une bête de la grosseur d'un chaton ; il n'y avait pas à s'y tromper, c'était un énorme rat.

CHAPITRE XXXVII.

Réflexions.

Oui, c'était bien un rat; le monstre ne me permit pas d'en douter; je l'avais reconnu à son poil fin et soyeux, dès que mes doigts l'avaient saisi, et l'affreuse créature s'empressa de confirmer ce témoignage; je n'avais pas eu le temps de rouvrir la main, que ses dents aiguës m'avaient traversé le pouce de part en part, et que son cri perçant m'avait rempli d'effroi.

Je lançai l'horrible bête à l'autre bout de ma cellule, je me blottis dans le coin opposé, afin de m'éloigner le plus possible de cet odieux visiteur, et j'écoutai, tout palpitant, s'il avait pris la fuite. Je n'entendis rien, d'où je conclus qu'il s'était caché dans son trou; il était sans doute aussi effrayé que moi, bien que ce fût difficile, et je crois même que de nous deux, c'était lui qui avait éprouvé le moins de terreur; la preuve, c'est qu'il avait pensé à me mordre, tandis que j'avais perdu toute ma présence d'esprit.

Dans ce combat rapide, c'était mon adversaire qui avait eu la victoire. A l'effroi qu'il m'avait causé, se joignait une blessure qui devenait de plus en plus douloureuse, et par où coulait mon sang.

J'aurais encore supporté ma défaite avec calme, en dépit de la douleur; mais ce qui me préoccupait, c'était de savoir si l'affreuse bête avait fui pour toujours, ou si, restant dans le voisinage, elle reviendrait à l'assaut.

L'idée qu'elle allait reparaître, furieuse qu'on l'eût arrêtée dans sa course, et enhardie par le succès, me causait un malaise indicible.

Cela vous étonne mais rien n'était plus vrai. Les rats m'ont toujours inspiré une profonde antipathie, je pourrais dire une peur instinctive. Ce sentiment était alors dans toute sa force; et bien que, depuis cette époque, je me sois trouvé en face d'animaux beaucoup plus redoutables, je ne me souviens pas d'avoir éprouvé une terreur pareille à celle que j'ai ressentie au contact du rat. Dans cette occasion, la crainte est mêlée de dégoût; cette crainte elle-même n'est pas dépourvue de sens : je connais bon nombre de cas authentiques où les rats ont attaqué des enfants, voire des hommes; et il est avéré que des blessés, des infirmes ou des vieillards ont été dévorés par ces hideux *omnivores.*

J'avais entendu raconter beaucoup de ces histoires dans mon enfance, et il était naturel qu'elles me revinssent à l'esprit au moment dont nous nous occupons. Je me souvenais de tous leurs détails, et ce n'était pas de la crainte, mais de la terreur que j'éprouvais. Il faut dire que celui dont je parle était l'un des rats les plus énormes qu'on pût trouver ; je suis certain qu'il était aussi gros qu'un chat parvenu à moitié de sa croissance.

Dès que je fus un peu revenu de ma première émotion, je déchirai une petite bande de ma chemise pour en envelopper mon pouce. Il avait suffi de quelques minutes pour que la blessure me fît énormément souffrir ; car la dent du rat n'est guère moins venimeuse que la queue du scorpion.

Je n'ai pas besoin d'ajouter qu'après cet épisode, il ne fut plus question de sommeil. Vers le matin je m'assoupis un instant, mais pour retomber dans le plus affreux cauchemar, où j'étais saisi à la gorge tantôt par un rat, tantôt par un crabe, dont les dents ou les pinces me réveillaient en sursaut.

Pendant tout le temps que je ne dormais pas, j'écoutais si l'ignoble bête faisait mine de revenir ; mais elle ne donna aucun signe de sa présence pendant tout le reste de la nuit. Peut-être l'avais-je serrée plus fort que je ne croyais, et il était possible que cet empoignement héroïque suffît à l'éloigner de ma personne. J'en acceptai l'augure ; et ce fut bien heureux pour moi que cet espoir me soutînt, car, sans lui, j'aurais été longtemps sans dormir.

Il n'était plus besoin de chercher ce qu'était devenu mon biscuit; la présence du rongeur l'expliquait à merveille, ainsi que les ravages causés à ma bottine, et dont j'avais accusé la souris avec tant d'injustice. Le rat, pendant quelque temps, s'était donc repu autour de moi sans que j'en eusse connaissance.

Je n'avais plus qu'une seule et unique pensée : comment faire pour empêcher l'ennemi de revenir? comment s'emparer de lui, ou tout au moins l'éloigner? J'aurais donné deux ans de mon existence pour avoir une ratière, un piége quelconque; mais puisque personne ne pouvait me fournir ce précieux engin, c'était à moi d'inventer quelque chose qui pût me délivrer de mon odieux voisinage. J'emploie ce mot à dessein, car j'étais persuadé que le rat n'était pas loin de ma cabine; peut-être avait-il son repaire à un mètre de ma couche; il logeait probablement sous la caisse de biscuit.

Toutefois, j'avais beau me mettre l'esprit à la torture, je ne trouvais pas le moyen de m'emparer de l'animal. Certes il était possible de le saisir de nouveau, en supposant qu'il revînt grimper sur moi; mais je n'étais pas d'humeur à le retrouver sous ma main. Je savais qu'en s'enfuyant il avait passé entre les deux tonneaux; je supposai que s'il devait revenir, ce serait par la même route; et il me sembla qu'en bouchant tous les autres passages, ce qui m'était facile avec mon étoffe de laine, il repasserait nécessairement par l'unique ouverture que je lui aurais ménagée. Une fois qu'il serait entré, je fermerais cette dernière issue, et mon rat se trouverait pris comme dans une souricière. Mais quelle sotte position pour moi! Je serais dans le même piége que le rat, et ne pourrais en finir avec lui que par un combat corps à corps. Le résultat de la lutte ne faisait pas l'ombre d'un doute; j'étais bien assez vigoureux pour étouffer la bête; mais au prix de combien de morsures? et celle que j'avais déjà me dégoûtait de l'entreprise.

Comment alors se passer de piége? telle était la question que je m'adressais au lieu de dormir; car la peur du rat m'empêchait de fermer l'œil.

J'y avais pensé toute la nuit, lorsque, n'en pouvant plus, je retombai dans cet assoupissement qui tient le milieu entre la veille et le sommeil; et je refis les plus mauvais rêves, sans que rien me suggérât une idée quelconque pour me débarrasser de l'ignoble bête qui me causait tant d'effroi

CHAPITRE XXXVIII.

Tout pour une ratière.

Je ne tardai pas à me réveiller en pensant au rat, et sans pouvoir me rendormir. Il est vrai que la souffrance qui provenait de ma blessure était suffisante pour cela; non-seulement le pouce, mais toute la main était enflée, et me causait une douleur aiguë. Je n'avais pas autre chose à faire que de la supporter patiemment; et sachant que l'inflammation disparaîtrait peu à peu je fis un effort pour la subir avec courage. Parfois de grands maux s'endurent plus facilement qu'un ennui; c'était là mon histoire : la peur que le rat ne me fît une nouvelle visite me tourmentait d'une bien autre manière que ma blessure; et comme en absorbant mon attention, elle la détournait de celle-ci, j'avais presque oublié que mon pouce me faisait mal.

Dès mon réveil, je me remis à chercher le moyen de trapper mon persécuteur; j'étais sûr qu'il reviendrait me tourmenter, car j'avais de nouveaux indices de sa présence. La mer était toujours calme, et j'entendais de temps en temps des sons caractéristiques : un bruit de pattes légères trottinant sur le couvercle d'une caisse, et parfois un cri bref, strident, pareil à ceux que les rats ont l'habitude de pousser. Je ne connais pas de voix plus désagréable que celle du rat; dans la position où je me trouvais alors, cette voix me paraissait doublement déplaisante. Vous souriez de mes terreurs ; mais je ne pouvais pas m'en délivrer ; je pressentais que d'une manière ou d'une autre la présence de ce maudit rat mettait ma vie en danger ; et vous verrez que cette crainte n'était pas chimérique.

Ce que je redoutais alors, c'était que le monstre ne m'attaquât pendant que je dormirais ; tant que j'étais éveillé, je n'en avais pas grand'peur ; il pouvait me mordre, voilà tout ; je me défendrais, et il était impossible que dans la lutte je ne finisse pas par le tuer ; mais penser que dans mon sommeil l'horrible bête pouvait me sauter à la gorge, c'était pour moi une torture incessante. Je ne pouvais pas toujours être sur le qui-vive ; plus j'aurais veillé longtemps plus mon sommeil serait profond, et plus le danger serait grave. Pour m'endormir avec sécurité, il fallait avoir détruit mon rat ; et c'est à en trouver le moyen que j'occupais toutes mes pensées.

Mais j'avais beau réfléchir, je ne voyais d'autre

expédient que de tomber sur l'ennemi, et de l'étouffer entre mes mains. Si j'avais été sûr de le saisir à la gorge, de façon qu'il ne pût pas me mordre, je me serais décidé à l'étrangler. Mais c'était là le difficile; je ne pouvais, dans les ténèbres, que l'attaquer à l'aventure; et il en profiterait pour me déchirer à belles dents. Et puis j'avais le pouce dans un tel état que j'étais loin d'avoir la certitude de prendre ma bête, encore moins de l'écraser.

Je pensai au moyen de me protéger les doigts avec une paire de gants solides; je n'en avais pas: c'était inutile d'y songer.

Mais non; j'en eus bientôt la preuve: l'idée de la paire de gants m'en suggéra une autre; elle me rappela mes chaussures que j'avais oubliées. En me fourrant les mains dans mes bottines je serais à l'abri des dents tranchantes de mon rat, et quand je tiendrais ma bête sous la semelle, j'étais bien sûr de ne pas la lâcher qu'elle ne fût morte. Une fameuse idée que j'avais là, et je me disposai à la mettre à exécution.

Plaçant mes bottines à côté de moi, je me blottis auprès de l'issue par laquelle devait arriver l'animal; vous vous rappelez que j'avais eu soin de boucher tous les autres passages; au moment où le rat se présenterait dans ma cellule, je fermerais avec ma jaquette l'ouverture qu'il laisserait derrière lui; et me hâtant d'enfiler mes bottines, je frapperais comme un sourd jusqu'à ce que la besogne fût terminée.

On aurait dit que le rat, voulant me braver, s'empressait d'accepter le défi. Était-ce hardiesse de sa part, ou la fatalité qui l'entraînait à sa perte?

Toujours est-il que j'étais à peine en mesure de le recevoir, qu'un léger piétinement sur mon tapis, accompagné d'un petit éclat de voix bien reconnaissable, m'annonça que le rougeur avait quitté sa retraite, et qu'il était dans ma cellule. Je l'entendais courir; deux fois il me passa sur les jambes. Mais avant de faire attention à lui, je commençai par calfeutrer la seule issue qui lui restât pour fuir; et plantant mes bras dans les bottines, je me mis avec activité à la recherche de l'ennemi.

Comme je connaissais parfaitement la forme de ma cellule, et que les moindres anfractuosités m'en étaient familières, je ne tardai pas à rencontrer mon antagoniste. Je m'étais dit qu'une fois que je serais tombé sur une partie de son corps, j'aurais bientôt fait d'appliquer sur lui ma seconde semelle, et qu'il ne me resterait plus qu'à peser de toutes mes forces pour l'écraser. Tel était mon plan; mais si bon qu'il pût être, il ne me donna pas le résultat que j'espérais.

Je réussis bien à poser l'une de mes bottines sur le rat; mais l'étoffe moelleuse dont les plis nombreux tapissaient mon plancher céda sous la pression, et le monstre s'esquiva en poussant un cri que j'entends encore.

La première fois que je le sentis de nouveau il grimpait le long de ma jambe ; et, ce que vous ne croirez pas, en dedans de mon pantalon !

Un frisson d'horreur me courut dans les veines ; cependant, exaspéré de tant d'audace, je me débarrassai de mes bottines, qui ne pouvaient plus me servir, et je saisis le monstre à deux mains, juste au moment où il arrivait au genou. Je l'empêchai de monter plus haut, bien qu'il mît à se débattre une force qui m'étonna, et que ses cris perçants me causassent une impression des plus désagréables.

L'épaisseur de mon pantalon protégeait mes doigts contre de nouvelles morsures ; mais le rat tourna ses dents contre ma jambe et m'en laboura les chairs tant qu'il lui resta la faculté de se mouvoir. Ce n'est que lorsque je fus parvenu à lui saisir la gorge, et à l'étrangler tout à fait, que je sentis la mâchoire de l'animal se détacher peu à peu, et que je compris que mon adversaire était mort.

Je lâchai bien vite le cadavre, et secouai la jambe pour le faire sortir de ma culotte ; j'enlevai ma vareuse de l'ouverture où je l'avais mise, et je poussai le rat dans la direction qu'il avait prise pour venir.

Soulagé d'un poids énorme, depuis que j'avais

la certitude de n'être plus troublé dans mon sommeil, je me disposai à dormir avec l'intention bien formelle de réparer la nuit précédente.

CHAPITRE XXXIX.

Légion d'intrus.

C'était une fausse sécurité que la mienne; je ne dormais pas depuis un quart d'heure, lorsque je fus réveillé brusquement par quelque chose qui me courait sur la poitrine. Était-ce un nouveau rat? Si ce n'en était pas un, l'animal en question avait les mêmes allures.

Je restai immobile et prêtai une oreille attentive; pas le moindre bruit ne se fit entendre. Avais-je rêvé? Non pas; car au moment où je me faisais cette question, je crus sentir de petites pattes sur la couverture, et bientôt sur ma cuisse.

Je me levai tout à coup, portai la main à la place où remuait la bête. — Nouvelle horreur! Je touchai un énorme rat, qui fit un bond, et que j'entendis s'enfuir entre les deux tonneaux.

Serait-ce le même par hasard? On m'avait raconté des histoires où certains rats avaient reparu après qu'on les avait enterrés. Mais il aurait fallu que le mien eût la vie terriblement dure; j'avais serré de manière à en étrangler dix comme lui; il était bien mort quand je l'avais rejeté dans son trou, et ce ne pouvait pas être le même.

Pourtant, si absurde que cela paraisse, je ne pouvais pas m'empêcher de croire, dans l'état d'assoupissement où je retombais malgré moi, que c'était bien mon rat qui était revenu. Une fois complétement réveillé, je compris que cela devait être impossible; il était plus probable que j'avais affaire au mâle ou à la femelle du précédent, car ils étaient fort bien assortis pour la grosseur.

Il cherche son compagnon, supposai-je; mais puisqu'il a suivi le même passage, il a trouvé le corps du défunt, et doit savoir à quoi s'en tenir. Venait-il pour venger celui qui n'est plus?

Cette pensée chassa complétement le sommeil de mes paupières. Pouvais-je dormir avec ce hideux animal rôdant autour de moi?

Quels que fussent ma fatigue et le besoin de dormir que m'eût donnés la veillée précédente, je ne pouvais avoir de repos qu'après m'être délivré de ce nouvel ennemi.

J'étais persuadé qu'il ne tarderait pas à reparaître, mes doigts n'avaient fait que lui toucher le poil, et comme il n'en avait ressenti aucun mal, il était presque certain qu'il reviendrait sans crainte.

Dans cette conviction je repris mon poste à l'entrée du passage, ma jaquette à la main, et l'oreille attentive, pour entendre le bruit des pas de l'animal, et pour lui couper la retraite dès qu'il serait arrivé.

Quelques minutes après, je distinguai la voi d'un rat qui murmurait au dehors, et des craquements particuliers, que j'avais déjà entendus. J'imaginai qu'ils étaient produits par le frottement d'une planche sur une caisse vide, ne supposant pas qu'une aussi petite bête pût faire un pareil vacarme. En outre il me semblait que l'animal parcourait ma cellule, et comme les bruits en question continuaient au dehors, il était impossible que mon rat en fût l'auteur, puisqu'il ne pouvait pas être à deux places à la fois.

Tout à coup il passa sur ma jambe, tandis que sa voix m'arrivait de l'extérieur; j'étais bien sûr de l'avoir senti; et cependant je ne bouchai pas l'ouverture, dans la crainte de lui fermer le passage.

A la fin j'entendis nettement pousser un cri à ma droite; il n'y avait pas à s'y tromper, l'animal était dans ma cabine, et sans plus attendre je calfeutrai l'issue près de laquelle j'étais à genoux.

Cette besogne accomplie, je me retournai pour frapper mon nouvel adversaire, après avoir ganté mes bottines, ainsi que j'avais fait la première fois. De plus j'avais pris soin de lier chacune des jambières de mon pantalon, afin d'empêcher le rat de s'y introduire, comme son prédécesseur.

Je ne trouvais aucun plaisir à ce genre de chasse; mais j'étais bien résolu à me délivrer de cette engeance, afin de me reposer sans inquiétude et de goûter le sommeil qui m'était si nécessaire.

A l'œuvre donc! et j'y fus bientôt avec courage. Mais horreur des horreurs! Figurez-vous mon effroi quand, au lieu d'un rat, je m'aperçus qu'il y en avait une légion dans ma cabine; mes mains ne retombaient pas sans en toucher plusieurs. Ils foisonnaient littéralement; je les sentais me courir sur les jambes, sur les bras, sur le dos, partout, en poussant des cris affreux qui semblaient me menacer.

Ma frayeur devint si vive que je faillis en perdre la tête. Je ne pensai plus à combattre, je ne savais plus ce que je faisais; toutefois j'eus l'instinct de déboucher l'ouverture qu'obstruait ma jaquette, et de frapper avec celle-ci dans toutes les directions, tandis que je criais de toute la puissance de ma voix.

La violence de mes coups et de mes clameurs produisit l'effet que j'en attendais : tous les rats prirent la fuite. Au bout de quelques instants, le bruit le leurs pas ayant cessé, je me hasardai à faire l'exploration des lieux, et je reconnus avec joie qu'il ne restait plus aucun de ces affreux animaux.

CHAPITRE XL.

Le rat scandinave ou rat normand.

Si la présence d'un seul rat avait suffi pour me priver de repos, jugez un peu de ce que je devais ressentir après avoir acquis la certitude qu'il y avait dans mon voisinage une bande entière de ces rongeurs. Il y en avait beaucoup plus que je n'en avais chassé de ma cellule, car je me rappelais qu'en fermant l'issue par laquelle une partie de la légion était entrée, j'avais distingué bien d'autres cris et bien d'autres grattements. Quel pouvait être leur nombre ? J'avais entendu dire que, dans certains vaisseaux, la quantité de rats qui se réfugient à fond de cale est surprenante. On m'avait dit également que ces rats de navire sont de l'espèce la plus féroce, et que poussés par la faim, ce qui leur arrive souvent, ils n'hésitent pas à se jeter sur des créatures vivantes, et ne redoutent ni les chats ni les chiens.

Ils commettent de grands dégâts parmi les objets de la cargaison, et constituent pour l'armateur un véritable fléau, surtout quand on n'a pas eu soin de bien nettoyer le navire avant d'en faire l'arrimage.

Cette espèce est désignée en Angleterre sous le nom de *rat de Norvège*, parce qu'elle y a été introduite par les vaisseaux norvégiens. Mais qu'elle soit originaire de la Scandinavie ou d'ailleurs, peu importe, car elle est maintenant répandue sur toute la surface de la terre. Je ne crois pas qu'il y ait un point du globe où un vaisseau quelconque ayant touché, ce rongeur ne s'y rencontre en abondance. S'il est vraiment sorti du Nord, il faut que tous les climats lui soient également favorables, puisqu'il pullule dans les régions les plus chaudes de l'Amérique, où il prospère d'une façon toute spéciale. Dans les Indes occidentales, aussi bien que dans les autres parties du nouveau monde, tous les ports en sont tellement infestés, qu'en certains endroits leur destruction est l'objet d'une lutte constante; et malgré la prime qui est offerte par les municipalités, malgré le carnage qui s'en fait quotidiennement, ces rats n'existent pas moins par légions innombrables dans les ports d'Amérique, dont les quais en bois paraissent être leur asile ordinaire.

En général cette espèce n'est pas très-grosse; on

y trouve d'énormes individus, mais ce n'est jamais qu'un fait exceptionnel. C'est moins par la taille que par l'audace qu'elle se distingue ; et son appétit féroce joint à sa fécondité, la rend, comme je le disais tout à l'heure, un véritable fléau. Chose remarquable : dès que le rat normand apparaît dans un endroit, il n'en reste plus d'autres au bout de quelques années ; d'où l'on a conclu avec raison qu'il détruit ses congénères[1]. Il ne craint ni les belettes ni les fouines ; s'il est moins fort que ces derniers animaux, il compense cette infériorité par le nombre, qui est chez lui de cent contre un, relativement à celui de ses adversaires. Les chats eux-mêmes en ont peur, et choisissent une victime de meilleure composition ; jusqu'aux chiens qui s'éloignent du rat de Norvége, à moins d'avoir été dressés d'une manière spéciale à son attaque.

Un fait particulier au rat normand est la science innée de ses intérêts, qui l'empêche de se commettre chaque fois qu'il n'est pas sûr d'un avantage. Est-il peu nombreux dans un endroit, ce rapace effronté devient timide ; se croit-il en danger, il se claquemure dans son trou et se tient sur la réserve

---

1. Le rat normand, qui a détruit en France, comme partout, les races qui ont pu l'y précéder, et qui dévore les individus de sa propre famille, est à son tour exterminé par le rat tartare ou surmulot. — Voir *l'Esprit des bêtes*, Toussenel, pages 272 et suivantes, t. I, deuxième édition. (*Note du traducteur.*)

Mais dans les pays neufs, où il a ses coudées franches, il pousse la hardiesse jusqu'à braver la présence de l'homme. Sous les tropiques il agit à ciel ouvert, et ne prend pas la peine de se cacher. A la vive clarté de la lune équatoriale, on voit ces rats normands se diriger par cohortes nombreuses vers l'endroit de leurs rapines, sans s'inquiéter des passants. Ils se dérangent un peu à votre approche, et reforment leurs colonnes derrière vos talons, avec la même tranquillité que s'ils exerçaient une industrie légale.

J'ignorais tous ces détails à l'époque de ma lutte avec les rats de *l'Inca;* mais j'en savais assez pour être fort inquiet de cet odieux voisinage; et lorsque j'eus renvoyé de ma cabine cette légion de bêtes maudites, je fus très-loin de me sentir l'esprit léger. « Ils reviendront, me disais-je, peut-être en plus grand nombre; et si le malheur veut qu'ils aient faim, ils seront peut-être assez féroces pour m'attaquer. Je n'ai pas vu tout à l'heure que ma personne les effrayât; ils montaient sur moi avec une audace qui n'est pas rassurante. » Malgré la violence avec laquelle je les avais éconduits, je les entendais trotter près de ma cellule et crier avec rage. On aurait dit qu'ils se battaient. Que deviendrais-je si dans leur fureur ils allaient m'assaillir? D'après ce qu'on m'avait raconté, la chose était possible; je vous laisse à penser quelle était mon impression. L'idée que je pouvais servir de pâture à cette bande vorace me causait une frayeur bien plus grande que celle que j'avais eue d'être noyé au moment de la tempête. Il n'est pas de genre de mort que je n'eusse préféré à celui-là; rien que d'y songer, mon sang se figeait dans mes veines, et mes cheveux se hérissaient.

Je restai à genoux, dans la position que j'avais prise pour chasser les rats en frappant avec ma jaquette; et je me demandais vainement ce qu'il me restait à faire. La première chose était de combattre le sommeil, qui aurait été ma perte. Mais comment faire pour rester éveillé? Je sentais déjà les dents de cette légion infernale pénétrer dans mes chairs ; l'agonie était affreuse, et cependant j'avais de la peine à m'empêcher de dormir.

L'excès de fatigue, l'émotion elle-même, qui épuisait mes forces, m'empêchaient de prolonger la lutte. Mes yeux se fermaient déjà; et si je m'endormais, ce serait d'un sommeil de plomb. Je pourrais être victime d'un cauchemar qui paralyserait mes membres, et ne me réveiller que lorsqu'il ne serait plus temps.

J'en étais là, souffrant mille tortures de cette effroyable inquiétude, quand une idée bien simple me traversa l'esprit : c'était de replacer ma jaquette à l'entrée du vide par où pénétraient les rats, ce qui fermerait le passage.

Il n'y avait plus à combattre l'ennemi, plus à espérer de le détruire ; j'avais pu y compter lorsque je pensais n'avoir à faire qu'à un ou deux antagonistes ; mais à présent qu'il s'agissait d'une légion il fallait y renoncer. Le meilleur parti à prendre était de visiter ma cabine avec soin, et d'en boucher les fissures qui pourraient permettre à un rat de s'y introduire ; de cette manière je serais à l'abri d'une invasion, et je pourrais céder au sommeil qui m'accablait.

Sans plus tarder, j'enfonçai ma veste dans l'ouverture que laissaient entre elles les deux futailles ; je bouchai les fentes du plancher, en y fourrant mon étoffe de laine ; et tout surpris de n'avoir pas eu plus tôt cette bonne idée, je m'étendis sur ma couche, cette fois avec l'assurance de pouvoir dormir sans crainte.

CHAPITRE XLI.

Rêve et réalité.

A peine avais-je posé la joue sur mon traversin, que je me trouvai dans la terre des songes; quand je dis la terre, c'était de la mer que je rêvais. Ainsi qu'à mon premier cauchemar, j'étais au fond de l'Océan, et d'horribles monstres crabiformes se disposaient à me dévorer.

De temps en temps ces crabes fantastiques étaient changés en rats, et je me croyais en pleine réalité; il me semblait qu'une multitude de ces ignobles créatures se pressait autour de moi dans une attitude belliqueuse; je n'avais que ma jaquette pour me défendre, et j'en usais pour éloigner l'ennemi, en frappant de tous côtés; mes coups tombaient comme grêle, et cependant sans atteindre les rats. Ceux-ci, voyant que tous mes efforts ne leur faisaient aucun mal, en devenaient plus hardis; et l'un d'eux, beaucoup plus gros que les autres, encourageait ses compagnons et commandait l'attaque. Ce n'était pas même un rat, c'était le spectre de celui que j'avais tué, qui excitait ses camarades en leur criant vengeance.

Pendant quelque temps, je réussis à éloigner mes adversaires (je parle toujours de mon rêve); mais je sentais mes forces défaillir, et si l'on ne venait pas m'assister, j'allais être vaincu. Je regardai autour de moi, en appelant au secours de toutes mes forces; mais j'étais seul, personne ne pouvait m'entendre.

Mes assaillants s'aperçurent que mes coups se ralentissaient, qu'ils étaient moins nombreux et moins forts; et, à un signal donné par le spectre de ma victime, la légion sauta sur ma couverture : j'avais des rats en face de moi, à gauche, à droite, par derrière; ils me serraient de tous côtés. Je fis un nouvel effort pour me servir de ma jaquette, mais sans aucun avantage; la place des rats que j'avais repoussés était reprise immédiatement, et par un plus grand nombre, qui surgissaient des ténèbres.

Je laissai retomber mon bras; toute résistance était vaine. Je sentis les odieuses créatures me ramper sur les jambes et sur le corps; elles se groupèrent sur moi comme un essaim d'abeilles qui s'attache à une branche; et leur pesanteur, après m'avoir fait chanceler, m'entraîna lourdement. Toutefois cette chute parut devoir me sauver. Aussitôt que je fus par terre, les rats s'enfuirent, tout effrayés de l'effet qu'ils avaient produit.

Enchanté de ce dénoûment, je fus quelques minutes sans pouvoir me l'expliquer; mais bientôt mes idées s'éclaircirent, et je vis avec bonheur que toute la scène précédente n'avait été qu'un rêve. Il s'était dissipé sous l'impression de la chute qu'il me semblait avoir faite, et qui m'avait réveillé si à propos.

Cependant ma joie fut de très-courte durée : tout dans mon rêve n'était pas illusion; des rats s'étaient promenés sur moi; il y en avait encore dans ma cellule ; je les entendais courir, et avant que je pusse me lever, l'un d'eux me passa sur la figure.

Comment avaient-ils fait pour entrer? Le mystère de leur apparition était une nouvelle cause de terreur. Avaient-ils repoussé la veste pour s'ouvrir un passage? Non; celle-ci était à sa place, telle que je l'y avais mise. Je la retirai pour en frapper autour de moi et chasser l'horrible engeance. A force de cris et de coups, j'y parvins comme la première fois; mais je restai plus abattu que jamais, car je ne m'expliquais pas comment ils avaient pu entrer dans ma cellule, malgré mes précautions.

Je fus d'abord très-intrigué; puis je finis par trouver le mot de l'énigme. Ce n'était pas par l'ouverture que fermait l'habit qu'ils avaient pénétré, c'était par une autre dont ils avaient rongé le tampon, sans doute insuffisant.

Ma curiosité pouvait être satisfaite; mais mes alarmes n'en étaient pas moins grandes; au contraire, elles n'en devenaient que plus vives. Quelle obstination chez ces rats! Qu'est-ce qui pouvait les attirer dans ma cabine, où ils ne recevaient que des coups, et où l'un d'eux avait trouvé la mort? Cela ne pouvait être que l'envie de me dévorer.

J'avais beau me creuser l'esprit, je ne voyais pas d'autre motif à leur entêtement.

Cette conviction réveilla tout mon courage; je n'avais dormi qu'une heure; mais il fallait avant tout réparer ma forteresse et augmenter mes moyens de défense. J'enlevai l'un après l'autre tous les morceaux d'étoffe qui bouchaient les fentes, les ouvertures de ma cabine, et je les remis avec plus de solidité; j'allai même jusqu'à tirer de la caisse, où elles étaient renfermées, deux pièces de drap, pour augmenter l'épaisseur de mes tampons. Il y avait précisément à côté de cette caisse une multitude de crevasses qui me donnèrent beaucoup de peine, et qu'après avoir remplies du mieux possible, je fortifiai d'un rouleau d'étoffe, posé debout et violemment enfoncé dans une encoignure qui se trouvait là: celle qui résultait du vide par où je m'étais introduit dans ma triste cachette. Une fois ma nouvelle redoute érigée, il n'y avait plus moyen, même pour un rat, de pénétrer dans ma cellule ; je pouvais dormir tranquille. Le seul désavantage de ce bastion, était de me masquer la boîte où j'avais mon biscuit, et de m'empêcher d'y arriver facilement. Toutefois je m'en étais aperçu avant la complète érection du fort, et j'avais sorti de la caisse une quantité de biscuits suffisante pour vivre pendant quinze jours. Lorsqu'elle serait épuisée, je dérangerais ma pièce d'étoffe, et avant que les rats aient pu venir, je serais approvisionné pour la quinzaine suivante.

Il s'écoula deux heures avant que j'eusse terminé ces nouvelles dispositions ; car je mettais le plus grand soin à réparer mes murailles ; c'était une affaire sérieuse, non pas un jeu, que de se défendre contre un pareil ennemi.

Lorsque ma clôture fut aussi rassurante que possible, je me disposai à dormir, bien certain cette fois que ce serait pour un long somme.

CHAPITRE XLII.

Profond sommeil

Mon espoir ne fut pas trompé ; je dormis pendant douze heures, non pas toutefois sans faire d'horribles rêves ; je me battis avec les rats, avec les crabes, et mon sommeil fut bien loin de me donner le repos que j'en attendais. J'aurais à cet égard aussi bien fait de ne pas dormir, je ne crois pas que ma fatigue en eût été plus grande ; mais j'eus à mon réveil une satisfaction bien vive, en ne trouvant dans ma cellule aucun des intrus qui avaient rempli mes rêves, et en m'assurant que mes fortifications n'avaient souffert aucune atteinte.

Les jours suivants se passèrent dans la même quiétude ; sous le rapport de mes dangereux voisins, et j'en éprouvai une sorte de bien-être qui ne fut pas sans douceur.

Quand la mer était calme, j'entendais mes rats courir au dehors en créatures affairées, trottiner sur les caisses, grignoter les marchandises et pousser de temps en temps des cris de rage, comme s'ils s'étaient dévorés entre eux. Mais leur voix et leurs pas ne me causaient plus de terreur, depuis que j'avais la certitude qu'ils ne viendraient plus dans ma cabine.

Lorsque par hasard j'étais forcé de déranger mes tampons, j'avais bien soin de les replacer au plus vite, pour que les fines créatures ne pussent pas même se douter qu'une issue avait été libre. Mais s'il me rassurait contre l'invasion étrangère, ce calfeutrage était, d'autre part, une cause de grande souffrance. La chaleur était excessive, et comme pas un souffle d'air ne pénétrait dans ma cellule, j'étais comme dans un four. Nous étions probablement sous l'équateur, tout au moins dans la région des tropiques, et c'est à cela que nous devions notre atmosphère paisible; car sous cette latitude le vent est bien plus calme que dans la zone tempérée. Une fois cependant nous y éprouvâmes une tempête qui dura vingt-quatre heures; elle fut suivie comme à l'ordinaire du soulèvement des flots, et je crus encore que nous allions faire naufrage.

Cette fois je n'eus pas le mal de mer; j'étais habitué au mouvement des vagues, mais je fus horriblement bousculé par le roulis, poussé contre la futaille, rejeté contre le flanc du navire, et meurtri comme si j'avais reçu la bastonnade. Les secousses du bâtiment faisaient jouer les caisses et les barriques; mes tampons se dérangeaient et finissaient par tomber; la peur de l'invasion me reprenait aussitôt, et je passais tout mon temps à me relever de mes chutes, pour boucher les crevasses qui se renouvelaient sans cesse.

Mieux valait, après tout, s'occuper à cela que de n'avoir rien à faire; la nécessité d'entretenir mes remparts m'aida à passer le temps; et les deux jours que dura la tempête, y compris le soulèvement des flots qui en est la suite, me parurent beaucoup moins longs que les autres. Je souffrais bien davantage quand il me fallait rester oisif, en proie aux tortures que l'isolement et les ténèbres me causaient alors, et qui devenaient si vives que je craignais d'en perdre la raison.

Vingt jours s'étaient écoulés depuis que j'avais établi mon bilan; je le voyais à la taille qui me servait d'almanach. Sans cette indication, j'aurais pensé qu'ils y avait bien trois mois, pour ne pas dire trois ans, tant les journées m'avaient paru longues.

Pendant ce temps-là, j'avais strictement observé la loi que je m'étais faite à l'égard de ma nourriture. Malgré la faim que j'avais eue, et qui souvent m'aurait permis d'absorber en une fois la part de toute la semaine, je n'avais jamais excédé ma ration. Que d'efforts cette observance rigoureuse m'avait coûtés! Combien chaque jour il me fallait de courage pour diviser mon biscuit, et pour mettre à part la moitié qui s'attachait à mes doigts, et que réclamait mon estomac ! Mais j'avais triomphé de moi-même, à l'exception du lendemain de la première tempête, où, il vous en souvient, j'avais mangé quatre biscuits en un seul repas; et je me félicitais d'avoir bravé les exigences d'un appétit dévorant.

Quant à la soif, je n'en avais pas souffert; ma ration d'eau était suffisante, et plus d'une fois je ne l'avais pas même absorbée complétement.

J'en étais là, quand la provision de biscuits que j'avais faite, se trouva enfin épuisée. « Tant mieux, pensais-je, c'est une preuve que le vaisseau marche, puisqu'il y en avait pour quinze jours, autant de moins à passer dans mon cachot. » Il fallait retourner au magasin, reprendre des biscuits pour une nouvelle quinzaine, et tout d'abord retirer la pièce de drap qui me fortifiait de ce côté.

Chose bizarre! tandis que je procédais à cette opération, une anxiété singulière s'empara de mon esprit, ma poitrine se serra : c'était le pressentiment d'un grand malheur, ou plutôt l'effroi causé par un bruit que je ne pouvais attribuer qu'à mes odieux voisins. Bien souvent, et même pres qui toujours, des bruits semblables avaient résonné autour de ma cabine; mais aucun ne m'avait fait cette impression, et vous allez le comprendre : les grignotements que j'entendais alors m'arrivaient de la caisse où étaient mes biscuits.

C'est en tremblant que je retirai l'étoffe qui masquait mon garde-manger; en tremblant de plus en plus que j'étendis les mains pour les plonger dans la boîte.

Miséricorde !... elle était vide !

Pas tout à fait cependant, mes doigts en y fouillant s'étaient posés sur un objet lisse et moelleux qui avait fui tout à coup : c'était un rat; je retirai ma main prestement. A côté de lui, j'en avais senti un autre, puis un troisième, une tablée tout entière.

Ils s'échappèrent dans toutes les directions; quelques-uns rebondirent contre ma poitrine, tandis que les autres, se heurtant aux parois de la caisse, poussaient des cris aigus.

Ils furent bientôt dispersés; mais, hélas ! de toute ma réserve de biscuits, je ne trouvai plus qu'un tas de miettes que les rats étaient en train de faire disparaître lors de mon arrivée.

Cette découverte me foudroya, et je restai quelque temps sans avoir conscience de moi-même.

Les conséquences d'un pareil événement étaient faciles à prévoir : la faim, avec toutes ses horreurs, était en face de moi. Les débris qu'avaient laissés les hideux convives, et qui auraient été dévorés comme le reste, si j'étais venu seulement une heure plus tard, ne suffiraient pas pour me soutenir pendant huit jours; qu'arriverait-il ensuite?

Plus d'espoir! la mort était certaine, et quelle mort!

Terrifié par cette horrible perspective, je ne pris pas même les précautions nécessaires pour empêcher les rats de remonter dans la caisse. J'étais condamné à mourir de faim, j'en avais la certitude, à quoi bon différer l'exécution de l'arrêt? Autant mourir tout de suite que d'attendre la fin de la semaine. Vivre quelques jours en pensant à un supplice inévitable, était plus affreux que la mort; et la pensée du suicide me vint de nouveau à l'esprit.

Néanmoins elle ne me troubla qu'un instant; je me rappelais qu'à l'époque où je l'avais eue pour la première fois, ma position était encore plus affreuse, la mort plus imminente; que j'y avais cependant échappé comme par miracle; et je me disais que le salut était encore possible. Je n'en voyais pas le moyen, mais la Providence me l'indiquerait, et en appelant toutes mes forces à mon aide, je pourrais peut-être sortir de cette épreuve. Toujours est-il que le souvenir du passé, et les réflexions qui en découlaient, me rendirent un peu d'espoir; c'était une lueur bien vague, bien faible assurément, mais qui suffit à réveiller mon courage et à me tirer de mon état de prostration. Les rats commençaient à se rapprocher de la caisse pour y continuer leur repas, et la nécessité de leur en défendre l'accès me rendit mon énergie.

Ils n'avaient pas touché à mes fortifications; c'était par derrière qu'ils avaient pénétré dans le magasin, en passant sur la caisse d'étoffe que je leur avais ouverte. Il était fort heureux qu'ils eussent rencontré la planche que j'avais mise au fond de la boîte pour empêcher mes vivres de tomber, car sans cela je n'aurais pas retrouvé une miette de biscuits; mais ce n'était qu'une question de temps : dès que les rats savaient que derrière cette planche il y avait à faire bombance, ils n'avaient pas hésité à la ronger pour en venir aux biscuits, et nul doute que ce ne fût avec la connaissance du contenu de la caisse et l'intention d'en profiter, qu'ils avaient mis tant d'ardeur à pénétrer dans ma cellule, d'où ils pouvaient d'un bond s'installer dans la boîte.

Combien je regrettais de n'avoir pas mieux protégé mon magasin ! J'en avais eu la pensée ; mais je ne me figurais pas que ces maudits rongeurs s'y introduiraient par derrière ; et tant qu'ils n'entraient pas dans ma cabine, je croyais n'avoir rien à craindre de leur voracité.

Il était trop tard pour y songer ; comme tous les regrets, les miens étaient inutiles; et poussé par l'instinct qui vous porte à prolonger votre existence, en dépit des idées de suicide que vous avez pu concevoir, je rangeai sur la tablette qui était dans ma cabine les débris que les rats avaient laissés dans la caisse. Je me calfeutrai de nouveau, et me couchai pour réfléchir à ma situation, que ce nouveau malheur rendait plus sombre que jamais.

CHAPITRE XLIII.

A la recherche d'une autre caisse de biscuit.

Je réfléchis pendant quelques heures au déplorable état de mes affaires, sans qu'il se présentât une idée consolante. Je tombai dans le désespoir où m'avait plongé au début la perspective d'une mort certaine; je calculai, sans pouvoir en détourner ma pensée, qu'il me restait tout au plus de quoi vivre pendant dix ou douze jours, et cela, en usant de mes débris avec une extrême avarice. J'avais déjà souffert de la faim; j'en connaissais les tortures ; et l'avenir m'effrayait d'autant plus que je ne voyais pas comment y échapper.

L'ébranlement que produisaient chez moi ces tristes réflexions paralysait mon esprit; je me sentais pusillanime; toutes mes idées me fuyaient, et quand je parvenais à les réunir, c'était pour les concentrer sur l'horrible sort, qui m'attendait, et qu'elles étaient impuissantes à conjurer.

A la fin cependant, la réaction s'opéra; et je fis ce raisonnement bien simple : « J'ai déjà trouvé une caisse de biscuit, on peut en découvrir une seconde. S'il n'y en a pas à côté de la première, il est possible qu'il y en ait dans le voisinage. » Comme je l'ai dit plus haut, c'est d'après leur dimension, et non suivant les articles qu'ils renferment, que les colis sont rangés dans un navire. J'en avais la preuve dans la diversité des objets qui entouraient ma cellule; n'y avais-je pas rencontré côte à côte, du drap, de l'eau, de biscuit et de la liqueur? Pourquoi n'y aurait-il pas une autre caisse de biscuit derrière celle où j'avais pris l'étoffe? Ce n'était pas impossible; et dans ma position, la moindre chance de succès devait être accueillie avec empressement.

Aussitôt que j'eus cette pensée je retrouvai mon énergie, et ne songeai plus qu'au moyen de découvrir ce que je cherchais.

Mon plan de campagne fut bientôt établi. Quant à la manière d'y procéder, je n'avais pas à choisir ; pour instrument je ne possédais que mon couteau, et je n'avais d'autre parti à prendre que de m'ouvrir un passage à travers les caisses et les balles qui me séparaient du biscuit. Plus j'y réfléchissais, plus cette entreprise me semblait praticable; il est bien différent d'envisager un fait au milieu des circonstances ordinaires, ou sous l'empire d'un danger qui vous menace de mort, quand surtout le fait en question est le seul moyen de vous sauver. Les essais les plus téméraires paraissent alors tout naturels.

C'est de ce point de vue que j'examinais l'opération que j'allais tenter et les efforts qu'elle exigerait. La peine, la fatigue disparaissent d'un côté devant la perspective de mourir de faim, et de l'autre en face de l'espoir de trouver des vivres.

« Si j'allais réussir ! » me disais-je ; et mon cœur bondissait. Dans tous les cas, mieux valait employer mon temps à cette recherche libératrice, que de me livrer au désespoir. Si mes efforts n'étaient pas récompensés, la lutte m'épargnerait toujours les terreurs de l'agonie ; du moins elle en raccourcirait la durée, en me distrayant d'une part, et en me laissant espérer jusqu'au dernier moment.

J'étais à genoux, mon couteau à la main, bien résolu à m'en servir avec courage. Lame précieuse ! combien j'en estimais la valeur? Je ne l'aurais pas échangée pour tous les lingots du Pérou.

J'étais donc agenouillé ; j'aurais voulu être debout que les proportions de ma case ne me l'auraient pas permis ; vous vous rappelez que le plafond en était trop bas.

Est-ce l'attitude que j'avais alors qui m'en suggéra l'idée, je ne saurais pas vous le dire, mais je me rappelle qu'avant de me mettre à la besogne, j'élevai mon cœur vers Dieu, et que je lui adressai une prière fervente ; je le suppliai d'être mon guide, de soutenir mes forces, et de me permettre le succès.

Je n'ai pas besoin d'ajouter que ma supplique fut exaucée. Comment vous raconterais-je cette épreuve si je n'y avais pas survécu?

Mon intention était de voir d'abord ce qu'il y avait derrière la caisse où était l'étoffe de laine. Celle qui avait contenu les biscuits étant vide, il m'était facile de pénétrer jusque-là; on se rappelle que c'est en passant par celle-ci que j'étais arrivé aux pièces de drap qui me rendaient tant de services. Pour franchir la seconde caisse, il fallait tout bonnement en enlever quelques rouleaux d'étoffe, puisqu'elle était ouverte. Je n'avais pas besoin de mon couteau pour cette opération, je le mis de côté, afin d'avoir les mains libres ; je fourrai ma tête dans l'ancienne caisse à biscuit, et ne tardai pas à m'y trouver tout entier.

L'instant d'après je tirais à moi les rouleaux de drap, et je m'efforçais de les arracher de la boîte.

CHAPITRE XLIV.

Conservation des miettes.

Cette besogne me donna beaucoup plus de peine et me prit beaucoup plus de temps que vous ne pourriez l'imaginer. Le drap avait été emballé de manière à tenir le moins de place possible, et les rouleaux qu'il formait se trouvaient pressés dans la boîte comme si on les y eût serrés à la mécanique. Ceux que j'avais tirés d'abord, et qui se trouvaient en face de l'ouverture de la caisse, étaient venus sans me donner trop de fatigue ; mais il n'en fut pas de même pour les autres, il fallut toute ma force, et en user longtemps pour en arracher quelques-uns. Tout à coup j'eus affaire à des pièces trop volumineuses pour passer par l'ouverture que j'avais faite. J'en fus vivement contrarié ; je ne pouvais agrandir cette ouverture qu'avec beaucoup de travail : la situation des deux caisses m'empêchait de faire sauter une nouvelle planche ; il fallait, pour élargir le trou, faire usage de mon couteau, et le même motif rendait la coupe du bois extrêmement difficile.

J'eus alors une idée qui me parut excellente, mais dont les conséquences devaient être désastreuses ; ce fut de couper les liens qui attachaient la pièce, de prendre l'étoffe par un bout, et de la faire sortir en la déroulant. Je réussis, comme je m'y attendais, à déblayer le passage ; mais il avait fallu consacrer plus de deux heures à cette opération, encore n'avais-je pas terminé, lorsqu'un événement des plus sérieux me força d'interrompre mon travail. Comme je rentrais dans ma cabine, les deux bras chargés d'étoffe, j'y trouvai quinze ou vingt rats qui avaient profité de mon absence pour en prendre possession.

Je laissai tomber le drap que je portais, et me mis à chasser les intrus, que je parvins à renvoyer ; mais, ainsi que je l'avais auguré de leur présence, mes quelques miettes de biscuit avaient encore diminué. Si je n'avais pas été contraint d'apporter l'étoffe dans ma cellule, et que j'eusse continué ma besogne jusqu'à la dernière pièce de drap, je n'aurais plus rien trouvé.

La nouvelle part que les rats avaient prise, était peu considérable ; toutefois, dans ma position, la chose était fort grave, et je déplorai ma négligence à l'égard de ces reliefs qui m'étaient si précieux ; il fallait au moins sauver les derniers débris qui me restaient ; et les mettant dans un morceau d'étoffe, je roulai celui-ci comme un porte-manteau que j'attachai avec un fragment de lisière ; je le plaçai dans un coin ; puis le croyant en sûreté, j'allai me remettre à l'ouvrage.

Me traînant sur les genoux, tantôt les mains vides, tantôt chargé d'étoffe, je ne ressemblais pas mal à une fourmi qui fait ses provisions ; et pendant quelques heures je ne fus ni moins actif ni moins courageux que cette laborieuse créature. La chaleur était toujours excessive, l'air ne circulait pas plus qu'autrefois dans ma cabine ; la sueur me jaillissait de tous les pores. Je m'essuyais le visage avec un morceau de drap, et il y avait des instants où j'étais presque suffoqué. Mais le puissant mobile qui me poussait au travail m'éperonnait vigoureusement, et je continuai ma besogne, sans même songer à me reposer.

Mes voisins, pendant ce temps-là, me rappelaient sans cesse leur présence ; il y avait des rats partout ; dans les interstices que les futailles laissent entre les caisses, dans les encoignures formées par la charpente de la cale, dans toutes les crevasses, dans tous les vides. Je les rencontrais sur ma route, et plus d'une fois je les sentis courir sur mes jambes. Chose singulière, ils m'effrayèrent beaucoup moins depuis que je savais que c'était pour mon biscuit, non pour moi, qu'ils venaient dans ma cabine ;

cependant je ne me serais pas endormi sans m'être d'abord protégé contre leurs attaques.

Il y avait encore un autre motif à l'indifférence relative qu'ils m'inspiraient : la nécessité d'agir était si impérieuse, que je n'avais pas le temps de m'abandonner à des plaintes plus ou moins chimériques ; et le danger qui me menaçait d'une mort presque certaine faisait pâlir tous les autres.

Lorsque j'eus vidé la caisse, je me décidai à prendre un peu de repos et à faire un léger repas. J'avais tellement soif, que je me sentais de force à boire un demi-gallon ; et comme j'étais sûr que l'eau ne me manquerait pas, je me désaltérai complétement ; le précieux liquide me semblait avoir une douceur inaccoutumée, il surpassait l'ambroisie, jamais nectar ne fut préférable, et quand j'eus avalé mon dernier verre, je me sentis allègre et fort depuis la racine des cheveux jusqu'à la plante des pieds.

« Je vais maintenant, pensais-je, m'affermir dans cet état de bien-être en mangeant un morceau. » Mes mains s'avancèrent dans la direction du chiffon de drap qui me servait de garde-manger, trésor d'une valeur.... Mais un cri d'effroi sortit de ma bouche : « Encore les rats ! » Ces bandits infatigables étaient revenus, avaient percé l'étoffe et dévoré une nouvelle part de ma réserve ; il avait disparu de mon reliquat au moins une livre de biscuit, et cela en quelques minutes. J'étais venu dans ce coin-là un instant auparavant; j'avais touché le précieux ballot, et ne m'étais aperçu de rien.

Cette découverte fut accablante ; je ne pouvais pas m'éloigner de mes provisions sans m'attendre à ne plus rien trouver ensuite.

Depuis que je les avais retirés de la caisse, mes reliefs de biscuits étaient diminués de moitié ; j'en avais alors pour dix jours, douze au plus, en comptant la chapelure que j'avais soigneusement recueillie ; il n'y en avait pas assez maintenant pour aller au bout de la semaine.

Ma position devenait de plus en plus critique; néanmoins, je ne cédai pas au désespoir; plus le terme fatal se rapprochait, plus il fallait se hâter de découvrir d'autres vivres; et je me remis à travailler avec un redoublement d'ardeur.

Quant au moyen de conserver le peu de débris que j'avais encore, il n'y en avait pas d'autre que de les prendre avec moi, et de ne pas les quitter d'un instant. J'aurais pu augmenter l'épaisseur de l'enveloppe, en multipliant les tours d'étoffe; à quoi bon? les rats seraient toujours parvenus à la ronger, ils y auraient mis plus de temps ; mais en fin de compte le résultat aurait été le même.

Je fermai le trou qu'ils venaient de faire, et je déposai mon ballot de miettes dans la caisse ou je travaillais, avec la détermination de le défendre envers et contre tous. Je le plaçai entre mes genoux, et bien certain que les rats n'y toucheraient plus, je me disposai à défoncer la boîte aux étoffes, à ouvrir celle qui se trouvait derrière, et à en examiner le contenu.

CHAPITRE XLV.

Nouvelle mesure.

Je voulus d'abord détacher les planches, en les repoussant avec la main, je n'y parvins pas. Je me couchai sur le dos, et me servant de mes talons en guise de maillet, je frappai à coups redoublés, mais sans être plus heureux. J'avais mis mes bottines pour avoir plus de force ; et cependant après avoir cogné longtemps il fallut y renoncer. J'attribuai cette résistance à la solidité des clous ; mais je vis plus tard qu'on ne s'en était pas rapporté à la longueur des pointes, et que le fond de la caisse était protégé par des bandes de fer dont tous mes efforts ne pouvaient triompher. Coups de poing et coups de pied devaient donc être inutiles. Lorsque j'en eus la certitude, je me décidai à reprendre mon couteau.

J'avais l'intention de couper l'une des planches à l'un de ses bouts, de manière à la détacher en cognant dessus, et à n'avoir pas besoin de la trancher en deux endroits.

Le bois n'était pas dur, c'était simplement du sapin; et je l'aurais facilement coupé, même en travers, si j'avais été dans une meilleure position. Mais j'étais pressé de toutes parts, gêné dans tous mes mouvements; outre la fatigue et le peu de force que j'avais dans une pareille attitude, le pouce de ma main droite, que le rat avait mordu, me faisait toujours beaucoup de mal. L'inquiétude la frayeur et l'insomnie m'avaient donné la fièvre, et ma blessure, au lieu de guérir, s'était vivement enflammée : d'autant plus que j'avais été condamné à un travail perpétuel pour me défendre, et que ne sachant pas me servir de la main gauche, il avait fallu employer la main malade, en dépit de la douleur.

Il en résulta que je mis un temps énorme à couper une planche de vingt-cinq centimètres de largeur sur deux et demi d'épaisseur. Je finis cependant par réussir, et j'eus la satisfaction, en m'appuyant contre cette planche, de sentir qu'elle cédait sous mes efforts.

Il ne faut pas croire cependant que mon succès fut décisif. Comme cela m'était arrivé en défonçant la caisse de biscuit, je me heurtai cette fois contre un obstacle qui ne me permettait de donner à mon ouverture qu'un écartement de deux ou trois pouces. Était-ce une barrique, ou une autre caisse? je ne pouvais pas le savoir; toujours est-il que je m'attendais à cette déconvenue, et que je poursuivis mon œuvre sans m'y arrêter. On s'imagine combien il fallut pousser, tirer, secouer dans tous les sens pour détacher cette planche des liens de fer qui la retenaient à ses voisines.

Avant de venir à bout, je savais quel était l'objet contre lequel mes efforts allaient se briser. J'avais passé la main dans l'ouverture que j'obtenais en appuyant sur ma planche, et mes doigts, hélas! avaient rencontré une nouvelle caisse, pareille à celle où je m'escrimais; c'était le même bois, la même taille, sans doute la même épaisseur, les mêmes liens de fer et le même contenu.

Cette découverte me désolait : Qu'avais-je besoin d'ouvrir cette caisse d'étoffe? Mais était-ce bien du drap? il fallait s'en assurer. Je recommençai le même travail, qui me donna bien plus de peine que la fois précédente : les difficultés se compliquaient, la position était plus mauvaise; et je travaillais avec moins d'ardeur, n'ayant plus guère d'espoir. Dès que mon couteau fut entré dans le sapin, et l'eut traversé dans toute son épaisseur, je sentis quelque chose de moelleux qui fuyait devant l'acier, et dont la souplesse indiquait la nature. C'était perdre son temps que d'aller plus loin; mais j'obéissais malgré moi au besoin d'acquérir une preuve matérielle de ce que mon esprit ne révoquait pas en doute, et je poursuivis ma tâche sous l'influence d'une curiosité pour ainsi dire physique.

Le résultat fut celui que j'attendais : c'était bien du lainage qui se trouvait dans la caisse.

Mon couteau m'échappa; et vaincu par la fatigue, accablé par le chagrin, je tombai à la renverse, dans un état d'insensibilité presque absolue.

Cette léthargie se prolongea quelque temps; je ne sais pas au juste quelle en fut la durée; mais j'en fus tiré tout à coup par une douleur subite, pareille à celle que m'aurait causée une aiguille rougie, ou le tranchant d'un canif qui se serait enfoncé dans l'un de mes doigts.

Je me levai en secouant brusquement la main, persuadé que j'avais saisi mon couteau par la lame, car je me rappelai qu'il était resté ouvert en tombant.

Mais quand je fus réveillé tout à fait, je compris que ce n'était pas le tranchant de l'acier qui m'avait causé cette douleur; à la sensation toute particulière qui accompagnait ma blessure, je reconnaissais qu'un rat m'avait mordu.

Mon engourdissement léthargique fut bientôt dissipé, et je retrouvai toutes mes terreurs; cette fois l'attaque m'était bien personnelle, et avait eu lieu *sans provocation aucune*. Au brusque mouvement que j'avais fait, l'agresseur s'était sauvé; mais il reviendrait, cela ne faisait pas le moindre doute.

Plus de sommeil; il fallait se mettre sur ses gardes, et recommencer la lutte. Bien que l'espoir de sortir de mon cachot fût bien faible à présent, je me révoltais à la seule pensée d'être dévoré tout vif; je devais mourir de faim, c'était affreux; mais cela m'effrayait moins que d'être mangé par les rats.

La caisse où je me trouvais alors était assez grande pour que je pusse y dormir, et j'avais un tel besoin de repos que je fus obligé de faire un grand effort pour la quitter. Mais l'intérieur de ma cabine était plus sûr, je pouvais m'y barricader plus aisément, et j'y avais moins à craindre mes odieux adversaires. Je ramassai mon couteau, le paquet où était mon biscuit, et je retournai dans ma cellule.

Elle était devenue bien étroite, j'avais été contraint d'y placer l'étoffe qui se trouvait dans la caisse, et j'eus de la peine à m'y loger avec mes miettes. Ce n'était plus une cabine, c'était un nid.

Les pièces de drap, empilées contre les tonnes d'eau et de liqueur, me défendaient parfaitement de ce côté; il ne restait plus qu'à fortifier l'autre bout comme il l'était auparavant. La chose faite, je mangeai l'une de mes parcelles de biscuit, je l'arrosai de libations copieuses, et je cherchai le repos d'esprit et de corps qui m'était si nécessaire.

CHAPITRE XLVI.

Une balle de linge.

Mon sommeil ne fut ni profond ni agréable ; aux terreurs de l'avenir se joignaient les souffrances du présent ; j'étouffais dans ma cabine, et l'oppression, causée par le manque d'air, augmentait les atrocités de mon cauchemar. Il fallut néanmoins se contenter de cet assoupissement, à la fois court et pénible.

A mon réveil, je fis l'ombre d'un repas, qui ne méritait guère de s'appeler déjeuner, car le jeûne n'en persista pas moins. Mais si la chère était rare, j'avais l'eau à discrétion, et j'en profitai largement ; le feu était dans mes veines, et ma tête me semblait embrasée.

Tout cela ne m'empêcha pas de retourner à l'ouvrage. Si deux caisses ne renfermaient que du drap, il ne s'ensuivait pas que toute la cargaison fût de même nature, et je résolus de persévérer dans mes recherches. Toutefois, il me parut prudent de suivre une autre direction : les deux caisses d'étoffe se trouvaient exactement l'une devant l'autre, il était possible qu'une troisième fût placée derrière la seconde. Mais il n'était pas nécessaire de continuer en ligne droite ; je pouvais traverser l'une des parois latérales, et me frayer un passage de côté, au lieu de sortir par le fond même de la caisse.

Emportant donc mon pain, comme j'avais fait la veille, je me remis à la besogne avec un nouvel espoir ; et après un rude labeur, que le peu d'emplacement, la fatigue précédente, les blessures de ma pauvre main rendaient excessivement pénible, je parvins à détacher le bout du colis.

Quelque chose se trouvait derrière ; c'était tout naturel, mais cela ne résonnait pas sous le choc. Ce fait me rendit un peu de courage : ce n'était pas une caisse de drap. Lorsque la planche fut assez écartée pour y passer la main, je fourrai mes doigts par l'ouverture ; ils rencontrèrent de la grosse toile d'emballage ; que pouvait-elle recouvrir ?

Je n'en sus rien, tant que je n'eus pas ouvert un coin de ce ballot, et mis à nu ce qu'il renfermait. Je le fis avec ardeur, et ce fut une nouvelle déception. Le ballot contenait de la toile fine, roulée comme le drap, mais tellement serrée, que, malgré tous mes efforts, il me fut impossible d'en arracher une seule pièce.

Je regrettais maintenant que ce ne fût pas une caisse de drap; avec de la patience, j'aurais pu la vider et la franchir; mais je ne pouvais rien contre ce bloc de toile, aussi dur que le marbre, qui ne se laissait ni entamer ni mouvoir; la trancher avec mon couteau, c'était le travail de plus de huit jours, et mes provisions ne dureraient pas jusque-là.

Je restai quelque temps inactif, me demandant ce que j'allais faire. Mais les minutes étaient trop précieuses pour les employer à réfléchir; l'action seule pouvait me sauver, et je fus bientôt remis à l'œuvre.

J'avais résolu de vider la seconde caisse de draperie, de la défoncer, et de voir ce qu'il y avait derrière elle.

La boîte était ouverte, il ne fallait qu'en retirer l'étoffe. Par malheur c'était le bout des pièces qui était tourné vers moi, et je crus un instant que j'échouerais dans mon entreprise. Néanmoins, à force de tirer, d'ébranler, de secouer ces rouleaux qui se présentaient de profil, je parvins à en arracher deux, et les autres suivirent plus facilement.

Comme dans la caisse précédente, je trouvai au fond de celle-ci des pièces plus volumineuses que les premières, et qui ne pouvaient plus sortir par le trou du couvercle. Pour m'éviter la peine d'agrandir l'ouverture, j'adoptai le moyen qui m'avait déjà servi : je déroulai mon étoffe comme j'avais fait la première fois.

Cela me parut d'abord facile. Je me félicitai de mon expédient ; mais il fut bientôt la cause d'un embarras que j'aurais dû prévoir, et qui vint singulièrement compliquer mes ennuis.

Mon travail se ralentissait peu à peu ; il devenait pénible, et cependant l'étoffe se déroulait avec d'autant plus de facilité que la caisse était moins pleine. Il fallut enfin m'arrêter ; je fus quelque temps sans deviner à quel obstacle j'avais affaire ; un instant de réflexion me fit tout comprendre.

Il était évident que je ne pouvais plus rien retirer de la caisse avant d'avoir ôté l'étoffe que j'avais accumulée derrière moi.

Comment faire pour me désencombrer ? Je ne pouvais pas détruire cette masse de drap, y mettre le feu, ni la diminuer ; je l'avais déjà foulée de toutes mes forces, et il n'y avait pas moyen de la presser davantage.

Je m'apercevais maintenant de l'imprudence que j'avais commise en déployant l'étoffe, j'en avais augmenté le volume, et il n'était pas moins impossible de la replacer dans la caisse que de la retirer de l'endroit qu'elle occupait. Elle gisait en flots serrés jusque dans ma cabine, qu'elle remplissait tout entière ; je n'aurais pas même pu la replier, car l'espace me manquait pour me mouvoir; et je me sentis gagner par l'abattement.

« Oh! non, pensai-je, il ne sera pas dit que je me serai découragé, tant qu'il me restera à faire un dernier effort. En gagnant seulement assez de place pour sortir une dernière pièce, je pourrai traverser la caisse. » L'espérance était encore au fond de la boîte. Si après cela je ne rencontrais que de la toile ou du lainage, il serait temps de m'abandonner à mon sort.

Tant qu'il y a de la vie, on ne doit pas désespérer; et soutenu par cette idée consolante, je me remis à la tâche avec une nouvelle ardeur.

Je trouvai le moyen de placer deux autres pièces de drap; la caisse était à peu près vide; je finis par m'y introduire, et, prenant mon couteau, je me disposai à m'ouvrir un passage.

Il me fallait, cette fois, couper la planche au milien, car l'étoffe m'en cachait les deux extrémités. Cela faisait peu de différence; l'ouverture que je pratiquai ne m'en suffit pas moins pour atteindre mon but : c'est-à-dire qu'elle me permit d'y fourrer la main, et de reconnaître ce dont la planche me séparait. Triste résultat de mes efforts : c'était un second ballot de toile.

Je serais tombé si le fait avait été possible; mais j'étais pressé de toute part, et ne pus que m'abaisser sur moi-même, n'ayant plus ni force ni courage.

CHAPITRE XLVII.

Excelsior!

Ce fut encore la faim qui me tira de ma torpeur; l'estomac réclamait sa nourriture quotidienne, il fallait lui obéir. J'aurais pu manger sans bouger de place, ayant mon biscuit avec moi; mais la soif m'obligeait à retourner dans ma cabine. C'était là que se trouvait ma cave, s'il importait peu que je fusse ailleurs, soit pour manger, soit pour dormir, j'étais contraint pour boire d'aller retrouver mon tonneau.

Ce n'était pas une chose facile que de rentrer dans ma case; il fallait déranger cette masse d'étoffe qui s'élevait comme un mur entre elle et moi. Je devais le faire avec soin pour ménager la place; autrement je refoulais cette masse de laine dans la cabine, et je ne pouvais pas pénétrer jusqu'au fond.

Il me fallut beaucoup de temps pour gagner la futaille. Enfin j'y arrivai; et lorsque ma soif fut apaisée, ma tête s'inclina, puis je m'endormis, soutenu par le monceau d'étoffe qui se trouvait derrière moi.

J'avais eu soin de fermer la porte aux rats ; et cette fois rien ne troubla mon sommeil.

Le matin, c'est-à-dire quand je m'éveillai; cela pouvait être le soir aussi bien que le milieu du jour, car je n'avais pas remonté ma montre ; mes habitudes étaient détruites, et je ne savais plus rien des heures. Enfin, à mon réveil, je mangeai quelques miettes et bus énormément ; j'étais désaltéré, mais l'estomac criait famine ; j'aurais avalé sans peine ce qui me restait de biscuit, et j'eus besoin d'un courage extrême pour m'arrêter au début; il fallut me dire que ce serait mon dernier repas; sans la crainte de la mort je n'aurais pas eu la force de supporter cette abstinence.

Après avoir fait ce très-maigre déjeuner, l'estomac rempli d'eau, et le découragement au cœur, je retournai dans ma caisse avec l'intention de faire de nouvelles recherches. Ma faiblesse était grande, les côtes me perçaient la peau, et c'est tout ce que je pus faire que de remuer les pièces de drap pour me frayer un passage.

L'un des bouts de la caisse s'appuyait aux flancs du navire, je n'avais donc pas à m'en occuper; mais celui qui était en face regardait l'intérieur de la cale, et ce fut de ce côté-là que je poussai mes travaux.

Il est inutile de vous les raconter ; l'opération fut la même que les trois précédentes ; elle dura plus longtemps et me conduisit au même résultat. Je ne pouvais plus avancer, ni dans un sens, ni dans l'autre ; le drap et la toile me bloquaient de toute part, nul moyen de me soustraire à mon sort, et cette conclusion me replongea dans la stupeur.

Mais ce nouvel accès de désespoir fut bientôt dissipé. J'avais lu un récit palpitant où était racontée la lutte héroïque d'un petit garçon qui, enseveli sous des ruines, avait fini par triompher de tous les obstacles, et littéralement vaincu la mort. Je me rappelais qu'il avait pris pour devise un mot latin qui voulait dire : « Plus haut, toujours plus haut ! »

Ce fut un trait de lumière : « Plus haut ! pensai-je ; mais c'est là que je dois aller. » En suivant cette direction, je pouvais trouver un aliment quelconque ; d'ailleurs je n'avais pas à choisir : c'était la seule voie qui me fût ouverte.

Une minute après j'étais couché sur un échafaudage de drap, et cherchant l'un des interstices que les planches laissaient entre elles, j'y fourrais mon couteau. Dès que l'entaille me parut assez grande, je saisis la planche à deux mains et l'attirai vers moi ; elle céda.... Juste ciel ! ne devais-je rencontrer que déception sur déception ?

Hélas ! j'en acquérais la preuve ; ces balles de

toile, ces monceaux d'étoffe qui m'opposaient leur masse impénétrable, ou leurs plis moelleux, me répondaient affirmativement.

Il me restait la première caisse, où j'avais trouvé du drap, et celle où avaient été les biscuits. La partie supérieure en était encore intacte ; je ne savais pas ce qu'il y avait au-dessus d'elles ; et cette ignorance me permettait d'espérer.

Je m'ouvris ces deux issues avec courage, mais sans être plus heureux : la première me fit trouver une caisse de drap, la seconde un ballot de toile.

« Seigneur ! m'avez-vous abandonné ? » m'écriai-je avec désespoir.

CHAPITRE XLVIII.

Un torrent d'eau-de-vie.

L'excès de fatigue avait amené le sommeil ; je dormis longtemps, et me réveillai beaucoup plus fort que je ne l'avais été depuis quelques jours. Singulière chose ! maintenant qu'il n'y avait plus d'espoir, le courage m'était revenu Il semblait qu'une

Influence surnaturelle eût rendu à mon esprit toute sa vigueur. Était-ce une inspiration divine qui m'engageait à persévérer? Malgré l'amertume de mes déceptions, j'avais supporté le malheur sans murmurer, et ne m'étais pas révolté contre Dieu.

Je priai de nouveau le Seigneur de bénir mes efforts, et me confiai en sa miséricorde. Je suis persuadé que c'est à ce sentiment que je dois ma délivrance; car c'est lui qui m'empêcha de me livrer au désespoir, et qui me donna la force de poursuivre ma tâche. J'avais donc l'esprit plus léger, sans pouvoir l'attribuer à autre chose qu'à une influence céleste. Rien n'était changé autour de moi, si ce n'est que ma faim était plus vive, et mon espérance moins fondée.

Je ne pouvais pas pénétrer au delà de cette nouvelle caisse d'étoffe, puisque je n'avais pas de place pour en loger le contenu. Il y avait bien encore deux directions que je n'avais pas tenté de prendre : l'une était fermée par la futaille d'eau douce, l'autre conduisait aux flancs du navire. Pouvais-je traverser ma barrique sans perdre l'eau qu'elle renfermait? J'eus un instant la pensée d'y faire un trou dans la partie supérieure, de me hisser par ce trou, et d'en faire un second de l'autre côté; mais j'abandonnai ce projet avant de l'avoir terminé : une ouverture assez grande pour que je pusse m'y introduire causerait la perte du liquide ; un coup de mer, une brise un peu plus forte, qui augmenterait le roulis, répandrait toute ma boisson.

Je renonçai d'autant plus vite à cette folle idée, qu'elle m'en suggéra une autre beaucoup plus avantageuse : c'était de traverser la pipe d'eau-de-vie ; elle était placée de manière à rendre l'opération moins difficile, et je me souciais fort peu de la perte de sa liqueur. Peut-être y avait-il derrière elle une provision de biscuit ; rien ne le prouvait ; mais ce n'était pas impossible, et le doute c'est encore de l'espoir.

Couper en travers les douelles de chêne qui formaient le fond de la barrique, c'était bien autre chose que de trancher le sapin d'un emballage ; et mon couteau n'avançait guère. Toutefois, j'y avais déjà fait une incision, lorsque j'étais à la recherche d'une seconde pipe d'eau douce, et passant ma lame dans cette première entaille, je continuai celle-ci jusqu'à ce que la planche fût entièrement coupée ; je me mis alors sur le dos, je m'arc-boutai contre l'étoffe qui remplissait ma cellule, et appliquant le talon de ma bottine à la douelle, je m'en servis comme d'un bélier pour enfoncer le tonneau. La besogne était rude, et la planche de chêne fit une longue résistance ; à force de cogner, je parvins cependant à briser l'un de ses joints ; elle céda, et, redoublant de vigueur, je finis par la repousser dans la futaille.

Le résultat immédiat de cette prouesse fut un jet d'eau-de-vie qui m'inonda. La nappe était si volumineuse qu'avant que je fusse debout, la liqueur ruisselait autour de moi, et je craignis d'être noyé. Il m'était sauté de l'eau-de-vie dans la gorge et dans les yeux; j'en étais aveuglé, je fus pris d'une toux convulsive, et d'éternuments qui menaçaient de ne pas finir.

Je ne me sentais pas d'humeur à plaisanter; et cependant je pensai malgré moi au duc de Clarence, et au singulier genre de mort qu'il avait été choisir, en demandant qu'on le noyât dans un tonneau de Malvoisie.

Quant à moi, le flot qui me menaçait disparut presque aussi vite qu'il avait monté; il y avait plus d'espace qu'il ne lui en fallait sous la cale, et au bout de quinze à vingt secondes il avait été rejoindre l'eau de mer qui gargouillait sous mes pieds. Sans l'état de mes habits, qui étaient trempés, et l'odeur qui remplissait ma case, on ne se serait pas douté de l'inondation; mais cette odeur était si forte qu'elle m'empêchait de respirer.

Le mouvement du navire, en secouant la futaille, eut bientôt vidé cette dernière, et dix minutes après l'irruption du spiritueux, il n'en restait pas une pinte dans la barrique.

Mais je n'avais pas attendu jusque-là; l'ouverture que j'avais pratiquée suffisait pour que je pusse m'y introduire, — il n'y avait pas besoin qu'elle fût bien grande pour cela, — et aussitôt que mon accès de toux avait été calmé, je m'étais glissé dans la barrique.

Je cherchai la bonde, afin d'y passer mon couteau; quelle que fût sa dimension, c'était autant de besogne faite, et il est plus facile de continuer à couper une planche que d'y faire la première entaille. Je trouvai l'ouverture que je cherchais, non pas à l'endroit que je supposais qu'elle devait être, mais sur le côté de la barrique, et juste à un point convenable.

J'avais fait sauter le bondon, et je travaillais avec ardeur. Mes forces me paraissaient décuplées, c'était merveilleux; quelques minutes avant j'étais fatigué, et maintenant je me sentais capable de défoncer le tonneau, sans en couper les douelles.

Était-ce le bien-être que j'éprouvais de cette vigueur, ou la satisfaction qu'elle me donnait? Mais j'étais plein de gaieté, moi qui ne la connaissais plus; on aurait dit qu'au lieu de faire une besogne pénible, je me livrais au plaisir; et je ne me souciais pas mal du succès de l'entreprise.

Je me rappelle que je sifflais en travaillant, et que je me mis à chanter comme un pinson. Plus d'idées noires; celle de la mort était à cent lieues; tout ce que j'avais souffert me paraissait un rêve; je ne savais plus que j'avais besoin de manger ; la faim était partie avec le souvenir de mes douleurs.

Tout à coup je fus pris d'une soif violente; je me souviens d'avoir fait un effort pour aller boire. Je parvins à sortir de la futaille, j'en ai la certitude ; mais je ne sais pas si j'ai bu; à compter du moment où j'ai quitté mon travail, je ne me rappelle plus rien, si ce n'est que je tombai dans un état d'insensibilité voisin de la mort.

CHAPITRE XLIX.

Nouveau danger

Pas un rêve ne troubla cette profonde léthargie qui dura quelques heures. Mais quand je revins à moi, je me trouvai sous l'influence d'une crainte indéfinissable; j'éprouvais une sensation étrange; comme si, lancé dans l'espace, j'avais flotté dans l'atmosphère, ou que je fusse tombé d'une étoile, et que, ne pouvant trouver un point d'appui, ma chute se continuât toujours. Cette hallucination, des plus désagréables, me causait le vertige et me saisissait d'épouvante.

Elle devint moins pénible à mesure que je repris mes sens, et finit par se dissiper tout à fait dès que je fus complétement réveillé. Mais il me resta une affreuse douleur de tête, et des nausées qui menaçaient de me faire vomir. Ce n'était pas la mer qui me faisait mal; j'y étais maintenant habitué; je supportais, sans m'en apercevoir, le roulis ordinaire du vaisseau.

Était-ce la fièvre qui m'avait saisi brusquement, ou m'étais-je évanoui par défaillance? Mais j'avais éprouvé l'un et l'autre, et cela ne ressemblait en rien à la sensation qui me dominait.

Je me demandais, sans pouvoir me répondre, ce qui avait pu me mettre dans un pareil état, lorsque la vérité se révéla tout à coup.

N'allez pas croire que j'avais bu de l'eau-de-vie; je n'y avais même pas goûté. Il était possible qu'il m'en fût entré dans la bouche au moment où elle avait jailli de la futaille; mais cette quantité n'aurait pas suffi pour m'enivrer, quand même il se fût agi d'une liqueur beaucoup plus pure que celle dont il est question. Ce n'était pas cela qui m'avait grisé; qu'est-ce que cela pouvait être? Je n'avais jamais ressenti de pareils symptômes; mais je les avais remarqués chez les autres, et j'étais bien certain d'avoir éprouvé tous les phénomènes de l'ivresse.

J'y réfléchis quelque temps, et le mystère se dévoila : ce n'était pas l'eau-de-vie elle-même qui m'avait enivré, c'en était l'émanation.

Avant de me mettre à la besogne, je me rappelais avoir non-seulement beaucoup éternué, mais senti quelque chose d'inexprimable, un revirement subit dans toutes mes pensées, une transformation de tout mon être, qui fut bien autrement sensible quand j'entrai dans la futaille.

Je crus d'abord que j'allais suffoquer; puis je m'y accoutumai graduellement, et cette sensation nouvelle me parut agréable. Je ne m'étonnais plus d'avoir été si fort et si joyeux.

En me rappelant tous les détails de ce singulier épisode, je compris le service que la soif m'avait rendu, et je me félicitai de lui avoir obéi. Ainsi que je l'ai dit plus haut, je ne savais pas si je m'étais désaltéré; je n'avais aucun souvenir de m'être approché de ma fontaine, surtout d'y avoir puisé. Je ne crois pas avoir été jusque-là; si j'avais ôté le fausset, il est probable que je n'aurais pas su le remettre, et la futaille se serait vidée, tout au moins jusqu'au niveau de l'ouverture, ce qui, grâces à Dieu, n'était pas arrivé. Je n'avais donc point à regretter d'avoir eu soif; bien au contraire, sans cela je serais resté dans la pipe d'eau-de-vie; mon ivresse eût été d'autant plus grande; et selon toute probabilité, la mort en aurait été la conséquence.

Était-ce à un effet du hasard que je devais mon salut? J'y voulus voir un fait providentiel; et si la prière peut exprimer la gratitude, la mienne porta au Seigneur l'élan de ma reconnaissance.

J'ignorais donc si j'avais été boire. Dans tous les cas ma soif était ardente, et l'eau que j'avais prise m'avait peu profité; je cherchai bien vite ma tasse, et ne la remis sur la tablette qu'après avoir bu au moins deux quartes.

Le mal de cœur disparut, et les fumées, qui obscurcissaient mon esprit, s'évanouirent sous l'influence de cette libation copieuse. Mais avec la possession de moi-même revint le sentiment des périls dont j'étais environné.

Mon premier mouvement fut de reprendre ma besogne au point où je l'avais interrompue; mais aurais-je la force de la poursuivre? Qu'arriverait-il si je retombais dans le même état, si la torpeur me gagnait avant que je pusse sortir de la futaille, si je manquais de présence d'esprit, ou de courage pour le faire?

Peut-être pourrais-je travailler quelque temps sans éprouver d'ivresse, et m'éloigner aussitôt que j'en ressentirais l'effet. Peut-être; mais s'il en était autrement? si j'étais foudroyé par ces effluves alcooliques? Savais-je combien de temps je leur avais résisté? je le cherchai dans ma mémoire, et ne pus pas m'en souvenir.

Je me rappelais comment l'étrange influence s'était emparée de moi, la douceur que je lui avais trouvée, la force qu'elle m'avait prêtée un instant, l'agréable vertige où elle m'avait plongé, la gaieté qu'elle m'avait rendue, en face de la plus horrible des situations; mais je ne savais pas la durée de ce moment d'oubli, qui me paraissait un songe.

Que tout cela vînt à se renouveler, moins la circonstance favorable à laquelle je devais mon salut; qu'au lieu de sortir pour aller boire, je m'évanouisse dans la futaille, et le dénoûment était facile à prédire. Je pouvais cette fois ne pas avoir soif, ou ne pas l'éprouver d'une manière assez violente pour triompher de l'engourdissement qui m'aurait saisi. Bref, l'entreprise était si chanceuse que je n'osai pas m'aventurer.

Cependant il le fallait, sous peine de m'éteindre à la place où j'étais alors. Mourir pour mourir, il valait cent fois mieux ne pas se réveiller de son ivresse, que d'avoir à supporter les horreurs de la faim.

Cette réflexion me rendit toute mon audace. Il n'y avait pas à hésiter; je fis une nouvelle prière, et me glissai dans la pipe où avait été l'eau-de-vie.

CHAPITRE L.

Où est mon couteau ?

En entrant dans la futaille, j'y cherchai mon couteau ; je ne savais plus quand je l'avais quitté, ni à quel endroit je l'avais mis. Avant de m'introduire dans la barrique, je l'avais cherché dans ma cabine ; et ne l'ayant pas trouvé, je pensai qu'il était resté dans le tonneau ; mais j'avais beau tâter partout, mes doigts ne rencontraient rien.

Cela commençait à m'alarmer ; si j'avais perdu mon outil, il ne me restait aucun espoir. Où mon couteau pouvait-il être ? Est-ce que les rats l'avaient emporté ?

Je sortis de la futaille, et fis de nouvelles recherches ; elles ne furent pas plus fructueuses. Je rentrai dans la barrique, et en explorai de nouveau toutes les parties, du moins celle où mon couteau pouvait se trouver, c'est-à-dire le fond de la pipe.

J'allais sortir une seconde fois, quand l'idée me vint d'examiner la bonde ; c'était là que je travaillais, lorsque j'avais eu soif, et il était possible que j'y eusse laissé mon couteau; il s'y trouvait effectivement, la lame enfoncée dans la douelle que j'étais en train de couper.

Il vous est plus facile de vous figurer ma joie qu'à moi de vous la dépeindre; mes forces et mon courage s'augmentèrent de cet incident; et sans perdre une minute je me remis à la besogne. Mais, à force de servir, mon couteau s'était émoussé; il avait plus d'une brèche, et mes progrès étaient bien lents à travers cette planche de chêne, qui me semblait dure comme la pierre. Il y avait un quart d'heure que je travaillais de toutes mes forces; à peine avais-je prolongé mon entaille de trois millimètres, et je commençais à me dire que je ne couperais pas toute la douelle.

L'étrange influence se faisait de nouveau sentir; je m'en aperçus alors. J'en connaissais le péril, et cependant je m'y serais abandonné sans peur, car l'insouciance est l'un des effets de l'ivresse. Néanmoins, je m'étais promis de sortir du tonneau dès les premiers symptômes de vertige, quelque pénible que cela pût être, et j'en eus heureusement la force. Quelques minutes de plus, je perdais connaissance dans la futaille, ce qui aurait été le prélude de mon dernier sommeil.

Toutefois, lorsque les premières atteintes de l'ivresse se dissipèrent, j'en vins presque à regretter de leur survivre : à quoi bon prolonger la lutte? Je ne pouvais séjourner dans la futaille qu'un instant, n'y rentrer qu'après un long intervalle; le bois était dur, mon outil ne coupait plus; combien de jours me faudrait-il pour pratiquer une ouverture suffisante? et les heures m'étaient comptées?

Si j'avais pu m'ouvrir cette futaille, espérer de la franchir, le courage ne m'aurait pas abandonné; mais c'était impossible; et quand j'y serais parvenu, j'avais dix chances contre une d'arriver à autre chose qu'à un aliment quelconque.

Le seul bénéfice que m'eût donné la peine que j'avais prise à l'égard de cette futaille, c'est qu'en la défonçant j'avais gagné de l'espace. Quel dommage de ne pas pouvoir la traverser! En supposant qu'il y eût au-dessus d'elle une caisse d'étoffe, j'aurais pu vider celle ci comme j'avais fait la première, et m'avancer d'un degré.

Cette réflexion, qui me paraissait oiseuse, et que je faisais en désespoir de cause, me fit envisager la situation sous un nouvel aspect : m'avancer d'un degré; c'est à cela que tous mes efforts devaient tendre. Au lieu de m'escrimer inutilement contre ces douelles de chêne, pourquoi ne pas traverser les caisses de sapin, dont le bois ne m'opposait qu'un faible obstacle, les déblayer successivement, gravir de l'une à l'autre, et arriver sur le pont?

L'idée était neuve. Si étrange que cela paraisse,

elle ne m'avait point encore frappé; je ne puis expliquer le fait que par le trouble où j'étais depuis longtemps.

Il devait y avoir au-dessus de ma tête bien des colis entassés les uns sur les autres; la cale en était pleine, et je me trouvais presque au fond. L'arrimage avait continué pendant deux jours, à dater du moment où je m'étais glissé dans le vaisseau; toute la cargaison était donc au-dessus du vide qui m'avait permis de descendre. Peut-être y avait-il dix ou douze caisses à franchir avant d'arriver à la dernière. « Eh bien ! me dis-je, il suffirait d'en traverser une par vingt-quatre heures pour gagner le faîte en dix jours.

« Quelle bonne idée, si elle m'était venue plus tôt ! j'aurais eu le temps de la mettre à exécution; mais il est trop tard. Si je l'avais eue tout d'abord, quand la caisse était pleine de biscuit, je serais sauvé actuellement. » Et des regrets amers se joignaient à mon désespoir

Impossible néanmoins de renoncer à cette idée : c'était la vie, la liberté, la lumière. J'y songeais malgré moi ; et n'écoutant pas mes regrets, j'envisageai le nouveau plan qui s'offrait à mon esprit.

Des vivres pour quelques jours, et le succès était certain ! mais ils me manquaient d'une manière absolue; je n'aurais pas escaladé le premier échelon qu'il faudrait mourir sur la brèche, faute d'un peu de nourriture.

Les idées s'enchaînent, et cette dernière pensée en fit naître une excellente, bien qu'elle puisse paraître odieuse à ceux qui ne meurent pas d'inanition. Mais la faim simplifie énormément le menu d'un repas, et triomphe de toutes les répugnances. Quand il a bien jeûné, l'estomac n'a plus de délicatesse; et le mien avait perdu tous ses scrupules. Je le sentais capable de tout; pourvu qu'il mangeât, peu lui importait l'aliment; et je vous assure qu'il trouva parfaite l'idée que je vais vous dire.

CHAPITRE LI.

Souricière.

Il y a longtemps que je ne vous ai parlé de mes rats; mais il ne faut pas croire qu'ils m'eussent abandonné. Ils rôdaient toujours dans mon voisinage, et ne se montraient ni moins actifs ni moins bruyants; j'ai la certitude qu'ils seraient tombés sur moi s'ils en avaient eu le moyen.

Je ne bougeais pas, sans d'abord me fortifier contre leurs attaques, en fermant avec soin les moindres issues de l'endroit où je me trouvais. Malgré cela je les entendais continuellement; et deux ou trois fois, en réparant mes murailles, j'avais été de nouveau mordu par cette maudite engeance.

Cette parenthèse vous fait deviner quel était mon projet. N'était-il pas bien simple? je m'étais dit qu'au lieu de me laisser devorer par les rats, je ferais bien mieux de les manger.

« Quelle horreur ! » vous écrierez-vous.

Quant à moi, je n'éprouvais aucune répugnance pour ce genre de nourriture, et à ma place vous n'en auriez pas eu davantage. De la répugnance? Au contraire, j'accueillis cette idée avec empressement, et la saluai avec bonheur. Elle me permettait d'exécuter mon dessein, d'arriver sur le pont; en d'autres termes, elle me sauvait la vie. Depuis qu'elle m'était venue, je me sentais hors de danger; il ne restait plus qu'à le mettre à exécution.

Jadis les rats m'avaient paru trop nombreux; peu m'importait maintenant qu'il y en eût des centaines. Je ne m'occupais que d'une chose, c'était de savoir comment les prendre.

Vous vous rappelez celui que j'avais tué en gantant mes bottines, et en l'assommant à coups de semelle; je pouvais employer le même procédé, mais à l'étude il me parut mauvais. En supposant qu'il me réussît la première et la seconde fois, quand j'aurais tué deux rats, les autres s'éloigneraient de ma cabine; je n'avais plus de biscuit pour les y attirer; les fines bêtes s'en seraient bientôt aperçues, et n'auraient pas remis la patte dans un endroit où il n'y avait que des coups à recevoir. Il valait mieux tout de suite s'approvisionner pour dix jours, et n'avoir plus qu'à m'occuper de mon travail. Peut-être la chair en deviendrait-elle meilleure; le gibier gagne à être attendu. C'était du reste le parti le plus sage, puisque c'était le plus sûr; je m'y arrêtai et cherchai le moyen de prendre mes rats en masse.

Nécessité est mère de l'industrie; c'est à elle, bien plus qu'à ma propre imagination, que je dus le plan de ma ratière. Celle-ci n'avait rien de très-ingénieux, mais elle me permettrait d'arriver à mon but, et c'était l'important. Il s'agissait de faire un grand sac; la chose était facile, puisque j'avais de l'étoffe : un morceau de drap plié en deux, cousu avec de la ficelle, ferait parfaitement l'affaire. La corde ne me manquait pas; j'avais tous les liens qui avaient attaché les pièces de drap; mon couteau me servirait d'aiguille, je terminerais le sac par une coulisse, et mes rats seraient pris au piége.

Ce ne fut pas seulement un projet; en moins

d'une heure mon sac était cousu, la ficelle passée dans les trous qui en formaient la coulisse, et le piége tout prêt à fonctionner.

CHAPITRE LII.

A l'affût.

Tout en passant ma ficelle j'avais mûri mon plan. Avant que le piége fût terminé, la manière de m'en servir était arrêtée dans mon esprit.

Je débarrassai d'abord ma cabine de toute l'étoffe qui l'encombrait; la chose était praticable, depuis qu'en vidant la pipe d'eau-de-vie je m'en étais fait une armoire. J'examinai ensuite avec soin toutes les issues de ma case; je remis des tampons neufs où les anciens me parurent mauvais, j'augmentai l'épaisseur de ceux qui étaient insuffisants, et ne laissai d'autre ouverture que celle du passage qui se trouvait entre les deux futailles, passage que les rats avaient l'habitude de suivre pour arriver chez moi.

Ce fut à l'entrée de ce défilé que je posai la bouche

de mon sac, dont l'écartement fut maintenu au moyen de petits bâtons, coupés de la longueur nécessaire.

M'agenouillant alors à côté de mon piége, et tenant à la main les cordons qui devaient le fermer aussitôt qu'il serait rempli, j'attendis mes rats avec confiance.

J'étais bien sûr qu'ils allaient accourir, j'avais placé dans mon sac de quoi les attirer; mon appât consistait en quelques miettes de biscuit, la dernière bouchée qui me restât; j'avais tout risqué sur cette chance suprême. Que les rats vinssent à m'échapper, il ne me restait plus rien, absolument rien pour vivre.

Les rats viendraient, j'en avais la certitude; mais seraient-ils assez nombreux pour que la chasse fût bonne? S'ils allaient venir l'un après l'autre, si le premier se sauvait en emportant l'appât! Dans cette crainte j'avais écrasé mon biscuit, afin que les mangeurs fussent obligés de rester dans le sac, et ne pussent pas s'enfuir avec le morceau qu'ils auraient pris.

Le sort me favorisa; je n'étais pas à genoux depuis cinq minutes, que j'entendis le piétinement des rats et le *quic-quic* de leur voix aiguë.

L'instant d'après, je sentis le piége s'ébranler entre mes doigts, ce qui annonçait l'arrivée des victimes; les secousses devinrent plus violentes; la

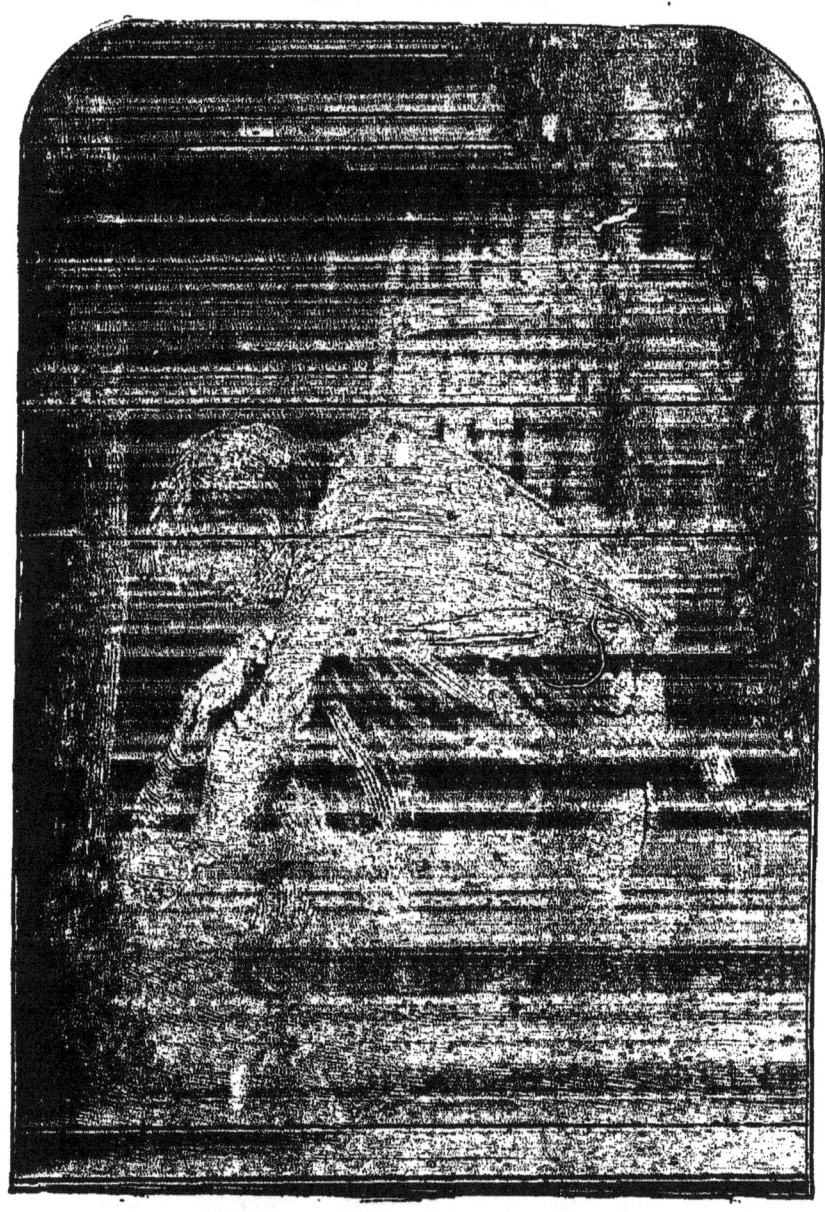

J'attendis mes rats avec confiance. (Page 296.)

foule se pressait dans mon sac pour partager le festin; les convives se heurtaient, se bousculaient pour passer l'un devant l'autre, et se querellaient bruyamment.

C'était le moment d'agir; le sac était plein; j'en serrai la coulisse et rebouchai bien le passage.

Aucun des rats qui étaient dans le piége n'avait pu s'échapper. Sans perdre de temps, j'écartai l'étoffe qui tapissait ma cabine, je posai mon sac par terre, à un endroit où le chêne était parfaitement uni, puis, appliquant sur le sac un morceau de l'une des caisses défoncées, je me mis à genou sur cette planche, et y pesai de tout mon poids et de toute ma force.

Pendant quelques minutes le sac m'opposa une vive résistance; les rats, mordant, criant et se débattant, se démenaient avec furie et vigueur. Je ne m'arrêtai pas à ces démonstrations, et continuai de frapper et de presser jusqu'à ce que toute cette masse grouillante fût immobile et silencieuse.

Je me hasardai alors à prendre le sac et à en examiner le contenu. J'avais lieu d'être satisfait; la prise était bonne; le nombre des rats paraissait considérable, et chacun d'eux était mort; je le pensai du moins, car le piége ne tressaillait même pas.

Malgré cela je n'y fourrai la main qu'avec une extrême précaution, et ne retirai mes rats que l'un après l'autre, ayant soin de refermer le sac à chaque fois. J'en avais dix.

« Ah! ah! m'écriai-je en apostrophant les morts, je vous tiens donc, odieuses bêtes! Vous expiez les tourments que vous m'avez fait souffrir; c'est de bonne guerre; si vous n'aviez pas engagé la lutte, vous seriez encore sains et saufs dans vos galeries; je n'aurais pas songé à vous détruire; mais en me réduisant à la famine, vous m'avez contraint d'en venir à cette extrémité. »

Tout en faisant ce discours, je dépouillais l'un de mes rats, avec l'intention de le manger immédiatement.

Bien loin de ressentir du dégoût pour le repas que j'allais faire, j'éprouvais la satisfaction que vous avez eue cent fois en face d'un bon dîner, qui chatouillait votre appétit.

J'avais tellement faim, que je pris à peine le temps d'écorcher la bête; et cinq minutes après j'avais avalé mon rat : la chair et les os, tout y avait passé.

Si vous êtes curieux d'en savoir le goût, je vous dirai qu'il n'a rien de désagréable; et que ce mets primitif me parut aussi bon qu'une aile de volaille ou qu'une tranche de gigot. C'était mon premier plat de viande depuis que je me trouvais à bord, c'est-à-dire depuis un mois; et cette circonstance, jointe au jeûne prolongé qu'il m'avait fallu subir, ajoutait certainement à la qualité du gibier. Toujours est-il qu'au moment en question, il me sembla qu'il n'existait rien d'aussi parfait ; et je n'étais plus étonné d'avoir lu quelque part que les Lapons et d'autres peuples mangeaient des rats

CHAPITRE LIII.

Changement de direction.

Mes affaires avaient totalement changé d'aspect ; j'avais des vivres pour une dizaine de jours ; et que ne peut-on pas faire en dix jours bien employés ? Il ne m'en faudrait pas davantage pour arriver sur le pont. Cette entreprise, que je regardais comme impraticable, lorsque j'en étais à ma dernière bouchée, devenait possible depuis que mon garde-manger était plein.

Un rat par jour, me disais-je, aura non-seulement pour effet de me nourrir, mais de me rendre des forces ; et en y mettant du zèle, mes dix journées de travail suffiront bien pour me faire traverser la cargaison ; il faudrait même qu'il y eût dix rangées de caisses à franchir pour que ces dix journées fussent nécessaires, et je suis persuadé qu'il n'y en a pas plus de sept ou huit.

J'avais retrouvé l'espérance et le courage ; il n'est rien de tel qu'un estomac satisfait pour mettre l'esprit dans une heureuse disposition ; vous envisagez les choses tout autrement que vous ne les considériez à jeun.

Un seul point m'inquiétait : pourrais-je triompher des effluves qui deux fois m'avaient fait perdre connaissance ? finirais-je par m'y habituer de manière à m'ouvrir la futaille ? L'avenir me l'apprendrait. Bien que je n'en fusse pas à compter les minutes, comme une heure auparavant, je n'avais pas de temps à perdre ; et, précipitant mon dîner par une libation d'eau claire, je me dirigeai vers l'ancienne pipe d'eau-de-vie, avec l'intention d'en élargir la bonde.

Mais elle était pleine comme un œuf, j'y avais serré l'étoffe qui encombrait ma cabine : circonstance que j'avais complétement oubliée.

Après tout, rien n'était plus facile que de vider la barrique ; et posant mon couteau, je me mis à la débarrasser.

Tandis que je tirais mon étoffe, une idée me vint tout à coup, et je me fis les questions suivantes :

« Pourquoi sortir ces pièces de drap ? A quoi bon

me donner tant de peine? Pourquoi m'obstiner à passer par cette futaille? »

En effet, il n'y avait aucun motif pour que je prisse cette direction plutôt qu'une autre; c'était bien quand je cherchais seulement à me procurer des vivres; mais, depuis que mon intention était de sortir de la cale, je n'avais pas d'intérêt à franchir ce tonneau; c'était même un tort que d'y penser, puisqu'il n'était pas dans la direction de l'écoutille, et que je devais suivre la voie qui me conduirait à celle-ci. Je me rappelais qu'en entrant dans la cale, c'était près de la futaille d'eau douce qu'il m'avait fallu passer; j'avais ensuite pris à droite, puis tourné la barrique, et je m'étais trouvé dans le vide qui formait ma cellule. Tous ces détails, que j'avais présents à la mémoire, prouvaient que j'étais presque au-dessous de la grande écoutille, dont s'éloignait la pipe d'eau-de-vie; sans compter que le chêne, dont celle-ci était faite, ne se tranchait pas comme le sapin d'une caisse ordinaire; et que cette difficulté se compliquait singulièrement de l'émanation enivrante que renfermait la barrique.

Pourquoi ne pas me retourner vers les caisses? Le drap ne me gênait plus, et une partie de la route m'était déjà ouverte du côté qu'il fallait prendre

La question fut bien vite résolue; je replaçai dans la barrique le drap que j'en avais ôté, j'en fourrai de nouveau, que je pliai avec soin pour en faire tenir davantage; et, ramassant les neuf rats qui me restaient, je les remis dans mon sac, dont je serrai les cordons. Je n'avais pas pris tous les rats du navire, il s'en fallait de beaucoup; et je craignais que les camarades de mes défunts ne vinssent m'aider à les manger. D'après ce que j'avais entendu dire, la *ratophagie* est dans les habitudes de cette hideuse engeance, ce qui au fond est très-heureux pour nous, et je me mis en garde contre la voracité de mes voisins.

Après avoir terminé tous ces arrangements, j'avalai une nouvelle ration d'eau claire, et me glissai de nouveau dans l'ancienne caisse au drap.

CHAPITRE LIV.

Conjectures.

La caisse où je venais de rentrer pour la quatrième fois, contiguë à celle qui avait renfermé les biscuits, devait me servir de point de départ pour l'ascension que je méditais ; il y avait à cela deux motifs :

1° Je le supposais directement au-dessous de l'écoutille (la boîte aux biscuits s'y trouvait bien, mais elle était plus petite, et cela m'aurait gêné dans mon travail).

2° Je savais, et c'était ma raison déterminante, qu'au-dessus de la caisse au drap il se trouvait une autre caisse, tandis que sur la caisse aux biscuits était un ballot de toile. Or il était bien moins difficile de défaire les pièces de drap que d'arracher la toile du ballot ; vous vous rappelez qu'il m'avait été impossible d'en mouvoir une seule pièce.

Peut-être supposez-vous qu'une fois dans la caisse je me mis immédiatement à l'œuvre ; vous vous trompez ; je restai longtemps sans faire usage ni de mon couteau ni de mes bras ; mais mon esprit travaillait, et toutes les forces de mon intelligence étaient activement employées.

Jamais, depuis la première heure de ma reclusion, je n'avais eu autant de courage que je m'en sentais alors ; plus je réfléchissais à l'entreprise que j'allais tenter, plus je sentais grandir mes espérances et plus j'étais heureux. Jamais, il est vrai, la perspective n'avait été aussi brillante. Après la découverte de la futaille d'eau douce et la caisse de biscuits, j'avais éprouvé une joie bien vive ; mais c'était toujours la prison, les ténèbres, le silence, toutes les tortures de l'isolement; tandis qu'à l'heure dont je vous parle, la perspective était bien plus attrayante.

Dans quelques jours, s'il n'arrivait pas d'obstacle, je reverrais le ciel, je respirerais un air pur, j'entendrais le son le plus doux qu'il y ait au monde : celui de la voix de ses semblables.

J'étais comme un voyageur qui, perdu depuis longtemps dans le désert, entrevoit à l'horizon quelque indice d'un endroit habité : un bouquet d'arbres, une colonne de fumée que le vent agite, une lumière lointaine, quelque chose enfin qui lui donne l'espoir de rentrer dans la société des hommes.

Peut-être était-ce la douceur de cette vision qui m'empêchait de procéder à la hâte. L'œuvre que j'allais entreprendre avait trop d'importance pour qu'on s'y livrât sans réfléchir. Quelque difficulté imprévue pouvait s'opposer au succès, un accident pouvait tout perdre au moment de recueillir le prix de tant d'efforts.

Il fallait tout prévoir, s'orienter avec soin, et n'agir qu'avec certitude. Une seule chose paraissait évidente : c'était la grandeur de la tâche que je m'étais imposée; je me trouvais au fond du navire, et je n'ignorais pas la profondeur de la cale; je me rappelais combien j'avais eu de peine à tenir jusqu'au bout, tant elle était longue, la corde à laquelle j'avais glissé pour descendre; et l'écoutille m'avait paru bien loin quand, au moment de quitter cette corde, j'avais relevé les yeux. Si tout cet espace était plein de marchandises, et cela devait être, que de peine j'aurais à me frayer un chemin à travers toutes ces caisses! Je ne pourrais pas aller en ligne droite, je rencontrerais des obstacles, il faudrait les tourner, le travail s'en augmenterait d'autant. J'étais cependant moins inquiet de la distance que de la nature des objets qui se trouvaient sur ma route. Si, par exemple, une fois désemballés, ils acquéraient un volume considérable, qu'il me fût impossible de réduire, comme cela m'était arrivé pour le drap, je ne pourrais plus communiquer avec la futaille, je n'aurais plus d'eau; et c'était l'une de mes appréhensions les plus vives.

J'ai dit combien je redoutais la toile; les quelques ballots que je savais rencontrer m'obligeraient à de longs détours; que deviendrais-je si toute la cargaison en était composée; il fallait espérer que cet article y était rare.

Je pensais à toutes les choses qui devaient se trouver dans le navire; je me demandais ce que pouvait être le Pérou, et quel était le genre d'exportation que pût y faire la Grande-Bretagne; mais, pour me répondre, j'étais trop ignorant en géographie commerciale.

Toutefois la cargaison de notre vaisseau devait être ce qu'on appelle un assortiment, ainsi qu'il arrive en général pour tous les navires que l'on envoie dans la mer du Sud ; je devais m'attendre à rencontrer un peu de tous les produits qui se fabriquent dans nos grandes villes.

Après y avoir réfléchi pendant une demi-heure, je finis par me dire que cela n'aboutissait à rien ; il était évident que je ne devinerais pas la composition d'une mine avant de l'avoir sondée. Le travail seul pouvait m'apprendre ce que je me demandais en vain ; et le moment de l'action étant arrivé, je me mis à la tâche avec ardeur.

CHAPITRE LV.

Joie de pouvoir se tenir debout.

On se rappelle que, lors de ma première expédition dans les caisses d'étoffe, je m'étais assuré de la nature des ballots qui les entouraient ; on se rappelle également que s'il y avait de la toile à côté de la première caisse, c'était un autre colis d'étoffe qui se trouvait au-dessus d'elle. Je l'avais ouvert, il ne me restait plus qu'à en ôter le drap pour avoir un étage de franchi ; et si l'on considère le temps et la peine que m'évitait cette avance, on comprendra que j'avais lieu de m'en féliciter.

Me voilà donc à tirer l'étoffe, ainsi que j'avais fait la première fois ; j'y allais de tout mon cœur, mais la besogne était rude ; ces maudites pièces de drap n'étaient pas moins serrées que les autres, et il était bien difficile de les arracher de leur place. Je finis cependant par y réussir, et, les poussant devant moi, je les conduisis dans ma cabine, où je les plaçai au fond de l'ancienne pipe de liqueur. Ne croyez pas que je les y jetai négligemment ; je les rangeai au contraire avec la plus grande précision ; je remplis tous les coins, toutes les fissures, tous les trous, si bien que les rats n'auraient pas pu s'y loger.

Toutefois, ce n'est pas contre eux que je prenais ces précautions ; ils pouvaient aller où bon leur semblerait, je n'avais plus à les craindre. J'en entendais bien encore quelques-uns rôder dans le voisinage ; mais la razzia que j'avais faite leur ava inspiré une terreur salutaire. Les cris effroyables des dix que j'avais étouffés avaient retenti dans toute la cale, et averti les survivants de ne plus s'aventurer dans l'endroit périlleux où leurs camarades trouvaient la mort.

Ce n'était donc pas avec la pensée de me fortifier contre l'ennemi que je me calfeutrais si bien, c'était simplement pour économiser l'espace ; car, ainsi que je vous le disais, la crainte d'en manquer était maintenant ma plus vive inquiétude.

Grâce à ma patience, jointe à l'activité que j'avais mise dans cette opération, la caisse était vide, et toute l'étoffe qu'elle avait renfermée se trouvait maintenant logée dans ma case, où elle tenait le moins de place possible.

Ce résultat satisfaisant augmentait mon courage, et me donnait une bonne humeur que je n'avais pas eue depuis un mois. L'esprit léger, le corps alerte, je grimpai dans la nouvelle caisse vide. Plaçant en travers l'une des planches qu'il m'avait fallu déclouer, j'en fis un banc, et m'y reposai, les jambes pendantes, les bras à l'aise. J'avais assez de place pour me redresser, et je ne puis vous dire la satisfaction que je ressentais à me tenir droit et à relever la tête. Confiné depuis bientôt cinq semaines dans une cellule d'un mètre d'élévation, moi qui avais trente centimètres de plus, j'étais resté accroupi, les genoux à la hauteur du menton; et, pour aller d'un endroit à l'autre, il avait fallu me courber, malgré la fatigue que j'en éprouvais.

Tout cela est peu de chose dans les premiers instants; mais à la longue c'est excessivement pénible; aussi était-ce pour moi un grand luxe de pouvoir étendre les jambes et de ne plus avoir à me baisser. Mieux que cela, je pouvais me tenir debout: les deux caisses communiquaient entre elles et présentaient une élévation d'au moins deux mètres; j'avais donc au-dessus de la tête un espace considérable; mon plafond était même si élevé que je ne parvenais pas à le toucher du bout du doigt.

J'en profitai aussitôt pour mettre pied à terre, et la jouissance que j'éprouvai à me redresser me fit sentir immédiatement que c'était l'attitude que je devais prendre. Contrairement à l'usage, elle me donnait le repos, tandis qu'en m'asseyant je ressentais une fatigue qui allait jusqu'à la douleur. Cela vous paraît singulier; mais cette bizarrerie apparente n'avait rien que de naturel; j'étais resté si longtemps assis, j'avais passé tant d'heures replié sur moi-même, que j'aspirais à reprendre cette fière attitude qui est particulière à l'homme, et qui le distingue du reste de la création. En un mot, je me trouvais si bien d'être debout que j'y restai pendant une demi-heure, peut-être davantage, sans penser à faire le moindre mouvement.

Pendant ce temps-là, je réfléchissais de nouveau à la direction que j'allais prendre; fallait-il percer le couvercle de la caisse que je venais de désemplir, ou la paroi qui était rapprochée de l'écoutille? En d'autres termes, laquelle devais-je suivre de la ligne horizontale ou de la ligne verticale? Il y avait des avantages et des inconvénients des deux côtés; restait à peser les motifs qui militaient en faveur de ces voies différentes, et à choisir entre elles ; mais ce choix était difficile, et d'une telle importance que je fus longtemps à me décider pour l'une ou pour l'autre de ces deux directions.

CHAPITRE LVI.

Forme des navires.

En suivant la verticale, j'aurais moins de besogne à faire, puisque la ligne droite est la plus courte. Une fois arrivé au sommet de la cargaison, je trouverais probablement un vide, je m'y introduirais et je gagnerais l'écoutille. C'était le chemin direct, le seul qui parût indiqué ; en effet, tout ce que me ferait gagner la voie horizontale serait entièrement perdu ; je franchirais ainsi toute l'épaisseur du navire, sans me rapprocher du pont qui se trouvait au-dessus de ma tête. Il fallait donc ne prendre cette direction que lorsque j'y serais forcé par un obstacle qui m'imposerait de faire un détour.

Malgré cette conclusion toute rationnelle, ce fut horizontalement que je me dirigeai tout d'abord ; j'y étais déterminé par trois motifs : le premier, c'est que le bout des planches qui formaient la paroi de la caisse était presque décloué, et n'exigeait qu'un faible effort pour se détacher complétement. Le second, c'est qu'en passant mon couteau dans les fentes du couvercle, je rencontrais un de ces ballot impénétrables qui m'avaient arrêté deux fois, et que j'avais tant maudits.

Ce motif aurait suffi pour me décider à prendre l'autre direction, mais il y en avait un troisième qui n'était pas sans importance.

Pour le bien comprendre, il faut connaître l'intérieur des navires, particulièrement de ceux que l'on construisait à l'époque dont je vous parle, et qui remonte à quelque soixante ans. Dans les vaisseaux d'une forme convenable, tels que les Américains nous ont appris à les faire, l'obstacle dont j'ai à vous entretenir n'aurait pas existé.

Permettez-moi, à cette occasion, d'entrer dans quelques détails indispensables à l'intelligence de mon histoire; ils couperont un instant le fil du récit, mais j'espère que la leçon qu'ils renferment ne sera pas perdue pour vous, et qu'elle profitera un jour à votre pays, lorsque vous serez en âge de la mettre en pratique.

J'ai toujours pensé, ou pour mieux dire je suis depuis longtemps convaincu de ce fait, car ce n'est pas une simple théorie; je suis convaincu, dis-je, que l'étude de la *science politique,* ainsi que l'appellent les hommes d'État, est la plus importante qui puisse occuper les hommes. Elle embrasse tout ce qui a rapport à l'ordre social et influe sur toutes les existences. Tous les arts, tous les progrès scientifiques ou industriels en dépendent; la morale elle-même n'est que le corollaire de l'état politique d'un pays, et le crime, la conséquence de sa mauvaise organisation, car cet état est la principale cause de sa prospérité ou de sa misère.

Comme je le disais tout à l'heure, les lois d'un pays, en d'autres termes son organisation politique, influent sur les moindres détails de l'existence, sur le navire et la voiture qui nous transportent, sur nos instruments de travail, nos ustensiles de ménage, le confort de notre intérieur, et chose bien autrement grave, sur la forme de notre corps et la disposition de notre âme.

Le trait de plume d'un despote, l'acte insensé d'une chambre législative, qui ne paraissent s'appliquer personnellement à aucun des membres de la société, exercent néanmoins sur chaque individu une influence secrète qui, en une seule génération, corrompt l'esprit de tout un peuple et rend ses traits ignobles.

Je pourrais établir ce fait avec la certitude d'une vérité mathématique, mais je n'ai pas le temps de le faire aujourd'hui; il me suffira de vous en citer un exemple.

A une époque déjà ancienne, le parlement britannique surimposa les navires, car ceux-ci, comme tout le reste, doivent payer leur existence. Ce qu'il y a de plus difficile en pareille occasion c'est toujours la proportionnalité de l'impôt. Il serait injuste d'exiger du propriétaire d'une barque la somme énorme que l'on demande à celui d'un vaisseau de deux mille tonnes. Ce serait absorber tout le bénéfice du premier, et faire échouer son embarcation avant de sortir du port. Comment faire pour résoudre le problème? La solution paraît toute naturelle : il suffit, pour y arriver, de taxer chaque navire proportionnellement à son tonnage.

C'est ce que fit le parlement anglais. Mais une autre difficulté se présenta : comment établir la proportion voulue? Après en avoir délibéré, on décréta que les navires seraient taxés d'après leurs dimensions. Mais le tonnage exprime le poids et non la masse des objets ; comment résoudre cette nouvelle difficulté ? En établissant le rapport du volume à la pesanteur, et en cherchant combien chaque navire contient de ces unités de volume représentant le poids du tonneau. C'était toujours, en fin de compte, substituer la mesure au poids, et prendre la capacité du navire pour base de la taxe, au lieu de la pesanteur du chargement.

Autre question découlant de la première : Par quel moyen établir les proportions relatives des navires à taxer? En prenant la longueur de la quille, la largeur des baux[1] et la profondeur de la cale; multipliez ces trois termes l'un par l'autre, et le total vous donnera la capacité des navires, *si toutefois les proportions de ces navires sont exactes.*

L'impôt fut établi sur ces bases, la loi fut votée, et si vous avez l'esprit superficiel, vous pensez qu'elle était juste, et ne pouvait être fâcheuse que pour la bourse des gens qui devaient payer la taxe.

Détrompez-vous; cette loi si simple et si juste en apparence a causé plus de perte de temps et d'hommes, gaspillé plus de richesses qu'il n'en faudrait aujourd'hui pour racheter tous les esclaves de la terre.

« Comment cela ? » demandez-vous avec surprise.

Non-seulement cette loi innocente retarda les progrès de la construction navale, l'un des arts les plus importants qui existent, mais elle le fit rétrograder de plusieurs siècles. Le propriétaire d'un bâtiment, ou celui qui voulait le devenir, ne pouvant pas éviter la taxe, chercha par tous les moyens à la réduire le plus possible; car la fraude est le premier résultat des charges trop lourdes, et n'en est pas le moins triste. Il alla trouver le constructeur, lui commanda

---

1. On appelle baux les solives qui traversent le navire d'un flanc à l'autre, et qui servent à soutenir les tillacs et à rendre le bordage plus ferme.

un vaisseau de telle longueur, de telle profondeur, c'est-à-dire de tel tonnage, et qui, par cela même, devait payer un certain impôt. Mais il ne se borna pas à ces indications ; il demanda qu'on lui fît un navire dont la cale renfermât un chargement d'un tiers plus fort que ne le ferait supposer le tonnage, d'après la mesure adoptée pour établir celui-ci. De cette façon-là, il ne payerait en réalité que les deux tiers de la taxe, et *frauderait ainsi le gouvernement* dont la loi entravait ses entreprises.

Était-il possible de construire un vaisseau dans ces conditions frauduleuses ? Parfaitement ; il suffisait pour cela d'en augmenter l'étendue, d'en faire saillir les côtés, d'en élargir l'avant, en un mot de lui donner une forme absurde qui en ralentît la marche, et en fît la tombe d'une foule de marins et de passagers.

Le constructeur avait donc le moyen de satisfaire l'armateur ; il obéit aux ordres qui lui étaient donnés, et s'y conforma pendant si longtemps, que finissant pas croire que cette structure ridicule était la véritable forme du navire, il ne voulut plus en changer. Cette conviction déplorable s'était tellement emparée de son esprit, qu'après l'abrogation de la loi qui l'avait fait naître, il fallut de bien longues années pour déraciner cette erreur. Ce n'est que la génération suivante qui put s'apercevoir de la faute de ses devanciers, et rendre aux navires une forme raisonnable. Encore n'est-ce pas en Angleterre, où l'erreur avait pris racine, mais de l'autre côté de l'Océan, que cette nouvelle génération vint au monde, fort heureusement pour nous, qu'elle fit sortir de l'ornière où nous aurions langui pendant un siècle.

Il n'a pas fallu moins de cinquante ans pour arriver où nous en sommes, c'est-à-dire bien loin de la perfection. Mais, délivrés du cauchemar de la taxe, les constructeurs se sont mis à regarder les poissons ; et, s'inspirant de leur mécanisme, ils font chaque jour de nouveaux progrès.

Vous comprenez maintenant ce que je voulais dire en affirmant *que la science politique est la plus importante que puisse étudier l'homme.*

CHAPITRE LVII.

Un grand obstacle.

L'Inca, ce bon navire dont j'habitais la cale, était construit comme la plupart des bâtiments de son époque. Afin d'éluder une partie de la taxe, il avait la poitrine d'un pigeon, d'énormes flancs qui dépassaient de beaucoup les baux, et qui, vus d'en bas, se refermaient au-dessus de vous comme une toiture. C'était d'ailleurs la forme de tous les navires marchands qui fréquentaient nos parages.

Vous vous rappelez qu'au-dessus de la caisse où j'étais parvenu, il se trouvait un ballot que je supposais rempli de toile; en explorant avec soin toutes les fentes de ma boîte, je découvris que ce ballot, que j'avais cru plus considérable, n'occupait pas tout le dessus du couvercle; il s'en fallait à peu près de trente centimètres, et à l'endroit où il cessait, je ne rencontrais plus rien; c'était le côté de la caisse qui touchait à la membrure du navire, et j'en conclus que cet espace était vide.

La chose est facile à comprendre : le ballot se trouvait à l'endroit où les côtes du bâtiment commençaient à se courber, il les touchait par son extrémité supérieure, et laissait nécessairement un vide de forme triangulaire entre le couvercle qui lui servait de base et le point où il rencontrait la charpente.

Ce fut pour moi un trait de lumière; il est certain que si j'avais continué mon ascension en ligne directe, je serais arrivé, comme le sommet du ballot, à me trouver en contact avec les flancs du navire, dont la courbe se prononçait de plus en plus à mesure qu'ils approchaient du pont. Avant de les rencontrer, j'aurais eu affaire à tous les petits objets qu'on avait dû placer dans les angles formés par la carcasse du navire, et qui m'auraient donné bien plus de peine que les grandes caisses de sapin, ou les ballots plus importants. Cette raison, jointe à celles dont j'ai déjà parlé, me déterminait à quitter la ligne droite pour suivre la diagonale.

Vous êtes peut-être surpris de me voir employer un temps précieux à faire tous ces calculs; mais si vous réfléchissez au travail que j'allais entreprendre, à la difficulté de me frayer un passage à travers les parois de la caisse, de m'ouvrir la voisine, et tous les colis suivants, quand vous songerez qu'il me fallait tout un jour pour avancer d'un échelon, vous comprendrez qu'il était indispensable de ne pas agir à la légère, et de s'orienter avec soin pour ne pas faire fausse route.

Ensuite je fus bien moins long à choisir la direction que je voulais prendre, qu'à vous expliquer les motifs qui m'y déterminèrent; cela ne demanda pas plus de quelques minutes; et si je restai une demi-heure sans travailler, c'est que j'avais besoin de repos, et que je jouissais avec délices de me sentir sur mes jambes et de redresser la tête.

Quand je fus suffisamment reposé, je me hissai dans la caisse supérieure, et me disposai à reprendre ma besogne.

Je tressaillis de joie en me trouvant dans cette

caisse; j'avais gagné le second étage de la cargaison, j'étais à plus de deux mètres du fond de la cale, et à un mètre plus haut que je n'avais encore atteint, c'est-à-dire plus près des hommes, du jour et de la liberté.

Comme je l'ai déjà dit, les planches que j'avais en face de moi étaient presque détachées, par suite des efforts que j'avais faits pour ôter les pièces d'étoffe; je sentais en outre que l'objet qui était de l'autre côté de la caisse en était éloigné de sept ou huit centimètres, car c'est tout au plus si je parvenais à le toucher avec la pointe de mon couteau. L'avantage était évident, cela me donnait plus de jeu, partant plus de force, pour démolir la paroi que j'avais à renverser.

Effectivement, botté à cette intention, je me couchai sur le dos et donnai du pied contre la planche.

Des craquements successifs m'annoncèrent que les clous avaient cédé; je continuai mes efforts, la planche se détacha tout à fait et glissa entre les deux caisses.

Aussitôt je passai la main par la brèche qui s'ensuivit, afin de reconnaître ce qui venait ensuite; je ne sentis que le bois rugueux d'une autre caisse d'emballage, et ne pus deviner ce que renfermait ce nouveau colis.

Le reste des planches, qui complétaient la paroi que j'étais en train d'abattre, suivit la précédente; et je pus continuer mon examen : la surface dont j'avais exploré une partie, s'étendait, à ma grande surprise, beaucoup plus loin que mes bras ne pouvaient atteindre, et cela dans tous les sens; elle se dressait comme un mur, bien au delà des limites de la boîte où je me trouvais alors, et il m'était impossible de deviner où elle s'arrêtait.

Que ce fût un colis d'une dimension démesurée, j'en avais la certitude; mais que pouvait-il contenir? Je ne m'en doutais même pas. Était-ce du drap? la caisse aurait été pareille aux autres: néanmoins ce n'était pas de la toile, et j'en étais bien aise.

J'introduisis mon couteau dans les fentes du sapin, et je sentis quelque chose qui ressemblait à du papier; mais ce n'était qu'une enveloppe, car après avoir traversé l'emballage, la pointe de mon couteau s'arrêta sur un objet aussi poli que du marbre. J'appuyai avec force, et je compris que ce n'était pas de la pierre, mais un bois dur et très-lisse. Je donnai un coup violent pour y enfoncer ma lame : un bruit singulier me répondit, un son prolongé qui, cependant, ne m'apprenait pas quel objet cela pouvait être.

La seule chose à faire pour le savoir était d'ouvrir la caisse et d'en examiner le contenu.

Je suivis le procédé qui m'avait déjà servi, et coupai en travers l'une des planches dont cette énorme caisse était faite. J'eus infiniment de peine et fus au moins quatre ou cinq heures à pratiquer cette ouverture; mon couteau ne coupait plus et ma tâche en devenait plus difficile.

Je finis pourtant par compléter la section, et par détacher la partie inférieure de la planche que je fis tomber entre les deux caisses; la seconde moitié suivit la première, et j'eus une ouverture assez grande pour fouiller dans l'intérieur de cette boîte gigantesque.

De monstrueuses feuilles de papier recouvraient la surface d'un corps volumineux et résistant ; j'arrachai cette enveloppe, et mes doigts glissèrent le long d'un objet poli comme un miroir; mais ce n'était pas une glace, car ayant frappé cet objet d'un revers de main, il résonna comme il avait fait une première fois; je donnai un coup plus fort et j'entendis une vibration harmonieuse, qui me fit penser à une harpe éolienne.

C'était un piano qui se trouvait dans la grande caisse, cela ne faisait pas l'ombre d'un doute. Il y en avait un dans notre petit parloir; ma mère en tirait des sons mélodieux ; c'est encore aujourd'hui l'un de mes plus doux souvenirs, et je reconnaissais les vibrations qui m'avaient ému jadis. Cette grande table unie, où coulaient mes doigts comme sur du verre, n'était ni plus ni moins que la caisse de l'instrument.

CHAPITRE LVIII.

Détour.

La certitude que je venais d'acquérir était loin d'être encourageante : ce piano m'opposait une barrière peut-être insurmontable ; je ne pouvais pas le traverser comme une planche de sapin. C'était assurément le plus grand de tous les pianos ; quelle différence avec celui que je vois encore dans notre petit parloir, et sur lequel ma mère exécutait cette bonne musique! Il était posé de champ, et me présentait son couvercle de palissandre, où je ne découvrais pas le moindre petit trou, la plus légère fissure.

Jamais la lame de mon couteau ne parviendrait à mordre sur cette boîte glissante, dont le poli augmentait la dureté.

Quand, d'ailleurs, je serais parvenu à faire une trouée dans le couvercle, soit en le coupant, soit en le défonçant, ce qui, avec de la persévérance, n'eût pas été impraticable, où cela m'aurait-il conduit? Je ne connaissais pas la disposition intérieure d'un piano; tout ce que je me rappelais, c'était d'y avoir remarqué beaucoup de petits morceaux d'ivoire et d'ébène, un grand nombre de cordes en acier, des planches, des pédales, une foule de choses qui devaient être bien difficiles à défaire. Puis il y avait un fond solide; et après le fond du piano, restait la caisse d'emballage.

En supposant que je parvinsse à démonter, ou à briser toutes ces pièces, à les retirer de leur étui, à les ranger derrière moi pour déblayer la place, aurais-je assez de terrain pour agir et pour me permettre de faire une entaille qui me permît d'y passer? La chose était douteuse ; je me trompe, j'avais la certitude qu'elle était impraticable.

Plus j'y pensais, plus je voyais l'impossibilité de l'entreprise, et, après l'avoir envisagée sous toutes ses faces, j'y renonçai complétement; il était beaucoup plus sage de me détourner que de chercher à m'ouvrir une brèche dans cette muraille de palissandre ou d'acajou.

Ce n'est pas, toutefois, sans chagrin que je pris cette résolution; j'avais eu tant de peine à ouvrir la caisse du piano ! Il m'avait fallu une demi-journée de travail pour défoncer la boîte au drap et pour scier la planche voisine; tout cela en pure perte. Mais qu'y faire, sinon réparer le temps perdu? Comme un général qui assiége une ville, et qui voit ses attaques repoussées, je fis une nouvelle reconnaissance des lieux, afin de découvrir la meilleure route à suivre pour tourner la forteresse qui me défendait le passage.

J'étais toujours persuadé que c'était un ballot de toile qui se trouvait au-dessus de ma tête, et cette conviction m'empêchait de me diriger de ce côté-là; il ne me restait plus qu'à choisir entre la droite et la gauche.

Cela ne m'avancerait pas d'un centimètre; je n'en serais jamais qu'au même étage, et par conséquent tout aussi loin du but; mais j'avais si peur de cet affreux ballot de toile!

Mon travail du jour n'était cependant pas tout à fait perdu; en faisant sauter la paroi latérale de la caisse d'étoffe, j'avais trouvé, ainsi que je l'ai dit, un vide entre elle et cette grande boîte qui renfermait le piano, je pouvais y introduire le bras jusqu'au-dessus du coude, et cela me permettait de palper les colis qui se trouvaient dans les environs.

A droite et à gauche étaient deux caisses entièrement pareilles à celles que j'occupais, et qui devaient être remplies d'étoffes de laine, ce qui m'allait assez bien. J'étais habitué à l'effraction de ces sortes de colis; j'avais trouvé la manière de les débarrasser de leur contenu, et cette besogne n'était pour moi qu'une bagatelle. Plût à Dieu que toute la cargaison eût été formée de cet article, pour lequel étaient renommés les comtés de l'ouest de l'Angleterre.

Comme je faisais cette réflexion, tout en explorant la surface de ces colis, je levai le bras pour voir de combien le ballot de toile dépassait le dessus de la caisse vide ; à ma grande surprise, il ne débordait pas. J'avais pourtant observé que ces ballots étaient à peu près de la même dimension que les caisses d'étoffe ; et comme celui dont il s'agissait n'allait pas jusqu'au bout de l'autre côté, où la courbure de la charpente l'empêchait de se caser, j'en avais conclu qu'il devait déborder à droite de toute la largeur qu'il laissait vide à gauche ; mais il n'en était rien, c'était la preuve qu'il était moins grand que les autres.

Cette remarque toute naturelle changea le cours de mes idées : si le ballot en question différait de ceux que j'avais trouvés, sous le rapport du volume, ne pouvait-il pas renfermer autre chose que de la toile ? Je l'examinai avec soin, et fus agréablement surpris en découvrant que ce n'était pas du tout un ballot, mais bel et bien une caisse ; elle était seulement entourée d'une matière épaisse et molle, d'une sorte de paillasson ou de natte, et c'était là ce qui avait causé mon erreur.

Dès lors il était possible de revenir à mon plan primitif, et de continuer ma route en ligne directe ;

je viendrais facilement à bout de ce paillasson, la boîte qu'il enveloppait ne serait pas plus dure que les autres, et je l'aurais bientôt défoncée.

Avant d'arriver au paillasson, il fallait découvrir la caisse où je me trouvais; vous connaissez les détails de cette besogne, et je ne vous les rappellerai pas; il me suffira de vous dire qu'elle fut moins difficile que je ne m'y attendais, en raison du vide qui se trouvait à ma droite; et je fus bientôt en face du paillasson, qui m'offrit peu de résistance.

La boîte qu'il entourait et que j'allais attaquer était bien en sapin; elle me parut moins épaisse que les autres, elle n'était pas bardée de fer comme les grandes caisses d'étoffe, les clous en étaient peu nombreux, toutes circonstances favorables dont je me félicitai. Au lieu de prendre la peine de couper les planches, ce qui était long et difficile, je pourrais les détacher tout d'abord, en me servant d'un objet quelconque pour en arracher les pointes. J'avais vu souvent ouvrir ainsi les caisses, au moyen d'un ciseau qui fait l'office de levier.

Je pensais bien peu, en me félicitant de ces heureuses circonstances, qu'elles seraient pour moi la cause d'un grand malheur, et que la joie qu'elles me donnaient allait se changer en désespoir.

Vous allez le comprendre en quelques mots.

J'avais inséré mon couteau sous l'une des planches, avec l'intention d'éprouver la résistance que celle-ci m'opposerait; j'appuyai trop sans doute, car un craquement sec, plus douloureux pour moi que n'eût été la détonation d'un pistolet, dont le coup m'aurait frappé, m'annonça que je venais de briser la lame de mon couteau.

CHAPITRE LIX.

La lame brisée.

La lame s'était rompue complétement, et restait fixée entre les deux côtés de la caisse; le manche seul me restait à la main; en passant le doigt sur l'extrémité de celui-ci, je ne trouvais plus qu'un tronçon imperceptible, deux ou trois millimètres au-dessus de la charnière.

Je ne puis pas vous dire le chagrin que j'en éprouvai; toutes les conséquences de cet accident m'apparurent : que pouvais-je faire sans instrument?

Plus moyen de gagner l'écoutille, d'arriver sur le pont; il me fallait renoncer à mon entreprise, et je me retrouvais face à face avec la mort.

Il y avait quelque chose de terrifiant dans la réaction que je subissais : la douleur effroyable qu'elle me causait était rendue plus vive par la soudaineté du choc. Une minute avant, j'étais plein de confiance, tout semblait seconder mes vœux, et ce malheur imprévu me replongeait dans l'abîme.

J'étais foudroyé, je ne pensais plus. A quoi bon réfléchir ? je ne pouvais plus rien faire, puisque je n'avais plus d'outil.

Mon esprit s'égarait; je passai machinalement les doigts sur le manche de mon couteau, et restai le pouce appuyé sur le tronçon de la lame; je ne pouvais pas croire qu'elle fût brisée; cela me paraissait un rêve; je doutais de mes sens, je ne me possédais plus.

Peu à peu la réalité se fit jour dans mon esprit : c'était bien vrai ; j'avais perdu tout moyen de me sauver. Mais lorsque j'avais compris toute l'étendue de mon malheur, je cherchai instinctivement à lui échapper.

Les paroles d'un grand poëte, que j'avais entendu lire à l'école, me revinrent à la mémoire :

Mieux vaut se servir de ses armes brisées, que de faire usage de ses mains nues.

Personne plus que moi ne devait mettre à profit la sagesse de ces paroles. Je songeais à reprendre ma lame; elle gisait toujours entre les planches, à l'endroit où elle s'était cassée.

Je l'en retirai avec soin pour qu'elle ne tombât pas : elle restait tout entière; mais, hélas! à quoi pouvait-elle me servir, maintenant qu'elle était séparée du manche?

Par bonheur, elle était forte et longue; j'essayai d'en faire usage, et vis avec joie qu'elle coupait encore un peu; en l'entourant d'un chiffon, qui en envelopperait la base, elle pouvait me rendre de nouveaux services; mais il ne fallait pas compter sur elle pour ouvrir des caisses, comme elle l'avait fait jusqu'ici.

Il ne pouvait pas être question de la remmancher, bien que l'idée m'en fût déjà venue; l'impossibilité de faire sortir de la charnière la partie qui s'y trouvait engagée ne permettait pas qu'on y songeât.

Certes, si j'avais pu enlever ce tronçon de la place qu'il occupait, le manche aurait pu me resservir; j'aurais introduit la partie brisée de la lame entre les deux lèvres qui le terminaient, et, comme je ne manquais pas de ficelle, j'aurais lié solidement les deux parties du couteau, de manière à rétablir celui-ci. Mais comment arracher ce tronçon, maintenu par un clou rivé?

Le manche ne m'était pas plus utile qu'un simple morceau de bois : beaucoup moins, pensai-je; avec un morceau de bois pur et simple, je ferais à ma lame une poignée qui me permettrait de m'en servir.

Il n'en fallut pas davantage pour rendre à mon esprit toute son activité, et je ne pensai plus qu'à remmancher mon couteau.

Sous l'empire des circonstances qui tenaient toutes mes facultés en éveil, j'eus bientôt une idée ; l'exécution en fut rapide, et, quelques heures après l'incident qui m'avait mis au désespoir, j'étais en possession d'un couteau complet, dont le manche était grossier, je l'avoue, mais qui n'en était pas moins commode ; et j'avais retrouvé toute ma confiance.

Comment aviez-vous fait? direz-vous. Ce fut bien simple : toutes ces caisses que j'avais démolies, et dont les planches avaient deux ou trois centimètres d'épaisseur, me fournissaient les matériaux nécessaires. Je pris l'un des éclats de bois qui m'entouraient, et lui donnai la dimension, et à peu près la forme que devait avoir mon manche ; la lame, garnie d'étoffe à la base, comme je l'ai dit plus haut, avait suffi à ce léger ouvrage ; une fois le manche terminé, j'avais pratiqué une fente à l'extrémité supérieure, et j'y avais enfoncé ma lame. Il ne restait plus qu'à l'attacher solidement ; je pensais d'abord à la ficelle que vous savez, mais je changeai bientôt d'avis. Cette ficelle pouvait se desserrer, se trancher ou se défaire, la lame sortir du manche, et tomber entre les colis, où elle serait perdue sans retour ; c'était un accident trop grave pour que je ne prisse pas le moyen de l'éviter.

Avec quoi, cependant, attacher cette lame et la fixer au manche, si ce n'est avec de la ficelle, quand on n'a pas autre chose? Je me le demandais comme vous. Un bout de fil d'archal aurait bien fait mon affaire; mais il fallait en avoir, et je n'en possédais pas. Quelle sottise! et les cordes du piano!

Je me retournai vers l'instrument, qui absorba de nouveau mon attention. S'il avait été ouvert, j'y aurais pris, sans retard, le fil de métal dont j'avais besoin; mais il fallait l'ouvrir, et c'était là le difficile; je n'y avais pas songé. Même avec un bon couteau parfaitement emmanché, il n'est pas sûr que j'y fusse parvenu; avec une lame pure et simple, il ne fallait pas y penser, et j'abandonnai mon expédient.

Il fut bientôt remplacé par un autre; les bandes de fer, qui reliaient entre elles les différentes parties des caisses, pouvaient parfaitement me servir; elles étaient souples et minces, et deux ou trois tours de ces bandelettes feraient une excellente virole; je maintiendrais celle-ci au moyen d'une ficelle, qui, cette fois, se trouverait bien suffisante.

La chose se fit comme je viens de vous le dire, et mon couteau fut restauré. La lame en était un peu plus courte, mais ce n'était pas un inconvénient pour ce que j'en voulais faire, et cette pensée mit le comble à ma satisfaction.

Il y avait alors près de vingt heures que j'étais

éveillé. Je songeais à quitter l'ouvrage au moment où j'avais cassé mon couteau ; après ce malheur, il m'aurait été impossible de fermer l'œil ; et je n'avais pas dormi.

Une fois que j'eus retrouvé mes espérances, je me dirigeai vers ma cabine avec l'intention de me reposer de corps et d'esprit. Il est inutile d'ajouter que la faim me poussa vers le buffet ; j'en sortis un rat que je mangeai avec un plaisir dont vous vous étonnez, et qui aujourd'hui ne me surprend pas moins que vous.

CHAPITRE LX.

Espace triangulaire.

Je passai la nuit dans mon ancienne cabine ; il serait plus juste de dire que j'y restai pendant mon sommeil, car il pouvait être grand jour ; mais peu importe, je n'en dormis pas moins bien, et me réveillai plein de vigueur. C'était mon nouveau régime qui, sans aucun doute, produisait cet heureux effet ; car, en dépit de la répugnance qu'il vous inspire, il faut reconnaître qu'il était nourrissant.

Je n'hésitai pas à déjeuner de la même chère; et après avoir bu ma ration d'eau je retournai dans la caisse où j'avais passé la journée précédente et une partie de la nuit.

En me retrouvant à la même place que la veille, je ne pus pas me dissimuler que j'avais fait peu de chemin pendant cette longue séance; mais quelque chose me faisait pressentir que j'allais être plus heureux.

Vous vous rappelez qu'au moment où la rupture de ma lame était venue me plonger dans la douleur, j'étais placé dans les circonstances les plus favorables où je me fusse encore trouvé : la caisse à laquelle j'avais affaire semblait facile à ouvrir; et je me revis dans la même situation en reprenant mon travail.

Cette fois, comme vous pensez, je n'eus pas la témérité de me servir de mon couteau pour soulever les planches et les enlever de leur point d'attache. Je connaissais trop la valeur de cet instrument, qui était celui de ma délivrance, et je cherchai un autre levier.

« Il me faudrait un morceau de bois très-dur, pensai-je.

Je me souvins tout à coup des douelles de la barrique d'eau-de-vie.

Je fus aussitôt dans ma cabine, où je me rappelais les avoir laissées. Effectivement, après avoir dérangé quelques pièces de drap, et tâtonné pendant quelques minutes, je me trouvai possesseur d'une planche étroite et solide qui me sembla remplir toutes les conditions voulues.

De nouveau à la besogne, j'amincis le bout de ma planchette, et l'introduisant avec un peu de peine, il est vrai, sous les planches qui formaient l'un des côtés de la caisse, je l'y enfonçai le plus possible en frappant dessus avec un morceau de bois.

Lorsqu'elle fut solidement ancrée, je pesai de toutes mes forces sur le bout qui était libre, et après de nombreuses secousses, j'eus la satisfaction d'entendre craquer les pointes qui se détachaient. Mes doigts prirent alors la place du levier, j'attirai la planche vers moi, et la brèche fut ouverte.

La planche voisine se détacha plus facilement; il en résulta une ouverture bien assez large pour me permettre de vider la boîte de ce qu'elle pouvait contenir.

C'étaient des paquets oblongs, ayant la forme des pièces de toile ou de drap, mais bien plus légers, surtout plus élastiques, ils n'en sortiraient que plus facilement, et je n'aurais pas besoin de les défaire pour les ôter de la caisse.

Quant à m'assurer de leur nature, je n'en eus pas même la curiosité; et il me serait impossible de vous dire ce qu'il y avait dans ces paquets, si en tirant l'un d'eux, qui était plus serré que les autres, l'enveloppe ne s'en était déchirée : au moelleux du tissu que mes doigts rencontrèrent, ils reconnurent que c'était du velours.

La caisse fut bientôt vide, son contenu rangé avec soin derrière moi ; et le cœur palpitant, je me hissai dans l'espace que je venais de m'ouvrir : j'étais d'un étage plus près de la liberté.

Il ne m'avait fallu que deux heures pour faire ce pas énorme ; c'était d'un bon augure ; la journée commençait bien, et je résolus de ne pas perdre une minute, puisque le sort se montrait si favorable.

Après avoir été me rafraîchir à mon tonneau, je remontai dans la caisse au velours, et je commençai une nouvelle série d'explorations. Comme il était arrivé pour la caisse au drap, la partie supérieure, également appuyée contre le piano, pouvait se détacher avec un peu d'effort ; et sans pousser au delà mon examen, j'appuyai mes talons contre les planches et les frappai vigoureusement.

Je n'avais pas beaucoup de force, en raison de la gêne que j'éprouvais dans ma nouvelle boîte, dont la dimension était beaucoup moindre que celle de la caisse aux étoffes. A la fin, cependant, les planches se détachèrent, et tombèrent les unes après les autres dans le vide que j'ai signalé.

Je pus, dès lors, continuer mon examen des lieux,

et je me penchai pour sentir ce qu'il y avait autour de moi ; je m'attendais à trouver le grand piano, se dressant toujours comme un mur, et j'avais bien peur qu'il ne fermât tout l'espace. Il est certain que l'énorme caisse n'avait pas changé de position, c'est elle que je rencontrai tout de suite ; mais je ne pus retenir un cri de joie en m'apercevant qu'elle ne bouchait pas la moitié de l'ouverture ; et, chose qui me rendait encore plus heureux, c'est qu'en suivant le bord avec la main, je découvris que dans l'endroit où elle n'arrivait pas, il se trouvait un vide, presque aussi large que la caisse au velours.

Quelle agréable surprise ! autant d'avance pour mon tunnel. J'étendis le bras, et ma joie devint de plus en plus grande : le vide existait non-seulement en largeur, mais il montait jusqu'à l'extrémité du piano, et formait une cellule triangulaire dont la pointe était précisément tournée vers le bas. Cela tenait à la forme du piano qui, au lieu d'être carré, allait en diminuant de largeur ; il était placé de champ, et comme il reposait sur le côté le plus large, il y avait nécessairement un vide à partir de son échancrure.

Apparemment qu'il n'y avait pas eu de caisse ou de ballot qui pût se caser dans cet espace triangulaire, puisqu'il était inoccupé. « Tant mieux, » pensai-je en m'introduisant dans cette logette, avec l'intention de l'examiner.

CHAPITRE LXI.

Nouvelle caisse.

L'examen ne fut pas long; j'eus bientôt découvert que le fond de ce vide était formé par une grande caisse. A droite il y en avait une pareille; à gauche se trouvait l'obliquité du piano, qui, par son écartement, donnait à la base du triangle une largeur de cinquante centimètres.

Mais je me souciais fort peu de ce qu'il y avait au fond, à droite et à gauche de cet espace vide; c'était le dessus de la logette qui m'intéressait, puisque c'était perpendiculairement que je voulais percer mon tunnel. L'obliquité du piano avait encore pour moi l'avantage de me faire arriver diamétralement au-dessous de la grande écoutille. Je n'avais plus à m'occuper de ce qui était sur les parties latérales, à moins de rencontrer un obstacle imprévu. Quant à présent, je ne pensais qu'à monter. « Excelsior! excelsior! » me répétais-je avec ivresse. Deux ou trois étages à franchir, peut-être moins, et je serais libre ! Cette pensée me faisait battre le cœur.

Ce fut avec une vive anxiété que je portai la main au plafond de la logette; mes doigts tremblèrent tout à coup et reculèrent involontairement. Bonté divine ! encore un ballot de toile.

En étais-je bien sûr? Je m'y étais déjà trompé lors de la caisse de velours. Avant de se désoler il fallait examiner de plus près.

Je fermai le poing et frappai la base du prétendu ballot. Quel son agréable me répondit! c'était une caisse recouverte de son emballage. Un bloc de toile ou d'étoffe m'aurait donné un son mat, à peine sensible, tandis que cette nouvelle caisse résonnait comme si elle eût été vide.

Il devait cependant se trouver quelque chose; elle n'aurait pas été là si elle n'avait rien contenu; mais que pouvait-elle renfermer?

Je la frappai plusieurs fois avec le manche de mon couteau, elle rendit toujours le même bruit : un son creux annonçant le vide.

« On aura peut-être oublié de la remplir; de mieux en mieux ! pensai-je. Dans tous les cas, c'est quelque chose de léger dont je me débarrasserai facilement. »

Mais à quoi bon ces conjectures? Il valait mieux défoncer la boîte que de perdre son temps à deviner une énigme; et en deux tours de main j'eus arraché la toile.

Je n'ai pas besoin de vous dire au moyen de quel

procédé j'ouvris cette caisse; vous le connaissez aussi bien que moi : une planche fut coupée en travers, puis arrachée, ainsi qu'une seconde, et le passage fut libre.

Ma surprise fut extrême; je ne comprenais pas ce qu'il y avait dans cette boîte. Cependant, lorsque je fus parvenu à détacher l'un des objets bizarres qui m'intriguaient, je finis par découvrir que c'étaient des chapeaux.

Mon Dieu oui! des chapeaux de femme tout garnis de rubans, de fleurs et de panaches.

Si j'avais connu, à cette époque, le costume péruvien, j'aurais encore été bien plus surpris. J'aurais su qu'on ne voit jamais pareille coiffure charger la tête d'une Péruvienne. Mais je l'ignorais complétement, et n'étais étonné que de voir un article aussi futile faire partie de la cargaison d'un vaisseau.

On me donna plus tard l'explication de cette bizarrerie, en me disant qu'il y avait beaucoup de Françaises et d'Anglaises dans l'Amérique du Sud : les femmes et les filles des négociants établis dans cette partie du monde, celles des consuls, etc., et que malgré la distance qui les séparait de l'Europe ces dames n'en persistaient pas moins à suivre les modes de Paris ou de Londres, en dépit du mauvais effet que leur coiffure absurde produit aux yeux des indigènes.

C'était donc à ces élégantes qu'était destinée la caisse de modes où je venais de m'introduire.

Il faut avouer que ces dames furent trompées dans leur espoir; les chapeaux n'arrivèrent pas à leur destination, ou plutôt ils y parvinrent dans un état qui ne permettait plus d'en faire un objet de parure. Je les saisis tous d'une main impitoyable, et dans la nécessité où je me trouvais de les réduire au moindre volume possible, on comprend ce qui advint de la grâce et de la fraîcheur de ces objets délicats.

Par suite de cette manœuvre, une foule de malédictions a dû retomber sur ma tête; et la seule chose que je puisse répondre, c'est qu'il s'agissait pour moi d'une question de vie ou de mort devant laquelle s'effaçait l'importance des chapeaux. Il n'est pas probable que cette excuse fut trouvée bonne à l'endroit où on les attendait. Je n'en ai jamais rien su. Tout ce que je puis dire, c'est que plus tard j'eus la satisfaction de décharger ma conscience en payant l'indemnité que réclamait la marchande de modes.

CHAPITRE LXII.

A demi suffoqué.

Une fois débarrassé des chapeaux, et installé à leur place, j'avais l'intention de faire sauter le couvercle de la caisse, si la chose était possible, ou d'y pratiquer l'ouverture de rigueur. Mais d'abord il fallait procéder à mon examen habituel pour savoir à quoi j'aurais affaire ensuite, afin de ne pas m'exposer à prendre une peine inutile.

Je passai donc la pointe de mon couteau entre les fentes du couvercle, pour tâter l'objet qui se trouvait au-dessus de moi. C'était un ballot, car je sentais de la toile; mais un ballot qui me parut élastique; du moins il ne m'offrait pas grande résistance, la lame de mon couteau s'y enfonça jusqu'à la garde, et je ne sentis pas de caisse intérieure.

Ce n'était pas de la toile, pas même du drap; mon couteau y entrait comme dans du beurre; et la moindre étoffe m'aurait toujours un peu résisté. Mais ce pouvait être un vide; je sondai à plusieurs endroits, et partout je pénétrais sans effort; c'était une matière molle, une substance inconnue dont je ne me faisais pas la moindre idée.

Il était à peu près sûr qu'elle ne m'opposerait pas d'obstacle sérieux ; je n'en demandais pas davantage, et sous l'impression agréable que me donnait cette probabilité, je me mis en devoir d'enlever les planches qui me séparaient de ce singulier ballot, afin de le miner à son tour.

Je me livrai de nouveau à cette fastidieuse besogne de couper en travers l'une des planches qui s'opposaient à mon passage ; je n'avais pas d'autre moyen de procéder perpendiculairement : le poids des objets qui se trouvaient sur les caisses m'empêchait d'en ébranler le couvercle, dont la section devenait indispensable.

Toutefois, le dessus de la boîte à chapeaux fut moins difficile à couper que les autres, le bois en était plus mince, et en moins d'une heure j'eus achevé mon opération.

Je coupai la toile qui enveloppait cette caisse de modes précieuses, et je pus avec la main sentir le mystérieux ballot : c'était un sac à blé ; je le reconnus immédiatement, j'en avais assez palpé à la ferme.

Mais qu'est-ce qui le remplissait ? était-ce de l'orge, du froment ou de l'avoine ? Non, c'était quelque chose de plus doux.

Il était facile de s'en assurer ; au moyen de mon

couteau je fis au sac une ouverture suffisante pour y passer la main. Ce ne fut pas nécessaire : à peine avais-je fendu la toile, qu'une substance poudreuse s'en échappa, et que mes doigts, en se refermant, saisirent une poignée de farine. Je la portai à ma bouche : c'était de la farine de froment, j'en avais l'assurance.

Quelle heureuse découverte ! je n'avais plus peur de mourir de faim, plus besoin de manger des rats. Avec de la farine et de l'eau je pouvais vivre comme un prince. Elle était crue, direz-vous ? Qu'importe, elle n'en était pas moins agréable et saine.

« Dieu soit loué ! » m'écriai-je en pensant à la valeur de cette découverte.

Je travaillais depuis longtemps, j'étais fatigué, j'avais grand'faim, et ne pus résister au désir de faire immédiatement un bon repas. Je remplis mes poches de farine et me disposai à retourner près de mon tonneau. Avant de partir j'eus toutefois la précaution de fermer la plaie que j'avais faite à mon sac, en y fourrant des morceaux de toile, et j'opérai ma descente.

Les rats, y compris le sac de laine qui me servait de garde-manger, furent placés dans un coin ; j'espérais bien n'avoir plus à les en sortir ; et faisant une pâte avec ma farine, je la mangeai d'aussi bon cœur que s'il se fût agi d'un tôt-fait ou d'un pouding à la minute.

Quelques heures d'un profond sommeil réparèrent mes forces ; un nouveau plat de bouillie fut avalé prestement, et je revins à mon tunnel.

En arrivant au second étage, c'est-à-dire à la seconde caisse, je fus surpris de trouver sur toutes les planches une couche épaisse de poussière. Dans la logette, à côté du piano, cette couche était si forte que j'y enfonçais jusqu'à la cheville ; quelque chose me tombait sur les épaules ; je levai la tête, un nuage de poudre m'entra dans la bouche, dans les yeux et me fit tousser, éternuer, pleurer de la façon la plus violente. Mon premier mouvement fut de battre en retraite, pour me réfugier au fond de ma cellule ; mais je n'eus pas besoin d'aller jusque-là ; une fois dans l'ancienne boîte aux biscuits, je fus à l'abri de cette ondée pulvérulente, et je respirai librement.

Il était facile de s'expliquer ce phénomène : le mouvement du vaisseau avait fait tomber les chiffons qui bouchaient l'ouverture du sac ; et c'était ma farine que j'avais prise pour de la poussière.

La perte pouvait être considérable ; dans tous les cas il fallait refermer le sac. Malgré la peur que j'avais d'une nouvlle suffocation, je n'hésitai pas à escalader mon tunnel ; et fermant la bouche et les yeux, je fus bientôt dans l'ancienne caisse de modes.

Mais il me sembla qu'il ne tombait plus de ta-

Un nuage de poudre m'entra dans la bouche. Page 346.)

rine. Je levai d'abord la main, puis la figure, et me convainquis du fait : la pluie de farine avait complétement cessé, et par une bonne raison, c'est que le sac était vide.

J'aurais regardé cet événement comme un malheur, si je n'avais compris tout de suite qu'on pouvait y remédier. Certes une grande partie de la farine avait glissé entre les caisses, et de là s'était perdue à fond de cale ; mais il en restait une quantité plus que suffisante dans tous les coins où il y avait un bout de planche; principalement dans la logette triangulaire, que j'avais tapissée d'étoffe.

Cela importait peu du reste; car une nouvelle découverte, que je fis presque aussitôt, absorba toutes mes pensées, et je ne m'inquiétai plus de farine ni de provisions quelconques.

J'avais allongé le bras pour voir si vraiment la poche était vide; elle l'était complétement; dès lors je n'avais plus qu'à tirer le sac pour profiter de la place qu'il occupait, et la prendre à mon tour « Encore un étage de gagné, » me dis-je, en saisissant la toile et en la jetant derrière moi.

Je passai la tête dans la caisse pour me hisser à la place du sac :

O mon Dieu, je revoyais la lumière !

CHAPITRE LXIII.

Vie et clarté.

Je ne peux pas vous décrire mon bonheur. Toute appréhension m'abandonna : j'étais sauvé, j'oubliais que j'avais souffert.

La clarté qui me réjouissait ainsi n'était qu'un faible rayon qui passait entre deux planches. Elle m'arrivait en ligne oblique, et me paraissait à peine à deux ou trois mètres de distance.

Elle ne pouvait pas venir du pont ; il n'existe pas la moindre fissure au plancher d'un navire ; et la fente qui laissait pénétrer cette lueur ne pouvait être qu'au volet de l'écoutille, dont le prélart était sans doute enlevé, ou déchiré à cet endroit.

J'avais les yeux rivés sur cette lueur imperceptible, qui me semblait rayonner comme une étoile brillante. Jamais rien ne me parut si doux à contempler ; c'était comme le regard d'un ange qui me souriait, et me félicitait de me voir revenir à la vie.

Je m'arrachai cependant à mon extase ; j'étais à

C'était un faible rayon qui passait entre deux planches. (Page 20.)

la fin de mon travail, j'allais recueillir le prix de mes efforts, et ne pouvais m'arrêter au seuil de la délivrance. Plus on est près du but, plus on est impatient de l'atteindre ; et je me hâtai d'arracher le reste du dessus de la caisse de modes, où je me trouvais encore.

Puisque cette clarté m'arrivait, j'étais donc au dernier étage de la cargaison ; puisqu'elle me venait obliquement, c'est qu'il n'y avait rien entre elle et moi. L'espace qu'elle traversait ne pouvait être qu'au-dessus des caisses et des ballots ; rien ne devait le remplir.

Cette conjecture fut bientôt vérifiée. Je sortis de ma case, j'étendis les bras dans tous les sens et ne rencontrai que le vide. Assis au bord de la caisse, j'y restai quelque temps, n'osant pas m'aventurer dans l'espace qui était devant moi, de peur de trouver sous mes pas quelque abîme, et de ne m'en apercevoir qu'en y tombant.

Je regardais la clarté qui me servait de phare, et dont je m'étais rapproché. Mes yeux s'habituaient à la lumière, et malgré la faiblesse du rayon qui m'éclairait, je finis par distinguer tous les objets qu'il y avait autour de moi. Je vis bientôt que le vide au lieu de régner sur toute la cargaison, ainsi que je l'avais cru, ne s'étendait qu'à peu de distance de ma caisse. C'était un creux circulaire, une sorte d'amphithéâtre fermé de tous côtés par les marchandises empilées dans la cale, un espace laissé au-dessous de l'écoutille, et où gisaient des barils et des sacs, destinés sans doute à l'approvisionnement de l'équipage, et placés de manière qu'on pût les prendre facilement, à mesure que le besoin s'en ferait sentir.

C'était sur l'un des côtés de cette espèce d'entonnoir que j'étais sorti de ma galerie. Sans aucun doute j'étais sur le pont. Je n'avais plus qu'à faire quelque pas, à frapper aux planches qui se trouvaient au-dessus de ma tête; et l'on venait à mon secours.

Mais, bien qu'il ne me fallût qu'un simple effort, un seul cri pour recouvrer la liberté, je fus longtemps sans avoir le courage de faire cet effort libérateur.

Je n'ai pas besoin de vous dire pourquoi. Rappelez-vous tous mes ravages. Les dégâts s'élevaient peut-être à des centaines de livres. Songez à l'impossibilité où je me trouvais de faire la plus légère restitution, de dédommager qui que ce fût de la perte dont j'étais cause, et vous comprendrez pourquoi je restais immobile sur la caisse aux chapeaux. Une inquiétude affreuse s'était emparée de mon esprit. Le dénoûment que pouvait avoir ce drame me remplissait de terreur, et j'hésitais à le faire naître.

Comment regarder en face le capitaine, affronter

la colère du lieutenant? Je frissonnais rien que d'y penser. Quel châtiment allais-je avoir à subir? Peut-être me jetterait-on à la mer.

Un tressaillement d'horreur parcourut toutes mes veines; la disposition de mon âme avait brusquement changé; cette lumière tremblante, qui l'instant d'avant m'inondait de joie, ne m'inspirait plus qu'une horrible crainte; et ma poitrine se serrait tandis que mes yeux la regardaient avec stupeur.

CHAPITRE LXIV.

Un équipage surpris.

Je cherchai un moyen de réparer le mal que j'avais fait; mais ces réflexions ne firent qu'augmenter mon amertume. Je ne possédais pas une obole : tout mon avoir consistait dans ma vieille montre. Si je l'offrais à ceux.... Quelle dérision! Elle ne payerait pas le biscuit que j'avais mangé.

Il me restait bien autre chose, et je l'ai toujours, car je l'ai conservé jusqu présent; mais cet objet, qui pour moi avait tant de prix, ne valait pas six pence. Vous devinez que je parle de mon vieux couteau.

Mon oncle n'interviendrait pas dans cette affaire; il s'intéressait fort peu à moi, et n'était pas responsable de mes actes, il ne fallait donc pas comppter sur lui pour payer mes dégâts.

Une seule pensée me donnait de l'espoir ; je pouvais m'engager au service du capitaine pour un nombre d'années considérable ; je pouvais travailler en qualité de mousse, de garçon de cabine, de domestique; je ferais tout ce qu'il lui plairait de m'imposer pour éteindre ma dette.

S'il acceptait ma proposition, et je ne voyais pas qu'il eût autre chose à faire, à moins de me jeter par-dessus le bord, tout s'arrangerait pour le mieux.

Cette idée me rendit un peu de courage, et, après l'avoir envisagée sous toutes ses faces, je résolus de m'offrir au capitaine, aussitôt que je pourrais le voir.

Comme je venais de prendre cette décision, et d'en fixer les termes, j'entendis faire un grand bruit au-dessus de ma tête ; c'étaient les pas pesants des matelots qui allaient et venaient sur le pont ; ils se dirigeaient des deux extrémités du navire, et s'arrêtèrent précisément autour de l'écoutille.

Au bruit des pas succéda celui des voix ; — qu'il

fut doux à mon oreille! — Deux ou trois acclamations retentirent, quelques paroles brèves furent prononcées, puis des chants s'élevèrent en chœur. Les voix étaient rudes; mais je n'ai jamais rien entendu qui pour moi fût aussi harmonieux que ce chant de matelots.

Il m'inspira de la confiance; je retrouvai toute mon énergie; la captivité n'était plus possible. Dès que les chants cessèrent, je m'élançai vers l'écoutille, et frappai vivement les planches qui étaient au-dessus de ma tête.

Je prêtai l'oreille : on m'avait entendu. Les voix parlementaient, elles semblaient exprimer l'étonnement. Les paroles continuèrent, le nombre des voix s'accrut, et cependant on ne m'ouvrait pas.

Je frappai de nouveau, en m'efforçant de crier; mais je fus surpris de la faiblesse de ma voix, et je supposai que personne ne pourrait l'entendre.

Je me trompais : une volée d'exclamations me répondit, et à leur multitude il me fut aisé de comprendre que tout l'équipage entourait l'écoutille.

Je frappai une troisième fois, et me mis un peu à l'écart, en attendant avec émotion ce qui allait arriver.

Quelque chose frotta sur le pont; c'était le prélart qu'on écartait, et la lumière pénétra aussitôt par toutes les fentes du plancher.

L'instant d'après le ciel s'entr'ouvrit à mes regards, un flot lumineux s'en échappa et m'éblouit complétement ; je chancelai, pris de vertige, et tombai sur une caisse, où je ne tardai pas à m'évanouir.

Au moment où l'écoutille s'était ouverte, j'avais entrevu un cercle de têtes penchées au-dessus du couloir, et qui s'étaient reculées tout à coup avec une expression de terreur. Les cris que j'avais entendus témoignaient du même effroi ; puis ils s'étaient dissipés peu à peu, en même temps que la lumière s'effaçait à mes regards, c'est-à-dire à mesure que je perdais connaissance.

Complétement étranger à tout ce qui se passait autour de moi, je ne vis pas le cercle de têtes se reformer au-dessus de l'écoutille, et me considérer de nouveau ; je ne vis pas l'un des hommes s'élancer sur les caisses, où il fut suivi de quelques autres ; je n'entendis pas leurs conjectures ; je ne m'aperçus pas de la douceur avec laquelle ils me relevèrent, me soutinrent dans leurs bras, me posèrent leurs mains calleuses sur la poitrine, pour voir si mon cœur battait encore ; je ne vis pas le bon matelot me prendre comme un enfant, monter avec précaution l'échelle qu'on lui tendait, et me déposer tout doucement sur le pont. Je ne vis et ne sentis rien, jusqu'au moment où le choc violent d'un seau d'eau me tira de ma torpeur, et vint m'apprendre que je respirais encore.

CHAPITRE LXV.

Dénoûment.

Lorsque j'eus repris connaissance, je me trouvais sur le pont; la foule se pressait autour de moi, et dans quelque direction que je pusse regarder, mes yeux ne rencontraient que des figures humaines! des traits rudes, mais où je ne voyais pas de sévérité : au contraire, je n'y trouvais qu'attendrissement et sympathie.

Tous les matelots m'entouraient; l'un d'eux, penché au-dessus de mon visage, m'humectait les lèvres, et me bassinait les tempes avec un linge mouillé. Je le reconnus immédiatement : c'était Waters, celui qui m'avait donné son couteau; il ne se doutait guère alors du service qu'il me rendait; moi-même je n'en avais pas l'idée.

« Waters, me reconnaissez-vous? lui dis-je.

— Mille sabords! s'écria-t-il, je veux être pendu si ce n'est pas le petit qui est venu nous trouver la surveille d'embarquer!

— Ce petit épissoir qui voulait être marin ? cria la foule avec ensemble.

— Lui-même, pour le sûr.

— Oui, répliquai-je : c'est bien moi. »

Une autre volée de phrases exclamatives suivit cette déclaration, puis il y eut un instant de silence.

« Où est le capitaine ? demandai-je.

— Tu veux lui parler ? me dit Waters, à qui je m'étais adressé ; le voilà justement, » ajouta le bon matelot en étendant le bras pour écarter la foule.

Je jetai les yeux du côté où le cercle s'était ouvert, et j'aperçus le monsieur, dont le costume m'avait déjà fait reconnaître le grade. Il était devant la porte de sa cabine à peu de distance de l'endroit où je me trouvais moi-même. Sa figure était sérieuse, mais elle ne m'effraya pas, il me sembla qu'il se laisserait toucher.

J'eus encore un instant d'hésitation ; puis, appelant tout mon courage à mon aide, je me dirigeai vers le capitaine en chancelant, et m'agenouillai devant lui.

« Oh ! monsieur ! m'écriai-je, vous ne pourrez jamais me pardonner. »

Il me fut impossible de trouver autre chose à dire, et, les yeux baissés, j'attendis ma sentence.

« Allons, mon enfant, dit une voix pleine de douceur, relève-toi, et viens dans ma cabine. »

Une main avait pris la mienne et soutenait mes

pas chancelants; celui qui me donnait cet appui, c'était le capitaine en personne. Il n'était pas probable qu'il voulût ensuite me faire jeter aux requins; était-il possible que tout cela finît par un entier pardon? Mais il ne savait pas les dégâts que j'avais commis.

En entrant dans la chambre mes regards tombèrent sur un miroir; je ne me serais pas reconnu; j'étais tout blanc, comme si on m'eût passé à la chaux; toutefois je me rappelai la farine; quant à ma figure, elle était aussi blanche que mes habits, et décharnée comme la face d'un squelette. L'absence de lumière et d'espace, les privations et les tortures morales avaient fait de grands ravages dans ma chair.

Le capitaine me fit asseoir, appela son intendant, et dit à celui-ci de me donner un verre de porto. Il garda le silence tant que je n'eus pas fini de boire; lorsque j'eus avalé ma dernière goutte, il prit la parole, en tournant vers moi une figure qui n'avait rien de sévère, et me dit qu'il fallait tout lui raconter.

C'était une longue histoire; cependant je ne lui cachai ni les motifs qui m'avaient poussé à fuir de chez mon oncle, ni les dommages que j'avais causés à la cargaison. Il en connaissait une partie, car plus d'un matelot avait déjà visité ma cellule, et fait le rapport de ce qu'il avait trouvé.

Lorsque j'eus terminé mon récit, avec tous ses détails, je fis au capitaine la proposition de le servir pour acquitter ma dette, et j'attendis sa réponse avec un serrement de cœur; mais mon inquiétude fut bientôt dissipée.

« Brave garçon ! dit le capitaine en se levant, tu es digne d'entrer dans la marine; et par la mémoire de ton noble père, que j'ai connu, tu seras marin, je te le promets. Waters ! ajouta-t-il en s'adressant au matelot qui attendait à la porte, emmène ce garçon-là, fais-lui donner un gréement neuf; dès qu'il aura recouvré toute sa force, veille à ce qu'on lui apprenne le nom et le maniement des cordages. »

Waters veilla soigneusement à mon éducation maritime, et je demeurai sous ses ordres jusqu'au jour où, de simple apprenti, je fus couché sur le livre de bord en qualité de marin.

Mais je ne devais pas en rester là : « Excelsior » était toujours ma devise, et avec l'assistance du généreux capitaine, je ne tardai pas à devenir contre-maître, puis second, puis premier lieutenant, et je finis par commander à mon tour.

Avec les années, ma position devenant toujours meilleure, je fus capitaine de mon propre navire.

C'était l'ambition de toute ma vie; dès lors, j'avais la liberté de choisir ma route, de labourer l'Océan dans tous les sens, et de commercer avec la partie du monde qui m'attirait vers ses côtes.

L'un des premiers voyages que je fis à cette époque fut celui du Pérou; et je n'oubliai pas d'emporter une caisse de modes pour les Européennes de Callao et de Lima. Elle arriva saine et sauve, et nul doute que son contenu n'ait enchanté les belles créoles qu'il était destiné à ravir.

Les chapeaux écrasés étaient payés depuis longtemps, ainsi que l'eau-de-vie répandue, et les dommages causés aux pièces de drap et de velours. Après tout, la somme que j'eus à débourser ne fut pas très-considérable; les propriétaires des marchandises, qui tous étaient des hommes généreux, prenant en considération les circonstances où les dégâts avaient été commis, se montrèrent faciles avec le capitaine, qui à son tour me fit des conditions très-douces. Quelques années suffirent pour régler tous mes comptes, ou, dans la langue des matelots, pour brasser carrément les vergues.

J'ai longtemps navigué depuis lors; mais quand après quelques opérations fructueuses, et beaucoup d'ordre, je me suis trouvé de quoi vivre pour le reste de mes jours, j'ai commencé à me fatiguer de la tempête et à soupirer après une existence plus calme. Ce désir devint de plus en plus fort; et finissant par ne pas pouvoir lui résister, je résolus de terminer la lutte, et de jeter l'ancre une dernière fois à la côte.

Pour réaliser ce dessein, je vendis mon brick,

tout ce qui concernait la mer; et je viens me fixer dans ce village; c'est ici que je suis né, c'est ici que je veux mourir.

Au revoir, enfants; et que Dieu vous garde et vous protége.

FIN

TABLE DES MATIÈRES

Chapitres.		Pages.
I.	Mon auditoire..	1
II.	Sauvé par des cygnes.............................	7
III.	Nouveau péril.......................................	16
IV.	En mer..	24
V.	Le récif...	30
VI.	Les mouettes..	41
VII.	A la recherche d'un oursin.....................	47
VIII.	Perte du petit canot..............................	55
IX.	Sur l'écueil...	59
X.	Escalade..	64
XI.	Marée montante...................................	70
XII.	Le poteau..	75
XIII.	Suspension...	81
XIV.	En partance pour le Pérou...................	87
XV.	Fuite...	97
XVI	L'Inca et son équipage.........................	104
XVII.	Pas assez grand!................................	113
XVIII.	Entrée furtive.....................................	118
XIX.	Hourra! nous sommes partis!...............	126
XX.	Mal de mer...	131

Chapitres.		Pages.
XXI.	Enseveli tout vivant!	137
XXII.	Soif.	142
XXIII.	Son plein de charme.	146
XXIV.	La barrique est mise en perce.	150
XXV.	Le fausset.	156
XXVI.	Une caisse de biscuit.	163
XXVII.	Une pipe d'eau-de-vie.	167
XXVIII.	Rations.	174
XXIX.	Jaugeage du tonneau.	181
XXX.	Ma règle métrique.	185
XXXI.	Quod erat faciendum.	192
XXXII.	Horreur des ténèbres.	199
XXXIII.	Tempête.	204
XXXIV.	La coupe.	208
XXXV.	Disparition mystérieuse.	212
XXXVI.	Un odieux intrus.	217
XXXVII.	Réflexions.	224
XXXVIII.	Tout pour une ratière.	229
XXXIX.	Légion d'intrus.	234
XL.	Le rat scandinave ou rat normand.	238
XLI.	Rêve et réalité.	244
XLII.	Profond sommeil.	249
XLIII.	A la recherche d'une autre caisse de biscuit.	258
XLIV.	Conservation des miettes.	260
XLV.	Nouvelle morsure.	265
XLVI.	Une balle de linge.	270
XLVII.	Excelsior!	275
XLVIII.	Un torrent d'eau-de-vie.	278
XLIX.	Nouveau danger.	283
L.	Où est mon couteau?	288
LI.	Souricière.	292
LII.	A l'affût.	295
LIII.	Changement de direction.	301
LIV.	Conjectures.	304
LV.	Joie de pouvoir se tenir debout.	308
LVI.	Forme des navires.	312

Chapitres.		Pages.
LVII.	Un grand obstacle............................	318
LVIII.	Détour......................................	325
LIX.	La lame brisée..............................	329
LX.	Espace triangulaire.........................	334
LXI.	Nouvelle caisse.............................	339
LXII.	A demi suffoqué.............................	343
LXIII.	Vie et clarté...............................	350
LXIV.	Un équipage surpris.........................	355
LXV.	Dénoûment...................................	359

FIN DE LA TABLE DES MATIÈRES.

Coulommiers. — Imp. PAUL BRODARD.

LIBRAIRIE HACHETTE & Cⁱᵉ
BOULEVARD SAINT-GERMAIN, 79, PARIS

EXTRAIT DU CATALOGUE

BIBLIOTHÈQUE ROSE ILLUSTRÉE
FORMAT IN-16, A 2 FR. 25 C. LE VOLUME

La reliure en percaline rouge, tranches dorées, se paye en sus 1 fr. 25

1ʳᵉ SÉRIE. — POUR LES ENFANTS DE 4 A 8 ANS

Anonyme : *Chien et Chat*; 5ᵉ édition, traduit de l'anglais par Mme A. Dibarrart. 1 vol. avec 45 gravures d'après E. Bayard.

— *Douze histoires pour les enfants de quatre à huit ans*, par une mère de famille; 3ᵉ édit. 1 vol. avec 18 grav. d'après Bertall.

— *Les enfants d'aujourd'hui*, par la même; 3ᵉ édit. 1 vol. avec 40 grav. d'après Bertall.

Carraud (Mme) : *Historiettes véritables, pour les enfants de quatre à huit ans*; 6ᵉ édition. 1 vol. avec 94 grav. d'après Foth.

Fath (G.) : *La sagesse des enfants*, proverbes; 4ᵉ édit. 1 vol. avec 100 grav. d'après l'auteur.

Laroque (Mme) : *Grands et petits*; 1 vol. avec 61 gravures d'après Bertall.

Marcel (Mme J.) : *Histoire d'un cheval de bois*; 4ᵉ édit. 1 vol. imprimé en gros caractères, avec 20 gravures d'après E. Bayard.

Pape-Carpantier (Mme) : *Histoires et leçons de choses pour les enfants*; 12ᵉ édit. 1 vol. avec 85 gravures d'après Bertall.
Ouvrage couronné par l'Académie française.

Perrault, Mmes d'Aulnoy et Leprince de Beaumont : *Contes de fées*. 1 volume avec 65 gravures d'après Bertall, Foreat, etc.

Porchat (L.): *Contes merveilleux*; 5ᵉ édit. 1 vol. avec 21 gravures d'après Bertall.

Schmid (Le chanoine) : *100 contes pour les enfants*, trad. de l'allemand par A. Van Hasselt; 7ᵉ édit. 1 vol. avec 29 grav. d'après Bertall.

Ségur (Mme de) : *Nouveaux contes de fées*; nouvelle édition. 1 vol. avec 46 gravures d'après G. Doré et J. Didier.

2ᵉ SÉRIE. — POUR LES ENFANTS DE 8 A 14 ANS

Achard (A.) : *Histoire de mes amis* ; 3ᵉ édition. 1 volume avec 20 grav. d'après Bellecroix.

Alcott (Miss) : *Sous les lilas*, traduit de l'anglais par Mme Lopage ; 2ᵉ édition. 1 volume avec 23 gravures.

Andersen : *Contes choisis*, trad. du danois par Soldi ; 6ᵉ édition. 1 vol. avec 60 gravures d'après Bertall.

Anonyme : *Les fêtes d'enfants, scènes et dialogues* ; 5ᵉ édition. 1 vol. avec 41 gravures d'après Foulquier.

Assollant (A.) : *Les aventures merveilleuses mais authentiques du capitaine Corcoran* ; 8ᵉ édit. 2 vol. avec 50 grav. d'après A. de Neuville.

Barrau (Th.) : *Amour filial* ; 5ᵉ édition. 1 vol. avec 41 gravures d'après Foregio.

Bawr (Mme de) : *Nouveaux contes* ; 6ᵉ édition. 1 vol. avec 40 gravures d'après Bertall.
Ouvrage couronné par l'Académie française.

Belèze : *Jeux des adolescents* ; 6ᵉ édition. 1 vol. avec 140 gravures.

Berquin : *Choix de petits drames et de contes* ; 2ᵉ édition. 1 vol. avec 36 gravures d'après Foulquier, etc.

Berthet (E.) : *L'enfant des bois* ; 8ᵉ édition. 1 vol. avec 61 gravures.
— *La petite Chaillouw*. 1 vol. avec 44 gravures d'après Bayard et J. Fraipont.

Blanchère (De la) : *Les aventures de La Ramée et de ses trois compagnons* ; 4ᵉ édit. 1 vol. avec 36 gravures d'après E. Forest.
— *Oncle Tobie le pêcheur* ; 3ᵉ édit. 1 vol. avec 80 gravures d'après Foulquier et Mesnel.

Poiteau (P.) : *Légendes recueillies ou composées pour les enfants* ; 3ᵉ édition. 1 vol. avec 42 gravures d'après Bertall.

Carpantier (Mlle) : *La maison du bon Dieu* ; 2ᵉ édit. 1 vol. avec 58 gravures d'après Riou.

Carpantier (Mlle) (suite) : *Souviens-toi !* 2ᵉ édition. 1 vol. avec 40 gravures d'après Riou.
— *Le secret du docteur, ou la Maison fermée* ; 3ᵉ édition. 1 vol. avec 43 gravures d'après Girardet.
— *La tour de Preux*. 1 vol. avec 60 gravures d'après Tofani.
— *Pierre la Tête*. 1 vol. avec 58 gravures d'après E. Zier.
— *La dame bleue*. 1 vol. avec 49 gravures d'après E. Zier.

Carraud (Mme) : *La petite Jeanne* ; 10ᵉ édit. 1 vol. avec 21 gravures d'après Forest.
Ouvrage couronné par l'Académie française.
— *Les métamorphoses d'une goutte d'eau* ; 5ᵉ édition. 1 vol. avec 60 gravures d'après E. Bayard.

Castillon (A.) : *Récréations physiques* ; 8ᵉ édition. 1 vol. avec 36 grav. d'après Castelli.
— *Récréations chimiques* ; 5ᵉ édit. 1 vol. avec 34 grav. d'après H. Castelli.

Cazin (Mme) : *Les petits montagnards* ; 2ᵉ édition. 1 vol. avec 51 grav. d'après G. Vuillier.
— *Un drame dans la montagne* ; 2ᵉ édit. 1 vol. avec 33 gravures d'après G. Vuillier.
— *Histoire d'un pauvre petit*. 1 vol. avec 60 gravures d'après Tofani.
— *L'enfant des Alpes* ; 2ᵉ édition. 1 vol. avec 33 gravures d'après Tofani.
Ouvrage couronné par l'Académie française.
— *Perlette*. 1 vol. avec 54 gravures d'après Myrbach.
— *Les saltimbanques, scènes de la montagne*. 1 vol. avec 65 gravures d'après Girardet.
— *Le petit chevrier*. 1 vol. avec 39 gravures d'après Vuillier.
— *Jean le Savoyard*. 1 vol. avec 51 grav. d'après Slom.
— *Les orphelins bernois*. 1 vol. avec 58 gravures d'après E. Girardet.

Chabreul (Mme de) : *Jeux et exercices des jeunes filles* ; 6ᵉ édition. 1 vol. avec la musique des rondes et 55 gravures d'après Fath.

Cim (Albert) : *Mes amis et moi.* 1 vol. avec 10 grav. d'après Ferdinandus et Storn.

Colet (Mme L.) : *Enfances célèbres;* 12e édit. 1 vol. avec 57 gravures d'après Foulquier.

Colomb (Mme J.) : *Souffre-Douleur.* 1 vol. avec 49 gravures d'après Mlle Lancelot.

Contes anglais, traduits par Mme de Witt. 1 vol. avec 49 gravures d'après E. Morin.

Deschamps (F.) : *Mon amie Georgette.* 1 vol. illustré de 43 gravures d'après Robaudi.

Doslys (Ch.) : *Grand'maman.* 1 vol. avec 29 gravures d'après Ed. Zier.

Edgeworth (Miss) : *Contes de l'adolescence.* 1 vol. avec 42 gravures d'après Morin.

— *Contes de l'enfance.* 1 vol. avec 27 gravures d'après Foulquier.

— *Demain, suivi de Mourad le malheureux.* 1 vol. avec 55 gravures d'après Bertall.

Fath (G.) : *Bernard, la gloire de son village.* 1 vol. avec 56 gravures d'après l'auteur.

Ouvrage couronné par l'Académie française.

Fleuriot (Mlle Z.) : *Le petit chef de famille;* 9e édit. 1 vol. avec 57 grav. d'après Castelli.

— *Plus tard, ou le Jeune Chef de famille;* 6e édit. 1 vol. avec 60 grav. d'après E. Bayard.

— *En congé;* 6e édit. 1 vol. avec 61 gravures d'après A. Marie.

— *Bigarrette;* 6e édit. 1 vol. avec 55 gravures d'après A. Marie.

— *Un enfant gâté;* 4e édition. 1 vol. avec 48 gravures d'après Ferdinandus.

— *Tranquille et Tourbillon;* 3e édition. 1 vol. avec 45 gravures d'après C. Delort.

— *Cadette;* 3e édit. 1 vol. avec 25 grav. d'après Tofani.

— *Bouche-en-Cœur;* 3e édition. 1 vol. avec 45 gravures d'après Tofani.

Fleuriot (Mlle Z.) (suite) : *Gildas l'Intraitable;* 2e édit. 1 vol. avec 50 gravures d'après E. Zier.

— *Parisiens et montagnards.* 1 vol. avec 49 gravures d'après E. Zier.

Foa (De) : *La vie et les aventures de Robinson Crusoé,* édit. abrégée. 1 vol. avec 40 grav.

Fonvielle (W. de) : *Névidah.* 2 vol. avec 40 gravures d'après Sahib.

Fresneau (Mme), née Ségur : *Comme les grands!* 1 vol. avec 40 grav. d'après Ed. Zier.

— *Thérèse à Saint-Domingue.* 1 vol. avec 49 gravures d'après Tofani.

— *Les protégés d'Isabelle.* 1 vol. avec 50 grav.

— *Deux abandonnées.* 1 vol. illustré de 49 gravures d'après M. Orange.

Fromont : *Petit-Prince.* 1 vol. illustré de gravures d'après Robaudi.

Genlis (Mme de) : *Contes moraux.* 1 vol. avec 40 gravures d'après Foulquier, etc.

Gérard (A.) : *Petite Rose.* — *Grande Jeanne.* 1 vol. avec 28 gravures d'après C. Gilbert.

Girardin (J.) : *La disparition du grand Krause;* 2e édition. 1 vol. avec 70 gravures d'après Kauffmann.

Giron (Aimé) : *Ces pauvres petits!* 2e édition. 1 vol. avec 22 grav. d'après B. de Monvel, etc.

Gouraud (Mlle J.) : *Les enfants de la ferme;* 5e édit. 1 vol. avec 59 grav. d'après E. Bayard.

— *Le livre de maman;* 4e édition. 1 vol. avec 68 gravures d'après E. Bayard.

— *Cécile, ou la Petite Sœur;* 7e édition. 1 vol. avec 28 gravures d'après Desandré.

— *Lettres de deux poupées;* 6e édition. 1 vol. avec 59 grav. d'après Olivier.

— *Le petit colporteur;* 6e édition. 1 vol. avec 27 gravures d'après A. de Neuville.

— *Les mémoires d'un petit garçon;* 9e édit. 1 vol. avec 86 gravures d'après E. Bayard.

Couraud (Mlle J.) (suite) : *Les mémoires d'un caniche;* 9ᵉ édition. 1 vol. avec 75 gravures d'après E. Bayard.

— *L'enfant du guide;* 6ᵉ édition. 1 vol. avec 60 gravures d'après E. Bayard.

— *Petite et grande;* 4ᵉ édition. 1 vol. avec 48 gravures d'après E. Bayard.

— *Les quatre pièces d'or;* 5ᵉ édition. 1 vol. avec 51 gravures d'après E. Bayard.

— *Les deux enfants de Saint-Domingue;* 4ᵉ édit. 1 vol. avec 54 grav. d'après E. Bayard.

— *La petite maîtresse de maison;* 5ᵉ édit. 1 vol. avec 37 gravures d'après A. Marie.

— *Les filles du professeur;* 3ᵉ édit. 1 vol. avec 36 gravures d'après Kauffmann.

— *La famille Harel;* 2ᵉ édit. 1 vol. avec 48 gravures d'après Volnay et Ferdinandus.

— *Aller et retour;* 2ᵉ édition. 1 vol. avec 40 gravures d'après Ferdinandus.

— *Les petits voisins;* 2ᵉ édition. 1 vol. avec 39 gravures d'après C. Gilbert.

— *Chez grand'mère.* 2ᵉ édition. 1 vol. avec 98 gravures d'après Tofani.

— *Le petit bonhomme.* 1 vol. avec 45 gravures d'après Ferdinandus.

— *Le vieux château.* 1 vol. avec 28 gravures d'après E. Zier.

— *Pierrot.* 1 vol. avec 31 grav. d'après Zier.

— *Ninette.* 1 vol. avec 52 grav. d'après Tofani.

— *Quand je serai grande.* 1 vol. avec 36 gravures d'après Ferdinandus.

Grimm (Les frères) : *Contes choisis,* trad. de l'allemand. 1 vol. avec 40 grav. d'après Bertall.

Hauff : *La caravane,* trad. de l'allemand, 5ᵉ édition. 1 vol. avec 40 grav. d'après Bertall.

— *L'auberge du Spessart,* 5ᵉ édition. 1 vol. avec 61 grav. d'après Bertall.

Hawthorne : *Le livre des merveilles,* trad. de l'anglais; 3ᵉ édit. 2 vol. avec 40 grav. d'après Bertall.

Hobel et Carl Simrock : *Contes allemands;* 3ᵉ édit. 1 vol. avec 27 grav. d'après Bertall.

Johnson : *Dans l'extrême Far West,* traduit de l'anglais par A. Talandier; 2ᵉ édition. 1 vol. avec 80 gravures d'après A. Marie.

Marcel (Mme J.) : *L'école buissonnière;* 4ᵉ édit. 1 vol. avec 20 gravures d'après A. Marie.

— *Le bon frère;* 4ᵉ édition. 1 vol. avec 21 gravures d'après E. Bayard.

— *Les petits vagabonds;* 4ᵉ édition. 1 vol. avec 23 gravures d'après E. Bayard.

— *Histoire d'une grand'mère et de son petit-fils.* 1 vol. avec 30 gravures d'après Dolert.

— *Daniel;* 2ᵉ édition. 1 vol. avec 45 gravures d'après Gilbert.

— *Le frère et la sœur.* 1 vol. avec 45 gravures d'après E. Zier.

— *Un bon gros pataud.* 1 vol. avec 46 gravures d'après Jeanniot.

— *L'oncle Philibert.* 1 vol. avec 50 grav. d'après F. Régamey.

Maréchal (Mlle) : *La dette de Ben-Aïssa;* 4ᵉ édit. 1 vol. avec 20 grav. d'après Bertall.

— *Nos petits camarades;* 2ᵉ édition. 1 vol. avec 18 gravures d'après E. Bayard et H. Castelli.

— *La maison modèle;* 3ᵉ édition. 1 vol. avec 42 gravures d'après Sahib.

Marmier : *L'arbre de Noël;* 4ᵉ édition. 1 vol. avec 68 gravures d'après Bertall.

Martignat (Mlle de) : *Les vacances d'Élisabeth;* 3ᵉ édit. 1 vol. avec 46 grav. d'après Kauffmann.

— *L'oncle Boni;* 2ᵉ édition. 1 vol. avec 42 gravures d'après Gilbert.

— *Ginette;* 2ᵉ édit. 1 vol. avec 50 gravures d'après Tofani.

— *Le manoir d'Yolan;* 2ᵉ édition. 1 vol. avec 56 gravures d'après Tofani.

— *Le pupille du général.* 1 vol. avec 40 gravures d'après Tofani.

— *L'héritière de Maurivèse.* 1 vol. avec 41 gravures d'après Poirson.

— *Une vaillante enfant;* 2ᵉ édit. 1 vol. avec 43 gravures d'après Tofani.

Martignat (Mlle de) (suite) : *Une petite nièce d'Amérique.* 1 vol. avec 43 gravures d'après Tofani.
— *La petite fille du vieux Thémi.* 1 vol. avec 44 gravures d'après Tofani.

Mayne-Reid (Le capitaine) : Œuvres traduites de l'anglais :
— *Les chasseurs de girafes.* 1 vol. avec 10 gravures d'après A. de Neuville.
— *A fond de cale, voyage d'un jeune marin à travers les ténèbres.* 1 vol. avec 12 grandes gravures.
— *A la mer !* 1 vol. avec 12 grandes gravures.
— *Bruin, ou les Chasseurs d'ours.* 1 vol. avec 8 grandes gravures.
— *Le chasseur de plantes.* 1 vol. avec 12 grandes gravures.
— *Les exilés dans la forêt.* 1 vol. avec 12 grandes gravures.
— *Les grimpeurs de rochers, suite du Chasseur de plantes.* 1 vol. avec 20 grandes gravures.
— *Les peuples étranges.* 1 vol. avec 8 gravures.
— *Les vacances des jeunes Boers.* 1 vol. avec 12 grandes gravures.
— *Les veillées de chasse.* 1 vol. avec 45 gravures d'après Freeman.
— *L'habitation du désert, ou Aventures d'une famille perdue dans les solitudes de l'Amérique.* 1 vol. avec 23 grandes gravures d'après G. Doré.
— *La chasse au Léviathan.* 1 vol. avec 51 gravures d'après Ferdinandus et Weber.
— *Les naufragés de la Calypso.* 1 vol. avec 58 gravures d'après Pranishnikoff.

Meynars d'Estrey : *Les aventures de Gérard Hendriks à la recherche de son frère.* 1 vol. illustré de 15 gravures d'après Mme P. Crampel.
— *Au pays des diamants.* 1 vol. illustré de gravures d'après Riou.

Moussac (Mme la marquise de) : *Popo et Lili, histoire de deux jumeaux.* 1 vol. avec 58 grav. d'après Zier.

Muller (E.) : *Robinsonnette;* 4ᵉ édition. 1 vol. avec 22 gravures d'après Lix.

Ouida : *Le petit comte.* 1 vol. avec 31 gravures d'après G. Vuillier, Tofani, etc.

Peyronny (Mme de) : *Deux cœurs dévoués;* 4ᵉ édit. 1 vol. avec 53 grav. d'après Davaux.

Pitray (Mme de) : *Les enfants des Tuileries;* 4ᵉ édit. 1 vol. avec 29 grav. d'après E. Bayard.
— *Les débuts du gros Phildas;* 4ᵉ édition. 1 vol. avec 57 gravures d'après H. Castelli.
— *Le château de la Pétaudière;* 3ᵉ édition. 1 vol. avec 78 gravures d'après A. Marie.
— *Le fils du maquignon;* 2ᵉ édition. 1 vol. avec 65 gravures d'après Riou.
— *Petit Monstre et Poule Mouillée;* 6ᵉ mille. 1 vol. avec 30 gravures d'après E. Girardot.
— *Robin des Bois.* 1 vol. avec 40 gravures d'après Sirouy.
— *L'usine et le château.* 1 vol. avec 44 grav. d'après Robaudi.
— *L'arche de Noé.* 1 vol. illustré d'après Robaudi.

Rendu (V.) : *Mœurs pittoresques des insectes.* 1 vol. avec 49 gravures.

Rostopchine (Mme) : *Bella, Sage et Bonne;* 2ᵉ édition. 1 vol. avec 39 gravures d'après Ferdinandus.

Sandras (Mme) : *Mémoires d'un lapin blanc;* 5ᵉ édit. 1 vol. avec 20 grav. d'après E. Bayard.

Sannois (Mme de) : *Les soirées à la maison;* 3ᵉ édit. 1 vol. avec 42 grav. d'après E. Bayard.

Ségur (Mme de) : *Après la pluie le beau temps;* nouvelle édition. 1 vol. avec 128 gravures d'après E. Bayard.
— *Le mauvais génie;* nouvelle édition. 1 vol. avec 90 gravures d'après E. Bayard.
— *Comédies et proverbes;* nouvelle édition. 1 vol. avec 60 gravures d'après E. Bayard.
— *Diloy le Chemineau;* nouvelle édition. 1 vol. avec 90 gravures d'après H. Castelli.
— *François le Bossu;* nouvelle édition. 1 vol. avec 114 gravures d'après E. Bayard.

Ségur (Mme de) (suite) : *Jean qui grogne et Jean qui rit*, nouvelle édition. 1 vol. avec 70 grav. d'après H. Castelli.

— *La fortune de Gaspard* ; nouvelle édit. 1 vol. avec 33 gravures d'après Gerlier.

— *La sœur de Gribouille* ; nouvelle édition. 1 vol. avec 73 gravures d'après Castelli.

— *L'auberge de l'Ange-Gardien* ; nouvelle édition. 1 vol. avec 75 grav. d'après Foulquier.

— *Le général Dourakine* ; nouvelle édition. 1 vol. avec 100 gravures d'après E. Bayard.

— *Les bons enfants* ; nouvelle édition. 1 vol. avec 70 grav. d'après Ferogio.

— *Les deux nigauds* ; nouvelle édition. 1 vol. avec 70 grav. d'après Castelli.

— *Les malheurs de Sophie* ; nouvelle édition. 1 vol. avec 48 gravures d'après Castelli.

— *Les petites filles modèles* ; nouvelle édition. 1 vol. avec 81 grandes gravures d'après Bertall.

— *Les vacances* ; nouvelle édition. 1 vol. avec 30 gravures d'après Bertall.

— *Mémoires d'un âne* ; nouvelle édition. 1 vol. avec 75 gravures d'après Castelli.

— *Pauvre Blaise* ; nouvelle édition. 1 vol. avec 66 gravures d'après H. Castelli.

— *Quel amour d'enfant!* nouvelle édition. 1 vol. avec 79 gravures d'après E. Bayard.

— *Un bon petit diable* ; nouvelle édition. 1 vol. avec 100 gravures d'après Castelli.

Stahl (Mme de) : *La maison roulante* ; 7ᵉ édit. 1 vol. avec 20 gravures d'après E. Bayard.

— *Le trésor de Nanette* ; 6ᵉ édition. 1 vol. avec 25 gravures d'après E. Bayard.

— *Blanche et Noire* ; 4ᵉ édition. 1 vol. avec 54 gravures d'après E. Bayard.

— *Par-dessus la haie* ; 4ᵉ édition. 1 vol. avec 56 gravures d'après A. Marie.

— *Les poches de mon oncle* ; 5ᵉ édition. 1 vol. avec 20 gravures d'après Bertall.

Stahl (Mme de) (suite) : *Les vacances d'un grand-père* ; 4ᵉ édit. 1 vol. avec 40 gravures d'après G. Delafosse.

— *Le vieux de la forêt* ; 3ᵉ édition. 1 vol. avec 40 gravures d'après Sahib.

— *Le secret de Laurent* ; 3ᵉ édition. 1 vol. avec 32 gravures d'après Sahib.

— *Les deux reines* ; 3ᵉ édit. 1 vol. avec 32 gravures d'après Dalort.

— *Les mésaventures de Mlle Thérèse* ; 3ᵉ édition. 1 vol. avec 29 gravures d'après Charles.

— *Les frères de lait* ; 3ᵉ édition. 1 vol. avec 42 gravures d'après E. Zier.

— *Magali* ; 2ᵉ éd. 1 vol. avec 38 grav. d'après Tofani.

— *Les deux André*. 1 vol. avec 45 gravures d'après Tofani.

— *Deux tantes*. 1 vol. avec 43 gravures d'après Ed. Zier.

— *Violence et bonté*. 1 vol. avec 38 gravures d'après Tofani.

— *L'embarras du choix*. 1 vol. avec 40 gravures d'après Tofani.

— *Petit Jacques*. 1 vol. avec 43 gravures d'après Tofani.

— *La famille Coquelicot*. 1 vol. illustré de 30 gravures d'après Jeanniot.

Swift : *Voyages de Gulliver*, traduits de l'anglais et abrégés à l'usage des enfants. 1 vol. avec 57 gravures d'après G. Delafosse.

Taulier (J.) : *Les deux petits Robinsons de la Grande-Chartreuse* ; 6ᵉ édit. 1 vol. avec 69 grav. d'après E. Bayard et Hubert Clerget.

Tournier : *Les premiers chants*, poésies à l'usage de la jeunesse ; 2ᵉ édition. 1 vol. avec 20 gravures d'après Gustave Roux.

Verlay : *Miss Fantaisie*. 1 vol. avec 36 grav. d'après Zier.

Vimont (Ch.) : *Histoire d'un navire* ; 3ᵉ édit. 1 vol. avec 40 grav. d'après Alex. Vimont.

Witt (Mme de), née Guizot : *Enfants et parents* ; 4ᵉ édition. 1 vol. avec 34 gravures d'après A. de Neuville.

— *La petite fille aux grand'mères* ; 4ᵉ édit. 1 vol. avec 36 gravures d'après Beau.

— *En quarantaine, jeux et récits* ; 2ᵉ édit. 1 vol. avec 48 gravures d'après Ferdinandus.

6ᵉ SÉRIE. — POUR LES ADOLESCENTS
ET POUVANT FORMER UNE BIBLIOTHÈQUE POUR LES JEUNES FILLES
DE 14 A 18 ANS

VOYAGES

Agassiz (M. et Mme) : *Voyage au Brésil*, traduit et abrégé par J. Belin-de Launay ; 3ᵉ édition. 1 vol. avec 15 gravures et 1 carte.

Aunet (Mme d') : *Voyages d'une femme au Spitzberg* ; 6ᵉ édit. 1 vol. avec 34 gravures.

Baines : *Voyages dans le sud-ouest de l'Afrique*, traduits et abrégés par J. Belin-de Launay ; 3ᵉ édit. 1 vol. avec 23 grav. et 1 carte.

Baker : *Le lac Albert*, Nouveau voyage aux sources du Nil, abrégé par J. Belin-de Launay ; 2ᵉ édit. 1 vol. avec 16 grav. et 1 carte.

Baldwin : *Du Natal au Zambèze*, 1851-1860, Récits de chasses, abrégés par J. Belin-de Launay ; 3ᵉ édit. 1 vol. avec 24 grav. et 1 carte.

Burton (Le capitaine) : *Voyages à la Mecque, aux grands lacs d'Afrique et chez les Mormons*, abrégés par J. Belin-de Launay ; 2ᵉ édit. 1 vol. avec 12 gravures et 3 cartes.

Catlin : *La vie chez les Indiens*, traduite de l'anglais ; 6ᵉ édition. 1 vol. avec 25 gravures.

Fonvielle (W. de) : *Le glaçon du Polaris*, aventures du capitaine Tyson ; 3ᵉ édit. 1 vol. avec 19 gravures et 1 carte.

Hayes (Dʳ) : *La mer libre du pôle*, traduite par F. de Lanoye et abrégée par J. Belin-de Launay ; 2ᵉ édition. 1 vol. avec 14 gravures et 1 carte.

Hervé et de Lanoye : *Voyage dans les glaces du pôle arctique* ; 6ᵉ édition. 1 vol. avec 40 gravures.

Lanoye (F. de) : *Le Nil, son bassin et ses sources* ; 4ᵉ édit. 1 vol. avec 32 gravures et cartes.
— *La Sibérie* ; 2ᵉ édition. 1 vol. avec 48 gravures d'après Lebreton, etc.
— *Les grandes scènes de la nature* ; 5ᵉ édit. 1 vol. avec 48 gravures.
— *La mer polaire*, voyage de l'*Érèbe* et de la *Terreur* ; 4ᵉ édit. 1 vol. avec 29 gravures et des cartes.

Livingstone : *Explorations dans l'Afrique australe*, abrégées par J. Belin-de Launay ; 5ᵉ édit. 1 vol. avec 20 gravures et 1 carte.
— *Dernier journal*, abrégé par J. Belin-de Launay ; 2ᵉ édition. 1 vol. avec 10 gravures et 1 carte.

Mage (L.) : *Voyage dans le Soudan occidental*, abrégé par J. Belin-de Launay ; 2ᵉ édit. 1 vol. avec 16 gravures et 1 carte.

Milton et Cheadle : *Voyage de l'Atlantique au Pacifique*, trad. et abrégé par J. Belin-de Launay ; 2ᵉ édit. 1 vol. avec 10 grav. et 2 cartes.

Mouhot (Ch.) : *Voyage dans les royaumes de Siam, de Cambodje et de Laos* ; 4ᵉ édition. 1 vol. avec 28 gravures et 1 carte.

Palgrave (W. G.) : *Une année dans l'Arabie centrale*, trad. et abrégée par J. Belin-de Launay ; 2ᵉ édition. 1 vol. avec 12 grav. et 1 carte.

Pfeiffer (Mme) : *Voyages autour du monde*, abrégés par J. Belin-de Launay ; 5ᵉ édition. 1 vol. avec 16 gravures et 1 carte.

Piotrowski : *Souvenirs d'un Sibérien* ; 3ᵉ édit. 1 vol. avec 10 gravures.

Schweinfurth (Dʳ) : *Au cœur de l'Afrique* (1868-1871), traduit par Mme H. Loreau, et abrégé par J. Belin-de Launay ; 2ᵉ édition. 1 vol. avec 16 gravures et 1 carte.

Speke : *Les sources du Nil*, édition abrégée par J. Belin-de Launay ; 3ᵉ édition. 1 vol. avec 24 gravures et 3 cartes.

Stanley : *Comment j'ai retrouvé Livingstone*, trad. par Mme H. Loreau et abrégé par J. Belin-de Launay ; 4ᵉ édit. 1 vol. avec 16 gravures et 1 carte.

Vambéry : *Voyages d'un faux derviche dans l'Asie centrale*, traduits par E. Forgues, et abrégés par J. Belin-de Launay ; 4ᵉ édit. 1 vol. avec 18 gravures et 1 carte.

HISTOIRE

Loyal Serviteur (Le) : *Histoire du gentilhomme de Bayard*, revue et abrégée, à l'usage de la jeunesse, par Alph. Feillet; 4ᵉ éd. 1 vol. avec 83 gravures d'après P. Sellier.

Monnier (M.) : *Pompéi et les Pompéiens*, 3ᵉ édition, à l'usage de la jeunesse. 1 vol. avec 23 gravures d'après Thérond.

Plutarque : *Vies des Grecs illustres*, édition abrégée par Alph. Feillet, 5ᵉ édit. 1 vol. avec 59 gravures d'après P. Sellier.
— *Vies des Romains illustres*, édit. abrégée par Alph. Feillet, 5ᵉ édit. 1 vol. avec 69 grav.

Retz (De) : *Mémoires*, abrégés par Alph. Feillet. 1 vol. avec 85 gravures d'après Gilbert.

LITTÉRATURE

Bernardin de Saint-Pierre : *Œuvres choisies*. 1 vol. avec 19 gravures d'après E. Bayard.

Cervantes : *Don Quichotte de la Manche*. 1 vol. avec 64 grav. d'après Bertall et Forest.

Homère : *L'Iliade et l'Odyssée*, traduites par P. Giguet, abrégées par Alph. Feillet. 1 vol. avec 33 gravures d'après Olivier.

Le Sage : *Aventures de Gil Blas*, édition destinée à l'adolescence. 1 vol. avec 50 gravures d'après Leroux.

Mac-Intosh (Miss) : *Contes américains*, traduits par Mme Dionis; 2ᵉ édition. 2 vol. avec 120 gravures d'après E. Bayard.

Maistre (X. de) : *Œuvres choisies*. 1 vol. avec 15 gravures d'après E. Bayard.

Molière : *Œuvres choisies*, abrégées à l'usage de la jeunesse. 2 vol. avec 22 gravures d'après Hillemacher.

Virgile : *Œuvres choisies*, traduites et abrégées à l'usage de la jeunesse, par Th. Barrau et Alph. Feillet. 1 vol. avec 20 gravures d'après les grands peintres, par P. Sellier.

www.ingramcontent.com/pod-product-compliance
Lightning Source LLC
Chambersburg PA
CBHW070442170426
43201CB00010B/1188